Teaching Controversial Issues
The Case for Critical Thinking
and Moral Commitment in the Classroom

批判的思考と道徳性を育む教室

「論争問題」がひらく共生への対話

ネル・ノディングス 著
ローリー・ブルックス

山辺恵理子　監訳

木下　慎

田中智輝　訳

村松　灯

学文社

謝　辞

　まず，待ちに待った共著の機会をつくってくれた母に感謝します。また，夫や子どもたち，子どもたちのパートナーたちも，本書の執筆に当たって有意義な助言をくれました。カレンはジェンダーについて，マークは人種について意見をくれて，ジェニーは執筆作業に伴走してくれました。プロビデント・バンク・イン・ニュージャージーのマーケティング・ディレクターであるロブ・カッポゾーリには，メディアについて記した第7章に関わるデータを提供していただきました。ニュージャージー州ニューアーク市にあるフィリップス・アカデミー・チャーター・スクールからは，カトキン・フラワーズをはじめとして，多くの生徒や先生が協力してくれ，多くのインスピレーションと事例をいただきました。

―ローリー・ブルックス

目　次

凡　例

・本書は，Noddings, N. and Brooks, L.（2017）. *Teaching Controversial Issues: The case for critical thinking and moral commitment in the classroom*. Teachers College Press に収録された全文を翻訳・収録したものに，訳者によるコラム，あとがきを加えた。

・翻訳にあたり，訳者による補足を適宜付しているが，本文中においては〔　　〕で文意を補足し，また，用語や文脈，背景についての補足説明は，脚注とした。

・本文中の他著からの引用文については，邦訳書がある場合には，参考までにその該当頁を明示したが，基本的には各訳者による訳出を優先している。

・本文中に示された書籍については，邦訳書がある場合にはそのタイトルを記し，ない場合には原題を記した後に各訳者による翻訳を付した。また，論文や記事については，各訳者が翻訳したタイトルを記したうえで原題を付した。

・巻末の参考文献については，原書（References）に掲載されている文献に邦訳書がある場合には，本訳書発行時点の最新情報に基づき併記している。さらに，原書（References）には掲載されていないが，文中にて言及され，必要と思われる関連文献，および翻訳にあたり参照した文献を適宜追加している。

・本文および訳注において用いた記号類については，以下の通りである。
　　〔　　〕訳者による補足文
　　傍点　原文における斜字体
　　［　　］引用文中に使用される原著者による補足文

はじめに

　今日では世界のほとんどの地域で，教育の第一の目的として批判的に思考する力の育成が掲げられています。批判的思考については，客観的，懐疑的で，分析的なプロセスであるという説明がよくなされ，多くの人はこの力は相手を論破するためのものであると信じています。しかし，批判的思考はひたむきに意味や理解を探求することであると考えた方が適切です。さまざまな言葉がどのような意味を持つのか，それぞれの言葉がどのように接続し合って文章に意味を持たせているのか，そしてそれぞれの文章がいかにして段落と段落をつなげ，より長い塊の文章に意味を与えているのか——こうしたことを探ろうとすることが，批判的思考の基礎となります。何かを読んだり聞いたりする際，私たちは批判的な思考能力を用いてその内容を正確に理解しようと努めているのです。

　なぜ公共的な事柄について批判的に思考することが重要かといえば，論争問題〔意見が大きく分かれたり対立したりしがちな，公的な課題〕に関して展開されている議論を見つめ，その妥当性や信頼性を自分自身で吟味することが大切だからです。この吟味には，意味と理解を絶えず探求し続けることが必要です。目的は，必ずしも論争に勝つことではありません。むしろ，あらゆる立場の人間が語っていることを理解し，できることなら立場の異なる者同士がともに動き出せるようなスタートラインを描く，いわば合意の核となるような点を見つけようとすることこそが目的なのです。批判的思考能力を，健全な人間関係の構築と強固な参加民主主義の維持のために生かしていこうという考え方です。民主主義社会における市民は，互いにきちんとコミュニケーションをとることができなければなりませんし，その能力は学校でこそ育成されるべきです。

　私たちが本書で示す姿勢は，「開かれたシステム」アプローチとでも呼びま

しょうか。つまり，教師が定義やルール，学習目標を事前に定めておいて始めに示すことはしません。教師からトピックを特定することもしません。生徒たちの批判的思考能力を伸ばすことを本当に真剣に考えるなら，生徒自身が問いを提示し，既存の考え方や立場を揺さぶり，少なくとも時には，教師が事前に立てていた授業計画から脱線するような機会を，教師はあえて生徒たちに与えなければならないのです。

　また，私たちが示すアプローチは，教科横断的でもあります。人間が直面するあらゆる問題は，教科や学問分野の垣根を超えて議論されるべきものです。今日の教育者は，論争や対立を避けるために，社会的な問題や政治的な問題を教室で全く扱わないように，あるいは，扱ったとしてもその教科の中での議論に確実に収めるように，強く求められることがあまりに多くなってしまっています。例えば，宗教の話をするのは宗教に関する単元の授業に限定し，進化論に関する議論は理科の授業に限定することが推奨されています[1]。これらの二つのトピックの相互矛盾や差異からは活発な議論が生まれがちですが，それらを取り扱う授業がそれぞれ限定されてしまっている状態では，生徒たちはいったいどこでそのような議論をすればよいのでしょうか。一つの授業では「x である」と教えられ，別の授業では「x でない」と教えられるのに，その矛盾について議論する機会も与えられない生徒たちは，一体どのようにしてこれらのトピックについての合理的な理解を構築すればよいのでしょうか。

　教科横断的なアプローチを採用することで，カリキュラム全体を通して，真っ当な教育の要となる重要な思想や中核的なスキルに力点を置くことが可能となります。共通基礎スタンダード[2]では，英語〔国語〕の授業の中で文学を読

1　キリスト教において，人間は神の似姿として神に創造されたとされる。そのため，信仰上の理由から，人間は猿と同じ種から進化したとする進化論を拒否する人も多く，アメリカにおいては公立学校で進化論を教えることの是非の議論が最高裁判所で扱われたこともある。詳しくは第4章へ。

2　2010年以降，アメリカで最多時には41州で採用された，全国共通の学習基準。キンダーガーテン（一般的に，日本の幼稚園の年長の学年に該当）を含む小学校から高校までの13学年の算数・数学と英語（国語）の授業において，各学年末までに子どもたちが達成できているべき学習目標を定めている。正式には各州共通基礎スタンダード（Common Core State Standards）と呼ばれる。

むことにかける時間を減らし，〔アメリカ合衆国創設などに関わる歴史的な〕公文書を読む時間を増やすことが推奨されていますが，教科横断的なアプローチを取れば，選択肢はもっと広がります。共通基礎スタンダードが目指すのは，あるいは少なくとも名目上目的として掲げているのは，政治的，社会的な問題に対して子どもたちが批判的思考能力を発揮するのを促すことです。この新しく設定された目標に賛同しつつも，文学に触れる機会の喪失を深く残念に思っている教師も多いでしょう。しかし，もし文学の喪失という現実に対しても批判的思考（ないし，物事の真価を理解しようとする姿勢）を適用するならば，教師が互いに協力して素晴らしい文学作品をさまざまな教科に行き渡らせるように工夫することも可能です。筆者自身の数学教育の経験をもとにいえば，私たち（母娘の執筆者チーム）は，E. A. アボットの『フラットランド』，マーティン・ガードナーの『詳注アリス』，ピタゴラスとその弟子たちの歴史の概要をはじめ，ダグラス・ホフスタッターが薦めるあまたある書籍を，喜んで数学のカリキュラムに追加します。同様に，理科，歴史，美術，音楽や外国語の教師も，きっと自身の教科のカリキュラムをより豊かにするための文学の活用方法が思い浮かぶことでしょう。あらゆるトピック，概念やスキルは，決まった場で教えられ，習得され，テストされなければならないという思い込みを払拭しないことには，私たちは教育の罠に引き摺り込まれてしまいます。

　二つ目に私たちが推奨するのは，高校4年間[3] のカリキュラム全体に渡って展開する一連のフォーラムやセミナーを導入し，その中で社会的，道徳的な問題を扱うことです（Noddings 2013, 2015a を参照）。このプログラムには，学校内のあらゆる学科や専攻の生徒が参加するように，丁寧に設計する必要があります。関心や得意なことが異なり，将来の進路も分かれるであろう生徒たちが集まり，ともに論争問題について考え，議論することが重要です。多くの社会評論家が，今日のわが国において社会階層ごとのコミュニケーションにますます大きな隔たりができてしまっていることを深く危惧しています。そのような

3　アメリカの高等学校は一般的に4学年で構成される。

なか，こうした4年間のセミナーを開催することで，若者に階層を超えたコミュニケーションを促すことができます。

　論争問題についての議論を促し，指導するのは，大変な仕事です。私たちはまず教師に対して，価値観の押し付けになってはいけないということを警告し，同じことを頻繁に警告し続けます。また，教育者の中立性という姿勢の重要性を強調します。しかし，教育者の中立性の実践方法には，大いに議論の余地があります。例えば，人種差別を助長する発言や，誤りであることがすでに実証されている「科学的」見解，残虐な厳罰への支持や，討論の際に暴言を発することの承認など，間違いなく，公平に耳を傾けるべきではない意見もあります。教育者の中立性を保つことはまた，社会的で論争的な事柄に対する教師自身の見解を述べることを禁じることを意味するわけではありません。この姿勢が実際に求めるのは，教師が生徒たちに相反する立場が存在するのだという気づきを与えること，そして生徒自身にも自分の考えを持ってそれを弁護することで議論にぜひ貢献してほしいと伝えることです。

　責任感の強い教師の中には，皮肉なものの見方が生徒たちの間に広まってしまう可能性を危惧する人も多いでしょう。私たちの目的は，生徒たちが参加民主主義の社会において主体的に生きることができるように準備することです。社会的で論争的な事柄に関する議論を，徹底的に，そして開かれた形で実施することを推奨する私たちの立場は，時には意図に反して士気の喪失を招くこともあります。時に「教育が生む絶望」と呼ばれるこの現象は，自国の歴史や自身が所属する何かしらの集団が過去に犯してきた罪を知った時に起きることがあります。〔したがって〕私たちは生徒たちに自身の国や所属集団が過去に起こしてきた過ちを見つめてほしいと考えていますが，それと同時に，さまざまな伝統の素晴らしさにも目を向け，希望を持って過去の過ちを修復し，よさを維持し，よりよい部分をさらに伸ばしていけるようになってほしいとも考えています。

　本書では一貫して道徳性の重要性を論じますが，第1章において道徳性の根源について取り扱う際に特にこの点を強調します。また，最終章で再度この話

題に戻り，批判的思考は道徳的責務を全うしようとする姿勢（モラル・コミットメント）によって支えられなければならないことを論じます。残念ながら，この社会では，優れた批判的思考能力を有する人たちの多くが，恵まれない人たちを犠牲にしながら，その能力を自身の生活の安泰のために用いています。意味や理解を探求する批判的思考は，善い目的にも悪い目的にも使われ得るのです。したがって，批判的思考能力を養おうとする取り組みには，道徳的責務に関する真剣な議論が伴っていてほしいと願います。繰り返しになりますが，道徳教育は，7年生で正式に教えよう，といった形で，他から切り離された教科であると考えるべきではありません[4]。すべての教育は，道徳的責務と関与（モラル・コミットメント）に支えられ，浸透され尽くしているべきです。私たちの目的はよりよい人を育てることにあり，「よりよい」人とは何を意味するのかという問い自体が，絶え間ない対話と惜しみない討論のトピックとして開かれているのです。

　本書では，下記のような問いをもとに論争的な事柄（controversies）をいくつか取り上げます。

・子どもは，権威に対してどう関わるように教えられるべきか。その際，個人の選択はどこまで考慮されるべきか。
・子育てはほとんどの成人が担うことになる最も重大な役割の一つであるにもかかわらず，そのことについて学校でほぼ何も教えないのはなぜか。教えるとしたら，子育てに関するどのようなことを教えるべきか。
・無神論者であることを公言している人は，アメリカの大統領に選ばれ得るか。当選しないとすれば，なぜだろうか。カリキュラム上，世界のさまざまな素晴らしい宗教について学ぶ機会が増えているのだから，無神論や不可知論，理神論についても教えるべきか。歴史的に政治に対して宗教が及ぼしてきた影響について，もっと授業で扱うべきか。
・なぜ今日のアメリカではますますコミュニケーションの隔たりが広がってし

4　7年生は，アメリカでは一般的に中学校の2学年目か1学年目を指す。

まっているのだろうか。自分とは別の社会階層の人間と話す機会がどんどんと減ってしまっているように思えるのは，なぜだろうか。改善に向けて何かできることはあるだろうか。

・「平等」とは何か。真に「人はみな平等」と言えるとしたら，どのような点においてか。平等であるということは，すべての人に同じ教育を与えることなのだろうか。

・アメリカ国民は，人種差別やジェンダー・バイアスといった恥ずべき自国の歴史についてあまりに長い間見ないふりをしてきてしまったといえるだろうか。批判的思考を働かせながら自国の歴史を見ることで，「教育が生む絶望」を生み出すことなく私たちの伝統のよい部分を発見し，その部分を広めていけるように促すことは可能だろうか。人種差別主義者であったことが確認されている歴史的人物を称える銅像や記念碑などは，撤去されるべきか。人種差別への姿勢を是認することなく，これらの偉人が果たした偽りのない社会への貢献を評価することはできるだろうか。

・女性たちが長年経験してきた暮らしや生み出してきた考えをもとに，公共的な生活のあり方を組み換えていくことは可能か。それとも，男性によって定義づけされた社会のまま，その中で女性が平等を達成できるようにすることに専念するべきだろうか。学校では，ジェンダーや性差について何を教えるべきか。

・電子メディアを通して届くメッセージが急速に増えている今日，私たちは豊かな情報を得られているといえるだろうか。あるいは，そのことによって社会はどんどんと分極化してしまっているのか。そうだとすれば，学校はこの問題に対して何ができるだろうか。

・テクノロジーは私たちの暮らしをどのような点でよくしてくれているか。テクノロジーを，自然環境の保護と改善に用いることは可能か。

・社会主義は今，見直され得るのか。資本主義と社会主義の両方の要素の中から，よいものを取捨選択して広めていくことは可能だろうか。逆に，それぞれにある好ましくない要素はどのようなものだろうか。

・貧困を撲滅する方法はあるか。今日，社会階層ごとの分断が広がっているように見えるのはなぜか。貧困に生きる人たちは，部分的にでも自身のせいでそのような状況に陥っているといえるのだろうか。

・自由や解放に抗う人というのは存在するか。いるとすれば，何かしらの理由で自由を怖く感じているのだろうか。そうだとすれば，なぜか。この問題に対して，私たちに何ができるだろうか。

・政治的な存在としての国家に対する誇りという意味での愛国心から，自然な場所としての土地（国）に対する愛という意味での愛国心へ，愛国心の焦点をずらすことは可能か。また，そうするべきか。このような視点の転換を達成できれば，地球をすべての人の故郷として捉え，大事にすることができるようになるか。そのことによって，力強いグローバルな愛国心を広めることができるだろうか。

　本書は，教師に贈る，考えること，そして生徒たちの批判的思考能力を育む方法を探索することへの招待状です。ただ一点，注意事項があります。議論が活発化しすぎて，皮肉や絶望の兆しが見え始めたら，対話を一旦やめてください。そのうえで，同じトピックについて別の日にまた話し合うことを生徒たちに約束してあげてください。また，熱心な市民同士，大人同士の熟議の場においても，そのような困難な瞬間は起こりがちであることを生徒たちに説明して，心配する必要はないことを伝えてください。こうしたことは，参加民主主義にはつきものなのです。

　本書の最も重要な主張は，批判的思考は道徳的責務・関与〔モラル・コミットメント〕によって支えられなければならないということです。第1章では，道徳性の根源について論じます。多くの哲学者たちが，道徳性の主な根源は理性であると主張してきました。つまり，「善を知ることが，善を行うことである」という考えです。一方で，人を行動に駆り立てるのは感情や情熱であると主張する論者もおり，私たちはこの主張に概して賛同します。ここでは，行動に駆り立てるのは感情や情熱で，理性はその行動のあり方を方向づけるだけである，と考えます。私たちは，人

格教育を道徳教育の主なアプローチとすることには反対ですが，さまざまな教材を用いた教育全体を通して人格を育むことは極めて重要であると考えます。道徳的行為の根源として語られてきた上記三点〔＝理性，感情，人格〕は，いずれもその帰結を大きく左右するものです。批判的思考を行う者は，理性を効果的に働かせることができなければなりません。それと同時に，その理性的な思考が道徳的責務を全うしようとする姿勢に支えられていなければ，公共の善を追求することには繋がらないのです。

第1章

道徳性の根源

　哲学者たちは，道徳的生活に影響を与える三つの重要な人間の能力，すなわち理性，情念（感情）そして人格について長い間議論してきました。道徳的な意思決定と行為において三つのうちどれが最も基底的であるかについての議論は何世紀にも渡ります。まず，理性，すなわち「道徳法則」こそが本来的に人間にそなわったものだと強く主張する哲学者たちがいます。イマニュエル・カント（Kant, 1966/1781）は，「内なる道徳法則」が普遍的であることは神の存在の何よりの証拠であり，道徳的行為は理性によって定められた法則に従ってなされるものであると述べています。これとは対照的に，デイヴィッド・ヒューム（Hume, 1983/1751）は，理性は重要であるものの，道徳的行為を駆り立てることはできないと主張しました。むしろ，私たちは自分が感じること，あるいは情念によって駆り立てられて道徳的行為をとるのだと論じています。最後に，道徳性の主たる根源は人格であると指摘する人々もいます。こうした立場において，「人格」は，人を行為に向かわせる意思の質によって規定されます。徳は人格に属し，「善い」行為あるいは「悪い」行為のいずれかに分類されるさまざまな応答の仕方に人を導くと考えられます。道徳性の内なる根源として挙げられる理性，情念，人格の三つはいずれも，外的な働きかけによって発達や形成を促される対象なのです。

　道徳性の根源についての哲学的研究は膨大であるため，以上で挙げた三つの基本的な立場についてそれぞれに包括的なレビューを試みることはやめておきましょう。しかしながら，教師は道徳的思考をめぐる歴史や哲学について知っておく必要があるでしょうし，生徒の道徳的な成長に影響を与えるであろう方法について慎重に検討する必要があります。本書では，とりわけ，道徳的およ

び政治的なことを思考する際に批判的思考がどのように用いられるのかということに関心が向けられます。私たちはどのような市民を育てようと試みているのでしょうか。その試みはどのようになされるべきでしょうか。

■ 古典的な根源論

　古典的なアプローチにおいては，理性と人格は密接に結びついていると考えられており，それゆえに知識と徳を同一視する傾向がありました。そこでの基本的な考え方の一つは，理性を適切に使用することによって，人は何が善で正しいかを知ることができ，それによって道徳的に行為するように駆り立てられるのであって，それ以外の仕方で人々が理に適った行いをすることはできないというものです。こうした古典的な考え方は，キリスト教とその教育実践に深く根づいています。実際，「真の」知識と徳との密接な関係を強調するのは，17世紀，18世紀の教育に浸透していたピューリタンの考え方の一部でした。ロジャー・ガイガー (Geiger, 2015, p.8) によれば，「知識の行き着く先は実践であり，いかに行為すべきかを知ることであるというアリストテレスの考えは，ピューリタン神学に埋め込まれており」，そうした考え方は19世紀まで西洋の大学教育の中心にあり続けたといいます。注意しなければならないのは，ここで「知識」と言われているものは，単なる情報とは異なるということです。真の知識とは徳であり，完全な知識とは神の御心を表し出したものとされます。そして，教会と政府の共同の取り組みによって大学が設立された時，カリキュラムは神の御心を分け持つものであると考えられていました。

　古典的な見解において明らかに重視されているのは，道徳的な意思決定における理性の使用と，人格の発達です。ソクラテスは，理性と人格の結びつきとは絶え間ない，自己を知ろうとする探究と批判であると表現しました。「汝自身を知れ！」とは，ソクラテスが知識を求める人々に与えた助言でしたが，それはすなわち「吟味されない人生は生きるに値しない」ということでもあります。ソクラテスが言わんとしたのは，私たちは親や教師から学ぶことは何もな

いうことではなく，親や教師が教えてくれている事柄について慎重に考えなければならないということです。ソクラテスは批判的思考の重要性を早い時期に力強く提唱した人物でしたが，その批判的思考は私たち自身のあり方や生き方に向けられました。

　アメリカで大学が発展するにつれて，宗教的な後ろ盾をもとに古典的な見解が支持されるようになっていきました。当初の大学の主な使命は聖職者を養成することでしたが，その使命が拡大されてもなお古典的な見解は堅持されました。善人とは，与えられた知識を習得し，理解し，応用しようと努力し，それによって徳を身につける者であるとされました。また，最善の人は，人類の大多数の人間よりも徳に近づいていると考えられていました。完全なる心は，教育の普遍的な理想であり，調和的で善なるものとして捉えられていたのです（Geiger, 2015；Turner, 1985）。

　長い間，このような考え方は王への崇敬を支え，君主制を維持する助けともなりました。王は神の代理であると考えられていたからです。しかし，後の歴史が徐々に明らかにしていったように，王は賢さと善良さにおいて常に神のようであるとは限らず，人々はより賢明なリーダーを求めるようになりました。アメリカ建国期において，道徳性をめぐる古典的な考え方が改めて解釈されるようになると，世襲的な統治者であった王は，人民の利益を最大化するための知恵と公平無私な心を持つ人物に取って代わられました。公平無私，つまり私的利益にとらわれないことが美徳として求められることで，裕福で何不自由ない生活をおくっている男性が指導的役割につきやすくなりました。他方で，商人や賃労働者は，ほとんどの場合，不適格であるとされました。顕著な例として，ジョージ・ワシントンが植民地軍の司令官として無給で仕え，金銭的な報酬なしで帰還したということに目を向けてみましょう。実際，ワシントンはアメリカ合衆国の大統領を務めた時にも自分は報酬を受け取るべきではないと主張したのですが，その申し出は却下されました。

　新興国家としてのアメリカにおいては，古典的な考え方の影響が根強く残っていました。この国の民主主義はかなり不安定なものだったのです。というの

も，共和制国家として，国家は国民によって統治されるべきだという見解を受け入れていましたが，選挙権を持つべき市民とは誰かということについては，古典的な定義に大きく傾いていました。強固な共和国は，最も知識の豊富な市民，つまり，十分な教育を受け，財産を所有し，経済的に独立していると認められるに足る成功をおさめた人々によって統治されるべきだと考えられていました。そうした男性（女性をこの階級に含めることは検討すらされていませんでした）は，自分の私的な関心事よりも，共和国とその市民の幸福を優先させるに違いないと考えられていたからです。とはいえ，裕福な人でも汚職に手を染めることもあるということも認識されていたため，建国者たちは汚職への誘惑を弱めるような政府の仕組みについて，憲法制定会議で多くの時間を費やして議論しました (Teachout, 2014)。

アイザイア・バーリンは，古典的共和主義が前提としていたことと，それに伴う問題を端的にまとめています。

第一に，すべての人間はたった一つの真の目的，すなわち理性的な自律 (self-direction) という目的を持っているということ。第二に，あらゆる理性的存在者が抱く目標は，必然的に一つの普遍的で調和のとれたパターンに適合しなければならないということ。なお，他の者よりもそのパターンを明確に見定められる人間もいる。第三に，一切の衝突，そしてその結果として起こるすべての悲劇は，個人的なものであろうと共同体的なものであろうと，ただ単に理性と非理性的なもの，あるいは理性と十分に理性的でないもの——すなわち生(せい)の未熟で未発達な要素——との衝突に起因するということ。また，こうした衝突は理論上回避可能で，完全なる理性的存在者には起こりえないものだと考えられた。最後に，すべての人間が理性的になれば，人は自身の本性に備わった理性的な法則に従うであろうこと，その法則はすべての人にとって同一のものであり，かくして，人は完全に遵法的で，そして完全に自由な存在になるだろうということも前提とされた。

(Berlin, 1969, p.154)

明らかに，こうした叙述には評価すべき要素と危うい要素の両方を見出すことができます。少なくともいくらかの人が神のような知識と徳を手にする可能性があると信じるのは，素敵なことです。いくらかの人は他の大部分の人々よりも理想のずっと近くにあると仮定するのも，もっともなことでしょう。私たちが懸念するのは，人間はただ一つの真の目的だけを持つべきであり，それを持たない人々は必然的に劣った存在であるという主張です。あるいは，それ以上に懸念すべきは，この種の考え方が「完全に理性的な」少数の人々が多くの無知な人々の生活を支配すべきであるという信念に繋がることかもしれません。このことを議論する際，教師はこうした懸念があることを心に留めておく必要があると補足するとよいでしょう。バーリンはこの種の信念が父権主義に繋がり，最悪の場合，独裁，全体主義，そして奴隷制にさえ繋がると指摘しています。

　すべての「正しい」人間が理性的な自律を探し求めるという目的を共有しているのだとしたら，そうした望ましい状態を求めたり，達成したりする気のない，あるいはできないと思われる人たちについてはどうすればよいのでしょうか。そうした人たちは，より優れた者に導かれるべきであり，教えを受け入れ，努力を続けるべきだと考えられてきました。場合によっては，これら不運な人々は，自分の劣った立場を受け入れるべきで，少しばかりでも役に立つことができれば，そのことに感謝すべきだとさえ考えられていました。初期の大統領らを含む共和制を築いた多くの人々が奴隷所有者であり，奴隷制を共和国の伝統の一部として擁護していたということを認めて語ることは，今日の私たちにとってショッキングなことです。奴隷は，自分の地位を神の意志として受け入れるように諭されていました。牧師で奴隷所有者でもあった，とある人は，黒人の信徒に次のように言って聞かせました。「天におられる偉大な神があなた方を創ったのは，あなた方の立法者であり，あなた方に法律を与える白人の利益のためです」（Baptist, 2014, p.204 の引用より）。このような語りは，奴隷所有者にとっては，自らの行いは神の御心に適ったものであるとして信仰を強化する作用を持ち，自らの隷属がいつの日か報われると信じるように促されていた奴隷にとっては，ある種の慰めとなりました。

教師にとって，知識と徳の関係をめぐる長年の議論を知ることは重要です。確かに，十分な教育を受けたはずの人間が道徳的に間違ったことをすることもあるという事実を建国者たちも受け入れていましたが，問題の大部分は適切な人間形成，適切な教育にあるという昔ながらの考えは根深く残っていました。この考えは時代を経ても何度も何度もわき起こり，現在に至ってもなお道徳的，政治的な議論に現れています。今日，私たちは大卒者が泥棒をしたり，路上で強盗をしたりするかもしれないという心配はしていません。しかし，高学歴の人々の道徳的な問題を孕んだ行いによって，金融システム全体が時折危険にさらされてきました。私たちは知識を徳と見なす考え方を否定すべきでしょうか。あるいは，私たちは徳の高い人を養成するために力を尽くすべきなのでしょうか。私たちがすべきことは一体何なのでしょうか。

　十分な教育を受けていない人や，完全に理性的であるとはいえない人を，理性のあるべき姿に相対的に近いことが明らかである人が管理することをよしとするようなあらゆる形態の政治体制に対してバーリンが抱いた懸念を，公立学校の教師は理解できるのではないでしょうか。しかし同時に，子どもやティーンエイジャーと活動をともにしている人々は自然と，子どもたち・若者たちの心を育て，理性的たらしめることが必要であるという見解にも共感します。ですが，次のことを忘れてはなりません。すなわち，私たち教師が若い人たちの心を育てる目的は，自分で考えることができ，最終的には，子どもたち・若者たちの意思決定を支配しようとしたり，理性や目的のあり方を定めようとする企てに対して抵抗することができる人を育てるためだということです。だからこそ，批判的思考と道徳的な生との結びつきに，多くの注意が払われなければならないのです。私（Noddings, 2015a）は，教育の主な目的は「よりよい大人」を育成することであると提唱してきました。しかし，人生の全範囲にわたって「よりよい」が意味することは何かについては，あえて記述せず開かれたままにしています。これには，終わりのない批判的な議論が必要なのです。

　私たちの道徳的および政治的な思想に大きな影響を与えてきた古典的共和主義の見解には，別の問題もあります。それは，私たちの道徳的な行為は理性に

よって動機づけられていると考える，「知こそ徳である」という仮説に関わります。この問題についてはすべての哲学思想家が同意しているわけではないので，後の節でより詳しく論じることにしましょう。ここでは，この問題についてのゴードン・ウッドの考えに賛同するということを述べるに留めます。ウッドは次のように書いています。「実のところ，私は観念が人間の行動を「引き起こす」と信じていません。理性ではなく感情こそが人間のあらゆる行為を決定づける要素であると考える点で，私はデイヴィッド・ヒュームに賛同します」（Wood, 2011, p.13）。こうした主張に信を置くならば，私たちは精神だけでなく，感情や共感も教育する必要があることを認めることになるでしょう。また，優れた批判的思考の持ち主の中にも，自身がかなり明確に見出したことを行動に結びつけられずに終わってしまっている者がいること，もっと悪いケースでは，思考に熟達した者の中に，その批判的能力を実際に悪事に活用する者がいるということも付記しておきます。

　多くの難点を抱えているにもかかわらず，こうした古典的な考え方はアメリカの教育，とりわけ人格教育に大きな影響を与えてきたのです。

▌人格教育

　20世紀後半までは，人格教育は多かれ少なかれアメリカの公立学校における道徳教育の主流でした（Brown, Corrigan, & Higgins-D'Alessandro, 2012；Nucci & Narvaez, 2008）。〔しかし，より〕正確に記すと，20世紀初めからその有効性については疑問の声が上がっていたのです。1920年代後半に行われた一つの調査研究は，人格教育を経験した子どもは，大人が見ている時はよい子でいる傾向が見られるが，大人が放っておいた時にはそれほどよい子ではなくなると結論づけ，その後の研究に大きな影響を与えました（Hartshorne & May, 1928-1930）。しかし，1960年代にローレンス・コールバーグが道徳性発達の認知段階という考え方を導入するまで，人格教育に代わる強力な代案は存在しませんでした。コールバーグは，人格教育のカリキュラムは「徳目袋」を前提と

した方法であるとして批判しました。彼が提起した道徳性発達のモデルについては，道徳的行動の源としての理性を扱う次節で検討することにしましょう。

　ここで少し立ち止まって，教育において繰り返されている誤りに触れておきましょう。それは，あるアイデアや方法を「全面的に」採用したうえで，それらが万能薬にならなかった時には，すっかり捨て去ってしまうという誤りです。それより遥かに知的な対応の仕方は，批判的思考がもたらしてくれます。すなわち，次のように問うことです。いまここで有効な方法は何か。それは誰にとって有効なのか。どのような状況下において有効なのか。手放してはならない要素があるとすれば，それはよりよい人々を教育するという全体の目標にどのように貢献するのか。

　このような心構えで人格教育の欠点と有用性について検討してみましょう。人格教育の基本的な考え方は，徳についての教育を通じて人格を形成するというものです。20世紀の初頭に，人格形成連盟（the Character Development League）は *Character Lesson*（人格を育む授業）という教材を公立学校向けに提供しました（White, 1909）。この教材全体を通じて，知識と徳の密接な関係をめぐる古典的な考え方が強調されていることは明らかです。徳を直接教えることはできないというソクラテスの警句を，連盟は無視しているのではないかと指摘する人もいるかもしれません。しかし，ソクラテスは懸念を示しつつも，〔徳について〕教える行為に徳の形成に貢献する何かがあることは認めています。こうした言明に従うならば，私たちは連盟が推奨しているものについて疑問を投げかけると同時に，賞賛すべき何かを見出すことができるかもしれません。

　まず，ハーツホーンとメイによる研究で確認されているとおり，徳を明確な学習目標に設定して直接的に教えようとすることは間違いであるように思われます。*Character Lesson* では，従順さ（obedience）に始まり，自制心（self-control），思いやり（sympathy），大望（ambition），意志の強さ（determination），愛国心（patriotism）を含む31の徳目についてのレッスンが提示されていますが，それぞれの徳目は次に続く徳目に結びつくように入念に構成されています。例えば，愛国心について，概要では「前述の徳目を国家との関係において応用す

ること」と説明されています。しかし，該当する徳目について論じた箇所では，「愛国心とは，自分の国を愛することであり，その国の政府への従順さと忠誠を駆り立てるものである」と書かれています（White, 1909, p.90）。愛国心という徳が他の30の徳によって意味づけられることを期待する人もいるかもしれませんが，愛国心の定義にも，徳として愛国心を掲げることに関する説明にも，そうした含みはありません。私たちは愛国心が20世紀にもたらしたいくつもの恐ろしい出来事を経験として知っているので，連盟が権威への敬意を強調していることに不安を抱かざるを得ません。現代では，愛国心における「忠誠」が，単に政府に対してだけではなく，〔国民によって〕承認される政府の原則に対しても向けられるべきであることを提起したいと考える人が多いでしょう。ソクラテスに即して，私たちは，個々人の生活についてだけではなく，集団による政治的な生活についても批判的な内省を向けることを勧めます。

　また，これまで人格教育は初等教育を中心に行われてきたということにも注意が必要です（Davidson, Lickona, & Khmelkov, 2008）。前述した教材は1年生から8年生向けに作られていることを考えると，徳目に対して批判的思考を働かせることについてほとんど書かれていないこともそれなりに理解できます。しかし，今日，小学校の教師にとって重要なのは，自分たちは子どもたちが思慮深い市民となるための準備を行っているのだということを忘れないことです。単に権威に従うのではなく，権威を批判できるような考え方を，適切な時期に児童生徒に教える方法はあるでしょうか。適切な時期とはいつでしょうか。いつ，どのようにしてそうした批判性が促されるべきなのでしょうか。

　小学校に限らず，公立学校のすべての学年の教育において批判的思考が忌避されている理由の一つは，それが必然的に論争を伴うという点にあります。キリスト教プロテスタント派が公教育を支配し，国民の大多数が小学校以上の学校教育を受けていなかった時代には，徳や人格が何によって構成されるのかを規定するのは容易だったかもしれません。道徳として伝えられていたのは基本的に，親，教師，政府，神が持つ権威への服従であり，これらの権威に異論を唱えることや，権威相互の関係性を問うことさえも推奨されていませんでした。

しかし，今日では，徳そのものについて議論し，批判する必要が生じています。例えば，正直さが徳とみなされないのはどのような時でしょうか。大志についてはどうでしょうか。あるいは愛国心についてはどうでしょうか。人格教育のカリキュラムが道徳の多義性を扱えないというわけではありませんが，これまでのところ，それに適ったカリキュラムは開発されていません。

とはいえ，それでもなお人格教育の伝統にはいくつかの強みがあるということを知っておく必要があります。そのひとつは，道徳的な思考と行為を導くために範例を用いるという点です。私たちはしばしば，尊敬すべき人物や，立派な人物であったなら，自分が置かれている状況でどのように行動するだろうかと自問自答することがあります。例えば，冗談まじりに「イエス・キリストならどうするだろう？（〔"What would Jesus do?"を略して〕W.W.J.D.)」と口にするのが近ごろ若者たちの流行になっています。信頼できる相談相手に助言を乞うことができない時，私たちは模範的な人物だったらどうするだろうかとじっくりと真剣に考えます。人格教育のもう一つの強みは，伝記やその他の形式の文学作品を用いることです。物語は生徒の興味を誘い，伝記的な物語はインスピレーションを与えてくれます。さらに，それらを活用することは，複数の諸規範の統合を促し，教育の最も重要な目的である意味の探究を支えることに繋がります。道徳的諸価値について批判的思考を試みるカリキュラムを高校に取り入れることで，小学校の人格教育を引き継ぎ，発展させていくのが有効ではないでしょうか。

理　性

バーリンによる簡潔な整理を通じて見た通り，道徳思想において大きな影響力を持つ学派の一つは，個人的・政治的な道徳的行為の源泉は理性（あるいは，理性的な自律）であるとしています。こうした見解においては，徳は知識であると考える古典的な伝統を引き継いでおり，道徳的な事柄について推論する人間の能力は普遍的であると主張されます。

哲学の歴史において最も偉大な思想家のひとりであるイマニュエル・カント
は，道徳的行為とは，道徳的理性によって導き出される法則に従ってなされる
行為であると主張しました。ある行為が道徳的であると判断されるのは，その
行為が道徳法則に適っている場合に限られます。カントは，行為がもたらした
帰結は（それが望ましいか望ましくないかにかかわらず）その行為が道徳的である
か否かとは何の関係もないと論じています。このように，「義務」こそが道徳
的生活の根底をなす原則であるという考え方は「義務論」として知られており，
ある決定や行為が道徳的であるか否かを判断する際に帰結を重視する功利主義
などの理論とは対照的です。

　本書が道徳哲学の講座であったなら，カントとその義務論の考え方を解説す
るのに多くの時間を割くべきでしょう。知的探究という点では，それは決して
無駄な時間ではありませんし，実際，すべての教師がそうした講座を受けるよ
うに義務づけることを推奨する論者もいます。ですが，繰り返し述べている通
り，教師に求められている膨大で手に負えないほどの量の知識は，さまざまな
専門分野に明確に切り分けられた科目においてではなく，教育という文脈の中
で提示されるのが最善ではないでしょうか。教職志望者は哲学科の授業を受け
るべきではない，という意味ではありません。それはばかげた忠告です。むし
ろ，ここで伝えたいのは，教職課程の学生・教育実習生は高度に洗練された道
徳理論と〔実践としての〕道徳教育との間に有意義な結びつきを見出していな
いということ，そして，その結びつきこそが教師教育のカリキュラムを設計す
るうえで最も重要だということです。

　カントの義務論において嘘をつくことの禁止は絶対的なものとされますが，
こうした見解についての議論は，高校生にとって魅力的なものになるはずです。
嘘をつくことに何らかの道徳的正当性はあるのか。「罪なき嘘（white lie）」と
は何か。私たちは敵にも真実を伝えるべきなのか（Bok, 1979；Noddings, 2015a,
2015b を参照）。一般的に，すべての原則を同時に維持することは可能でしょう
か。それとも，ある原則を優先するために，時には仕方なくもう一方の原則を
犠牲にするべきなのでしょうか。道徳的な推論と，推論の過程で発見された原

則への義務に重きをおく哲学的伝統を批判するうえで，バーリンがここでも有用な知見を与えてくれます。

> 原則の神聖性というものは，その持続性が保証されないからといって減じられるものではない。実際，我々が持つ価値観が，自分が考える天国という場で実際に永久に保たれていてほしいと願うのは，幼少期の中に確実なものを求めたり，あるいは未開時代の歴史の中に絶対的な価値を渇望したりするようなことに過ぎないのかもしれない。　　　　　　（Berlin, 1969, p.172）

　バーリンは，いつどこでも可能な限り，私たちが公言している原則を堅持すべきだという立場をとりますが，同時に，その妥当性が相対的なものであることも認識しています。「これ以上の〔絶対性や持続性を持つ〕ものを要求することは，人間が深く抱いている不治なる形而上学的ニーズとも言えるだろう。しかしながら，この形而上学的ニーズに実践の方向づけを委ねることは，同様に根深い，そして遥かに危険な道徳的・政治的な未熟さの兆候である」（p.172）。

　もし今，〔アメリカの〕高校生と議論をするとしたら，アメリカ中央情報局（CIA）の活動に関する上院報告書をめぐってわき上がっている道徳的・政治的な論争についても考えなければならないでしょう[1]。これは非常に悩ましい事柄ですが，道徳的な原則をめぐる論争の好例だといえます。一方の側は拷問禁止の原則を守ることが国家としての義務であると強く主張し，他方は実際に生じた，あるいは生じ得る帰結を考慮して，国家の安全を守る義務が最優先であると結論づけています。こうした議論を扱う教師は，双方の立場にある程度の重みを与えるために，道徳哲学についての十分な背景を提示すべきです。教師は議論が論理的で配慮あるものになるように促さなくてはなりません。また，

1　2014年12月にアメリカ合衆国上院情報特別委員会が発表した報告書の中で，アメリカの中央情報局（CIA）による拷問行為が明らかになった。2001年の同時多発テロ事件から始まった対テロ戦争に取り組む中で，「強化された尋問技術」の名のもとで，囚人などに対して睡眠剥奪や性的暴行を含むさまざまな拷問が行われていたことが問題となった。

求められれば教師も自分の意見を述べる必要がありますが，教師が出した結論へと生徒を誘導しないようにしなくてはなりません。ですが，このアドバイス自体もまた，問い直される余地があると考えることが必要です。教師や教師教育者の中には（おそらく人格教育の伝統に則って），生徒は道徳的に正しい結論に導かれる・べ・きだと主張する人もいるでしょう。しかし，議論の余地なく道徳的な正しさが明らかな場合を除いては，双方の意見を聞くようにすべきです。そうでなければ，私たちは深刻な論争的な問題を避けるという長年の慣行を引き継ぐことになってしまいます。バーリンの言葉を引用しながら議論を締めくくることによって，時にはある原則を守るために，他の原則を犠牲にしなければならないことがあると生徒たちに気づかせることができるかもしれません。上述の〔CIA の〕論争的な問題はそうしたケースに当たるでしょうか。

　義務論を紹介することによって素晴らしい論点が生まれるということに加えて，有効な道徳教育のカリキュラムは道徳理論に基づくものであるということを教師が知っていることも重要です。コールバーグは，1960 年代，70 年代に道徳性の認知発達理論を提唱しました。この理論は，ジャン・ピアジェ（Piaget, 1954/1970）が提唱した認知的発達の段階説に大きな影響を受けたものです。ピアジェは数十年に渡って心理学界で最も著名な人物の一人でした。今でも構成主義の父の一人として知られていますが，ピアジェの著作はそれほど広く読まれておらず，その段階説について議論されることも極めて少ない状況です。

　コールバーグは道徳性の発達段階を「前慣習的水準」「慣習的水準」「脱慣習的水準」の三水準に区分し，各水準をさらに二段階に分け，全体で六段階をなすものとして提唱しました。ただし，心理学者の多くが発達論者であると捉えられる一方で，そのすべてが段階説を受け入れているわけではないということにも留意してください。というのも，ある特性や能力が自然な傾向性から時間をかけて発達するということには同意しても，これらの発達がはっきりと区分できるような段階に沿って順序立ててなされるものであるとは主張しない立場もあるからです。コールバーグは段階を明確に定義づけており，第三段階を経ることなく第四段階に到達することはできないと論じています。道徳性の基礎

として理性の働きがあるという考え方も，全段階を通じて一貫して明示されています。慣習的水準における二つの段階を見てみましょう。

第三段階：対人関係の調和あるいは「よい子」志向
善い行動とは，人を喜ばせたり助けたりし，人から承認される行動であるとされる。(中略) 行動はその動機によって評価されることが多く，「善意でやっている」という評価がこの段階において初めて重要となる。「よい子」であることによって他者からの承認が得られる。

第四段階：「法と秩序」への志向
権威や定められた規則，社会秩序の維持への志向が見られる。正しい行動とは，自分の義務を果たし，権威への敬意を示し，秩序を守ることそのもののために既存の社会秩序を維持することであるとされる。

(Kohlberg, 1981, p.18)

第三段階では感情的な要素が見出されていますが，より上位の発達段階とされる第四段階では理性と義務が重視されていることに注目してください。コールバーグは実証的な研究に基づいて，平均的な女性は第三段階に留まるのに対し，平均的な男性は第四段階に到達すると主張しました。また，第五段階 (社会契約的遵法主義志向) に到達する人は非常に少なく，第六段階 (普遍的な倫理的原則への志向) は推論上の理想状態であるとされます。このように，コールバーグの理論は理性を道徳的義務の根源と見なすことによって体系化されているのです。

キャロル・ギリガン (Gilligan, 1982) は，コールバーグによる実験の結果だけでなく，彼の理論体系全体に対して異議を唱えました。ギリガンは，道徳的発達において女子が男子に比べて遅れているという事実はないと主張しました。女子に見られる道徳的思考は，理性や規則とそれほど強く結びついていないという点で，男子の道徳的思考とは異なるだけだと論じます。

このように，女性は人間関係の文脈で自己定義するだけでなく，ケアする能力の面からも判断する。(中略)しかし，女性がこのように男性の世話をし続けてきたのに，男性は経済的な制度編成と同じく，心理発達の理論においても，こうしたケアを当たり前のことだと見なして，その価値を低く見積もる傾向があった。　　　　　　　　　　(Gilligan, 1982, p.17 = 邦訳 2022, p.84)

　今日においても，伝統的に女性が担ってきた仕事は経済的な価値を減じられていますし，男性によって規定された公的な世界において，女性の成功は概して男性に比べてどれだけうまくやっているかという基準で判断されます。

　以上を踏まえると，コールバーグの構想を検討すべき理由として，少なくとも次の三点が挙げられるでしょう。第一に，コールバーグの構想は，道徳性の根源をなすのは理性であるという捉え方に根ざして体系化された理論の顕著な例であるということです。第二に，コールバーグが展開した議論(およびピアジェの研究)は，ある時期に大きな影響力を持った教育理論であっても，すぐに消え去ってしまうことがあると私たちに気づかせてくれます。このことを踏まえるならば，教師には新しいとされる理論を常に批判的に検討することが求められるでしょう。第三に，コールバーグに見られるような理性に基づいた道徳性の理論が批判されたことによって，道徳的行為へと駆り立てるものとして理性よりも感情を重視して捉え直す，ケアの倫理という試みへの扉が開かれることになったといえるでしょう。

　感情に基づいた道徳理論についての議論に移る前に，理性に基礎を置くアプローチが決して失われたわけではないということを示しておきたいと思います。政治哲学におけるジョン・ロールズの研究(Rawls, 1971, 1993)は，カント，ルソー，ロックによって書かれた社会契約の原則を基礎として構築されています。「それらは，自己自身の利益を増進しようと努めている自由で合理的な諸個人が平等な原初状態において(自分たちの連合体の根本条項を規定するものとして)受諾すると考えられる原理である」(Rawls, 1971, p.11 = 邦訳 2010, p.16)。こうした考え方は，生徒にとって挑戦的で魅力的なものであろうと思います。そこで

思考されるのは，合理的な存在者は，自身の個人的，経済的，政治的な地位について一切知ることなしに社会を構想するとしたら，その社会に資する正義のルールをどのように根拠づけ，論じることができるのかということです。

　もし，その構想の社会において自身にどのような地位や状況が与えられるかがわからないとしたら，私たちはどのようなルールを提起するでしょうか。私たちは，ロールズが示唆したように，最も不遇な人々の利益を十分に保証するようなルールを構想しようと考えるでしょうか。自分が最も不遇な階級に属するかもしれないという可能性を低く見積もることで，ロールズが提起する正義論に冷やかな態度をとる人たちがいるということを，生徒たちは想像することができるでしょうか。なぜ人々はそのような態度をとるのでしょうか。理性以外に道徳的な決定に影響を与えるものがあるとしたら，それは何でしょうか。

▌愛情と感情

　事実を確認し，それについて判断を下すために私たちは理性を用いなければなりませんし，論理にしたがって結論を導き出すためには理性が不可欠であるということは明らかです。しかし，目的が問題のあるものだったとしても，それに向けて理性が用いられることがあります。また，目的が道徳的には素晴らしいものであったとしても，人が常にそれに向けて行動するとは限りませんし，目的が道徳的に素晴らしいものであるということが行動への動機とならない場合もあります。人は感情に突き動かされます。私たちは，ヒュームが言うところの「仁愛と人間性，友情と感謝，自然的情愛と公共心，あるいは何であれ他人に対する優しい同感から生ずるもの，そして人類ならびに同胞に対する寛大な配慮」(Hume, 1983/1751, p.18＝邦訳 1993, p.12) を称賛します。同情，すなわち他者の痛みや恐れ，窮乏を感じとることによって，私たち人は行動へと駆り立てられます。ヒューム曰く，「理性は冷静かつ閑暇的であるから，行為に対するいかなる動機でもない。幸福に達し，あるいは不幸を避ける手段を我々に示すことによって，欲求あるいは性向から受け取った衝動をただ方向づけるだ

けである」(p.88＝邦訳 p.166)。

　こうして見ると，ヒュームが道徳的な生から徳や人格，理性を排除している
のではないのは明らかです。それらは道徳的な行為にとって極めて重要な役割
を果たしています。しかし，私たちが何かを為す時，それは感情に基づいてい
るのです。ここから得られる示唆として強調すべきは，教師や親の役目は，子
どもたちの心や感情を教育することであって，知性のみを育てることではない
ということです。今日の心理学者が道徳教育について語る際，マーチン・ホフ
マンが「人が自分の置かれた状況よりも他者の置かれた状況にふさわしい感情
を持つに至る心理的プロセスに関与すること」(Hoffman, 2000, p.30＝邦訳 2001,
p.36) と定義するところの共感が強調されることがよくあります。子どもたち
は他者の気持ちに気づき，理解し，適切に応えられるように促されなければな
りません。こうした文脈においては「同情 (sympathy)」という語を使うか「共
感 (empathy)」という語を使うかにかかわらず，道徳的な行為者が何を感じて
いるのか，何を感じるべきなのかということが引き合いに出されているのです。

　この 30 年を通して，女性の経験に根ざした道徳理論としてのケアの倫理へ
の関心が高まりを見せています (Gilligan, 1982；Noddings, 2013/1984)。ケアの
倫理は，道徳的行為の動機として「感情」を重視する点でヒュームと立場を同
じくしています (ケアの倫理に関する最近の研究として，Engster, 2007；Groen-
hout, 2004；Ruddick, 1989；Slote, 2007；Tronto, 1993 を参照)。ケアの倫理は，
いくつかの点で古典的な徳倫理学，義務論，功利主義とは異なります。第一に，
ケアの倫理学は関係性の倫理を扱うものであり，ケアする側 (carer) とケアさ
れる側 (cared-for) の双方の立場に注目し，それを記述するものです。道徳的
な行為に寄与するのは，道徳的行為者としてのケアする者だけではありません。
ケアされる者もケアの試みに応えることにおいて関係を持ち続けることに寄与
しているのです。第二に，理性と正義をめぐる現代の倫理学とは対照的に，ケ
アの倫理は権利を基礎に置く (rights-based) ものではなく，ニーズを基礎に置
きます (needs-based)。ケアする者としての道徳的行為者はニーズに耳を傾け，
何かを感じ取り，そこで表明されているニーズに敏感に応えます (応答の仕方

は常に肯定的なものとは限りません）。表明されたニーズをケアする者が満たすことができない場合でも，ケアする関係を保つことを目指す形で応答します。ケアする者が，ニーズを満たすためのリソースを持っていない場合もありますし，子育てや教育の場ではよくあることですが，表明されたニーズをケアする者が抑え込んで，ケアに関わっている者全員にとってよりよいと思われる方向へとケアされる者を仕向けたいと思う場合もあります。さらにいえば，「ケアする者」と「ケアされる者」として名指される関係は永続的ではありません。大人同士の関係性においては，関わっている人たちは常に役割を変化させ，それぞれがある時はケアする者として，またある時はケアされる者として行動します。どちらの立場においても，そこにある関係性に寄与しているのです。

　ケア的な関係についての記述は女性の経験に根ざしていますが，それは家族や小さなコミュニティにのみ該当するのではなく，より広い射程をもっています。バージニア・ヘルドは次のように述べています。

　　　ケアの倫理とは，ケアする価値観と協同によってさまざまな社会階層に変革をもたらすことを求め，それによってジェンダー，階級，人種，民族をめぐるヒエラルキーや支配を乗り越えようとするものである。ケアの倫理は，相互扶助を特徴とする家族のあり方や，教育，医療，育児に関わる機関が十分に支援され，発展していくことを推進する。さらに，経済活動については，それが権力者の富のためではなく，本当に必要とされていることを満たすことに焦点を当てるべきであるという立場をとる。また，軍事については，それが社会的制約のもとに置かれ，外交，政府機関，兵役，軍需産業に関わる男性だけではなく女性も軍事に関する決定権を持つことを求める。そして，できる限り最良のケア的な関係の中で子どもを育むことが，社会において最重要の目的であると考えるのである。

（Held, 2006, p.160）

　しかし，個々人が関わり合う状況を超えた場面まで考えるならば，ケアの倫

理学において論じられてきた「他者を〔直接的・対面的に〕ケアすること」(caring-for) と、「〔広範な倫理的問題を〕気にかけること」(caring-about) との違いを検討しなければなりませんし、あるいはすべての道徳理論が共有している問題関心についても検討しなければならないでしょう。ヘルドが挙げたような社会改善を求めているのは、ケアの倫理だけではありません。ケアの倫理が為した特筆すべき貢献は、そこで目指されている善がどのようにして為されるべきかについて明らかにした点にあります。ケアの倫理が注意深く指摘したのは、「気にかけること」という一般的な関心から離れて「ケアすること」へと向かう中で、「気にかけること」を通して作り出された諸条件が「ケア」のために必要なサポートを確立し、維持することを保証するものとなっていなければならないということです (Noddings, 2002a)。権利と正義の倫理学を拠り所としながら、想定されるニーズと高度に一般化された原則に基づいて倫理的な介入がなされることがあまりに多いがゆえに、ケアの受け手の意見は滅多に聞かれることはありません。そのため、その人々が表明しているニーズに応えられないのです。このような態度は長らく教育学における考え方を支配してきました。そして今日、その傾向はこれまで以上に強くなっています。「〔広範な倫理的問題を〕気にかけること」を担っている人は、カリキュラムに含まれるべき内容や、教え方、生徒が学んだことをチェックする方法を定めます。関係性の倫理としてのケアのアプローチは、関係性の重要性を認識し、関係性に働きかけることですべての人々の生活をよりよくすることを目指すのです。

関連する政治的論争

　道徳哲学の中心をなすのは理性であるという考え方を持つ諸学派は、当然のごとく権利と正義をめぐる政治哲学へと向かい、国民の権利を宣言した文書を極めて重要視します。アメリカ国民として、私たちはそれらの文書に忠誠を誓っています。現在のアメリカにおける英語〔国語〕教育の各州共通基礎スタンダードでは、国民の権利宣言に関わる文書の多くを教材として取り上げ、これ

を読み，理解することに重点が置かれています。このこと自体は評価できますが，問題はそれらの文書が作成された背景についてほとんど注意が払われていないことです。作成された文脈を十分に検討しなければ，生徒がその文書を真に理解することはできないでしょう。形式的な構造を分析したり，用語の定義を学んだり，文書の目的を考えるだけでは十分ではありません。これらの文章の重要性を理解するためには，文書が書かれた時代，文書が書かれる動機となった出来事，そしてそれを書いた人の人生について知る必要があります。共通基礎スタンダードは，このような本質的な事柄について有益な提案を示せていないのです。

　重要視されている文書のほとんどは，権利侵害を禁止し，自由を保障し，平等を促進することを目的としています。慎重さをもって思考する人であれば，これらの目的のうちの二つ，すなわち自由と平等は，しばしば互いに対立することに直ちに気がつくでしょう（バーリンがこの点について書いていることを思い起こしてください）。見聞の広い市民であれば，こうした対立に注意を払い，両者の目的を推進しつつ，その対立をできる限り軽減することに向けた持続的な対話に参加する準備をしなければなりません。

　道徳性の根源について本章で論じたことに即して，シティズンシップをめぐる歴史においてこれらの文書がどのような位置づけにあったのかを考える時間をとる必要があるでしょう。これらの文書は大きな変化へのきっかけとなるものだったのか，それともすでに達成された成果を高らかに主張するものだったのか。これは重要な問いです。というのも，あたかもこうした文書自体が，権利の侵害を防ぎ，自由を保障することができるかのように思われていることがあまりに多いからです。例えば，エレーヌ・スカーリー（Scarry, 2014）は，熱核兵器に関する素晴らしい研究の中で，アメリカ合衆国憲法が正しく理解されたなら核破壊は防ぐことができることを示唆しています。スカーリーの主張の大部分が正しいとすれば，合衆国憲法は実際に核戦争を禁止できるかもしれません。しかし，現時点ですでに核戦争は起こってしまっているし，予防することはできないでしょう。政府と国民に最低限求められるのは，合衆国憲法が核

戦争を禁止しているということに賛同することです。そして，そうした認識に基づいて行動することなのです。

　しかし，道徳性の根源は理性であるという考え方に対して疑問を感じたのと同じように，文書が個人や共同体を支配する力を持つという考え方に対しても疑問がわきます。悪い人は文書に定められた規則を無視したり，それに違反したりするでしょう。あるいは，善い人もその規則に不満を抱き，それを変更しようとすることがあります。もし，共通善を達成するということが，単に論理的に支持される立場に向けて推論するということを意味しているのであれば，ロールズが提起した「原初状態」(1971, 1993) のようなものから出発して完璧な論理に基づいて理想的なシティズンシップのあり方を構想することで，世界の政治的問題を解決することができるでしょう。しかし，先に見たように，私たちの道徳的な決定には情念が関わっています。マグナ・カルタや独立宣言，憲法，公民権法は情念に突き動かされて制定されたものであったことは確かであり，それらの文書が解釈され，実行されるにあたっても情念が関わっているのは明らかです。何をすべきかについて知っているだけでは十分ではありません。私たちは，自分が知っていることとの一致をはかりながら，協同的に行動しなければなりません。

　ここで目指しているのは，生徒たちに公正，平等，自由，あるいは権利侵害や不法行為，競争について，さらには思いやり，協同，繋がりといった概念について考えてもらうことです。愛国心はこれらの中でどのように位置づけられるのでしょうか。人格教育の伝統においては，愛国心は国や政府への忠誠という観点から説明されてきました。また権威への従順さも重視されてきました。こうした中で，生徒が権威に対して疑問を持つことは奨励されるべきなのでしょうか。次章ではこうしたテーマについて考えてみましょう。

第2章
権　威

　どのような集団であれ，理性的な構成員であれば自身が属する集団における権威を無批判に受け入れるべきではないという考えには，現代の思慮深い人々の多くが同意するでしょう。実際，宗教的，国家的，地域的，そして国際的な集団の多くは，その構成員から疑問を投げかけられることを通じて，長い時をかけてよりよいあり方へと更新してきました。このような権威への思慮深い問い直しがなされるために，学校がすべきことは何でしょうか。生徒は何歳からこうした問い直しのプロセスに参加するべきなのでしょうか。こうした問題については後の章，とりわけ愛国心に関する章で詳しく論じることとし，本章では学級での話し合いや，選択肢の提示，対話を通じて，小学校において何ができるのかを探ることから始めたいと思います。また，中学校・高校で取り入れられるディスカッションでどのようなテーマを扱うべきかについても，いくつか提案します。

子ども期と選択

　子どもたちは皆，幼い頃に「お母さんの言うことを聞いて」，「お父さんの言うことを聞いて」，「先生の言うことを聞いて」という言葉を耳にします。これは正当なことでしょう。なぜなら，私たちは子どもたちの健康，安全，道徳的な成長を気遣い，子どもたちが正しい道を歩み始められるように働きかけているからです。しかし，私たちの長期的な目標は，道徳的な感性をもち，理性的に自立した，批判的な市民を育てることにあります。どのようにすれば，「お母さんの言うことを聞く」の段階を超えることができるでしょうか。

一つの可能性として，子どもたちに合理的な選択肢を提示することが挙げられます。健康面でやむを得ない問題がなければ，幼い子どもであっても好きなアイスクリームの味や，その日に使う遊び道具，その日に履くズボンなどを選ぶことは十分可能です。思慮深い親であれば，合理的な選択肢を用意し，子どもたちがその中から選択できるようにするでしょう。親が許容できる範囲で選択肢を設けているので，子どもが間違いを犯すことはありません。こうしたことは明らかに正しく聞こえるので，瑣末なことに思われるかもしれませんが，そうではありません。これは根本的に重要なことなのです。選択肢を示すというやり方とその発想は非常に重要であり，育児や幼児教育に関するほとんどすべての本がこのことに言及しています（例えば，Comer, 2004；Neill, 1960；Noddings, 2002a, 2002b, 2013, 2015a；Paley, 2004；Spock, 2001 を参照）。

　子どもは幼い頃から選択する機会を与えられていれば，学校生活でも自ら合理的な選択をするように奨励されるだろうという期待を抱きます。まさにこうした事柄を研究しているアルフィー・コーンは次のように述べています。「教育に関する最も驚くべき 10 の発見といったリストをついに誰かが作成できたとして，おそらくそこに載っていないだろう発見が一つあります。それは，生徒はどの問いについて探究するのかを選ぶことができる時に，最も熱心に学び，最高のアイデアが得られるということです」（Kohn, 1999, p.150）。賢い選択をする能力は，学校での学習を促すだけではありません。それは，健全な市民社会のためのバックボーンを提供することにも繋がります。選択することは，子育て，教育，市民参加の場面であまりにも基本的なことであるため，私たちはそれを当然のことと考えてしまいがちですが，その経験は民主的な生活の基盤となるものなのです。

　選択と密接な関係にあるものとして，会話が挙げられます。家族間での会話の様式は，子どもの学校での成功と密接に関わっています。子どもとよく会話をする親もいれば，子どもに一方的に話しかけてばかりの親もいるでしょう。後者の場合，親は決して子どもを愛していないわけではなく，多くの親は子どもに愛情を持っています。ただ，家族やコミュニティの中で受け継がれてきた

様式にとらわれているのです (Heath, 1983)。こうした伝統においては，親は子どもに指示したり，褒めたり，叱ったりしますが，子どもと会話するということはありません。大人は話し，子どもはそれを聞くものだという考えを持っているのだと思われます。子どもたちは言われた通りにするように教えられ，選択の機会をほとんど与えられません。こうした状況に置かれると，子どもたちの語彙や会話のスキルがひどく損なわれてしまうことが知られています。

ジェームズ・コーマーは会話のスキルを学ぶことの重要性について論じています。その際，コーマーは，自身や兄弟姉妹が社会性を身につけ学校において成功できた背景として，家族との相互的な会話を挙げています。コーマーの家庭では，夕食や食後の会話では，疑問を投げかけたり，意見を言ったりすることが歓迎されていました。そして，「こうした会話の中で，考え，表現し，自分をコントロールするといった経験を積んだ」(Comer, 2004, p.59) のです。このようなスキルを身につけることで，生徒はやがて権威に対して合理的な仕方で疑問を持つことができるようになります。このスキルがなければ，残された選択肢は疑問を持たずに権威に従うか，権威を軽蔑しそれに背くかのいずれかです。前者の場合には，道徳的に問題のある政府を支持する市民を育ててしまうというリスクがあり，後者の場合には，満たされない人生と刑務所人口の増加に寄与することになります。

私たちは子どもを大事にし，その成長を思うあまり，子どもたちに与えられる選択の余地を制限し過ぎてしまうことがあります。私たちが相談を受けたある学校で起こったケースについて考えてみましょう。その学校は，会話，生徒による選択，そしてエコロジーへの配慮に熱心に取り組んでいました。子どもたちは，屋上の庭で自分たちの食べ物を育てていました。ランチタイムになると，大皿に盛られた食事を子どもたちが取り分けるという家庭的なスタイルでのランチを楽しみます。子どもたちはずらりと並べられた栄養たっぷりの料理から，自分の好きなものを選んでお皿に盛りつけるのです。しかし，この模範的ともいえる学校は政府機関から問題視されました。なぜなら，（一般的には〔カフェテリアの従業員といった〕責任のある大人が盛りつけることが想定されているの

に）この学校の子どもたちのランチプレートに盛られた料理は，適正な量や栄養バランスを満たしている保証がないからです。学校関係者は，子どもたちが選ぶ食品はどれも栄養価が高く，間違った選択をすることはないと主張しています。さらに，子どもたちに食事を選ばせることによって，食品の廃棄が大幅に減っているのです。ランチで子どもが食べるべきものを大人が決めている学校では，子どもたちは自分なら選ばなかった食べ物を〔我慢して食べるのではなく〕単に捨ててしまっています。確かに，この学校のように子どもたちが自分で食べるものを選ぶ場合，ある日は野菜ばかりになり，またある日は果物ばかりになるといったように，バランスが良いとはいえなくなることもあるでしょう。しかし，それ自体も有害であるわけではないですし，〔食事や栄養についての〕会話を継続していくことによって改善することもできます。子どもたちに必要な食べ物を確実に与えようという，多くの人が共感するような思いから生じる働きかけによって，かえって子どもたちが最も必要としている，自分で合理的な選択をする能力というものが損なわれてしまうことがあります。こうした選択の能力こそ，健全な市民社会の基礎となるものなのです。

　もちろん，生徒が成功したり，理性的で豊かな能力をもった市民として成長することには，他にも多くの要因が関わっています。ですが，会話と選択に早い時期から参加することの重要性はその中でも際立っています。真正の会話と適切な選択を促す子育てが幼児教育の核心であることはいうまでもありませんが，高校で子育てについて教えることは頑なに退けられています。アメリカの教育は不平等をなくし，社会階級をなくすことを目的としていると言われますが，そうした目的のために最も有効なスキルや態度を教えることを拒んでいるのです。こうしたテーマについては，第6章のジェンダーに関する議論において再び取り上げることにしましょう。

学校における参加民主主義

　年齢に応じたさまざまな形式の民主的な決定の場に生徒を参加させることに

よって，学校教育は思慮深い市民の育成に資することができます。学校やクラスで問題が発生した場合，生徒はその問題を分析し，解決策を提案することに可能な限り参加しなくてはなりません。例えば，生徒たちがホールで動き回っている時に出る騒音に対して，誰かが苦情を述べたとしましょう。多くの場合，生徒たちは管理者や教職員から解決策を押し付けられ，それは通常，規則や罰則が伴っています。多くの学校がホールでは静かにすることを生徒に求めており，それを実現している学校は少なくありません。なぜ，こうしたやり方が「うるさい」ことへの解決策として受け入れられるべきなのでしょうか。もし，子どもたち自身にこの問題の解決を任せたならば，どんな提案をするでしょうか。子どもたちは騒音をやわらげる方法について話し合う中で，礼儀や平等な話し合いのあり方，あるいはコミュニティでの生活全般をめぐる議論へと促されるかもしれません。教育はいわゆる「3Rs（読み・書き・計算）」に留まるものではありません。教育とは民主的な生活の実践であり，私たちがともに活動する中で充実した生をおくるための準備なのです。

　ジョン・デューイより巧みに民主主義の本質を語り得た者はいないでしょう。

> 　民主主義は単なる政治形態でなく，それ以上のものである。つまり，それは，まず第一に，共同的な生の一様式であり，連帯的な共同経験の一様式なのである。人々がある一つの関心を共有すれば，各人は自分自身の行動を他の人々の行動に関係づけて考えなければならないし，また自分自身の行動に目標や方向を与えるために他人の行動を熟考しなければならないようになるのだが，そのように一つの関心を共有する人々の数がますます広い範囲に拡大していくということは，人々が自分たちの活動の完全な意味を認識するのを妨げていた階級，人種，国境による壁を打ち壊すことと同じことなのである。　　　　　　　　　（Dewey, 1916, p.87 = 邦訳 1975, p.142）

　民主主義とは，言論の自由を利用して意見を述べ，投票し，議論に勝ち，非暴力で相手を打ち負かすといったような統治形態を指すのではありません。そ

れはむしろ，目的を共有し，開かれたコミュニケーションを行い，そして惜し
みない自己批判を伴う生き方を指します。デューイにとっても，私たちにとっ
ても，民主的な共同体とは，継続的な自己改善に寄与するものです。「特に，
ただ変化するだけでなく，自らを改善させるような変化を理想としている社会
は，単に自らの習慣を維持することだけを目指している社会とは異なった教育
の規範や方法を持つだろう」(1916, p.81＝邦訳 p.133) といいます。デューイは
次のように続けます。「問題は，現実に存在する社会生活の諸形態の望ましい
諸特徴を抽出して，それらを使って望ましくない諸特徴を批判し，改善を提案
することなのである」(p.83＝邦訳 p.135)。

　子どもたち（ここでは，小学校 4, 5 年生としましょう）がホールでの騒音問題に
ついて話し合ったとすると，子どもたちは，友達との気持ちのよい接し方や楽
しさ，ホールでの会話に相応しいの内容について前向きな意見を出すかもしれ
ません。あるいは，言葉によるいじめや使うべきでない汚い言葉に対して批判
的なコメントをすることもあるでしょう。友達との気持ちのよい接し方や楽し
さといったポジティブな要素を維持するために，子どもたちは悪口をなくした
り，押したり，叫んだり，その他の騒音を減らす方法を提案するかもしれませ
ん。生徒たちが自分やクラスメートの行動に責任を持つようになったならば，
間違いを犯した者であってもコミュニティの一員であることに変わりはないの
だということを忘れないようにする必要があります。規律を守ろうとする子ど
もたちは，合意事項に反した者に対して懲罰的な態度をとるかもしれないから
です。権威にはさまざまな形がありますが，正当な権威は，継続的な改善に向
けたコミュニティの最善の努力を表明し，支援するものであることを忘れては
なりません。教師は，和を維持するために生徒委員を任命する誘惑に負けず，
ホール内の友好的な雰囲気を維持する責任がすべての人にあることを子どもた
ちに伝え続けるとよいでしょう。この話題から離れる前に，読者の皆さんに，
今日の多くのチャータースクールにおいて，子どもたちが教室から教室へと移
動する際に，従順，沈黙，さらには塗装された線の上を歩いて移動することが
ことさら強調されていることを想起してもらいたいと思います。このような服

従的な従順さは，民主主義社会では奨励されるべきではありません。

　教師の中には，学校における民主主義の推奨を，民主的な手続きを重視するという意味合いで理解している人がいます。例えば，クラスの役員の選出を奨励したり，書記を任命したり，クラス会の定期的な運営を監督したりといったことです。市民生活の様式を早期に経験することは有用かもしれませんが，本書で私が提案しようとしているのはこうしたことではありません。むしろ，デューイに倣って私たちが関心を寄せているのは，活動の共有と責任の共有を強調するような家族を範とした会話のあり方です。アタッチメント理論を教室の人間関係に応用したマリリン・ワトソンの研究には，こうした強調点が見事に示されています。彼女の著書の「はじめに」には，「A Classroom Where Everyone Belongs（みんなの居場所となる教室）」（M. Watson, 2003, p.1）というタイトルが付されており，本書では個人とコミュニティの両方の十全な発達を促進することが目指されています。個人の自由と反対意見の表明を強調する民主的な生活様式はしばしば分裂によって特徴づけられますが，ケアと信頼の関係が安定的に構築され，それがより大きなコミュニティへと広がっていくことで，そうした分裂を防ぐか，少なくとも軽減することができるかもしれません。

従順であることの危険性

　高校生になると，権威に対する盲目的な服従の危険性について本格的に学ぶべき段階に入ります。近現代史において最も顕著なのは言うまでもなくナチスドイツの事例でしょう。この事例は，教師にとって「知識と徳」の関係をめぐる古典的な定式を問い直す好機となります。もし「知識は徳である」というのが本当ならば，20世紀において最も高度な教育を実現した国の一つであるドイツにおいて，なぜナチズムが受け入れられたのでしょうか。「真の知識とは，単に整理された情報なのではなく，批判的に検討され，価値づけられることでもたらされるものである」というソクラテスの警句に，教師は注意を払わなければなりません。寄せ集められた諸事実は道徳的な批判に基づいて検討されて

はじめて知識となります。同様に，諸々の技術についても，なぜ，どのように使われたのかに基づいて，それらが道徳にかなったものであるか否かが検討されなくてはなりません。

第二次世界大戦前の数年間，ドイツでは民族意識が著しく高まっていました。「ドイツという国，その歴史，ドイツの英雄たちが持つ「生まれつきの優越性」には何か特別なものがある」（P. Watson, 2010, p.620）と広く信じられ，公言されていました。生徒たちは，ナチスの支配下にあった時代や，当時のドイツ民族の優越性の誇示について議論する中で，アメリカにおいても現在「アメリカ例外主義」が人気を博しているということに思い至るかもしれません。興味深いことに，先述したドイツの動向も，今日のアメリカにおける例外主義への熱狂も，同様に，反知性主義の一形態として捉えられます。どちらも自国の知的な成果を誇りとしていますが，例外主義的で愛国的な思潮それ自体は保守的なグループによって推し進められており，その主張を支持しない自国の知識人はたびたび非難に晒されています。こうした中で，今日のアメリカにおける例外主義の高まりが私たちをどこに導くのかについて，生徒たち自身が考えられるようにしなければならないでしょう。

今日見られる例外主義への傾倒が，デューイが言及した参加民主主義をすでに掘り崩していることを示すような兆候に，生徒たちは気づくことができるでしょうか。最近のニュース記事では，国の指導者が下した決定や彼らの行為を批判したアメリカ人批評家たちに対して，「アメリカを愛していない」という非難が向けられることがあります。デューイの視点からすれば，そうした批評家たちはむしろ自国を深く愛していると評価されるかもしれません。こうした批評家は，自国の過去を自慢したり，その輝かしい過去を現在や未来に残そうと躍起になることはありません。そうではなく，自分たちの国が絶えずよりよくなることを望み，デューイの理想とする継続的で自己批判的な変化に尽力しているのです。

ドイツで権威主義的支配が台頭した恐ろしい時代については，学際的な研究に依拠しつつ，それ相応の深さをもって扱われる必要があります。すべての高

校で，教科横断的な教員チームが定期的にミーティングを行い，すべての教科において取り上げられるべきテーマが提案されるべきでしょう（Noddings, 2013, 2015a）。権威への無批判な服従の影響について広く深く探究することで，カリキュラム全体で何ができるのかを考えてみましょう。

　ナチス時代以前に目を向ければ，生徒たちは英語〔国語〕と社会科の両方の授業で『西部戦線異状なし』を読み，議論することができるでしょう。政府とその代理者としての教師は権威の強大な力によって，無批判な若者たちを戦争へと駆り立てたのです。こうした教師について，物語の語り手は次のように述べています。「われわれ18歳の若者にとって，教師は成熟の世界，仕事の世界，義務の世界，文化の世界，進歩の世界への仲介者であり，案内役であるはずだった……。彼らが体現した権威の観念は，私たちの心の中でより深い洞察とより人間的な知に結びついていた」（Remarque, 1982/1929, p.12＝邦訳 1955, p.22）。それにもかかわらず，あまりにも多くの教師がこの忌まわしい権威を賛美し，生徒たちを暴力と死へと導いたのでした。

　数学の授業では，第二次世界大戦の前後にユダヤ人数学者たちに何が起こったのかについて，少しばかり触れることができるかもしれません。残念なことに，ほとんどの高校生は数学者の名前を聞くこともないまま，4年間の数学の授業を終えます。ですが，以下で示されているように，ユダヤ人に対する野蛮な攻撃は，ドイツにおける数学の発展に破壊的な影響を与えました。

　　1934年，第三帝国の教育大臣であったベルンハルト・ルストは，数学者のダフィット・ヒルベルトに，ユダヤ人の数学者が排除された後，ゲッティンゲン――高名な数学者であるガウス，リーマン，フェリックス・クラインの出身地であり，200年にわたって数学の世界的な中心地であった――――はどれほどの損失を被ったのかを尋ねた。ルストが「ゲッティンゲンにとって大きな損失だったか？」と聞くと，ヒルベルトは，「損失は被っていませんよ，大臣。もうそこは存在しないのですから」と答えたのは有名な話である。
　　　　　　　　　　　　　　　　　　　　　　　（P. Watson, 2010, p.662）

授業のためにしっかりと準備をする数学教師であれば，ガウスがどのような人物であり，彼が少年時代から数学の才能を発揮していたことについて語ることができるでしょう。あるいは，リーマンと非ユークリッド幾何学の発明について触れ，ユークリッド幾何学の緻密な再検討においてヒルベルトが与えた影響について言及することもあるでしょう。また，ユークリッドの知的権威が長年にわたって非常に強かったために，イマニュエル・カントのような偉大な哲学者でさえ，幾何学の別のあり方を構想することができなかったということを話題にするかもしれません。こうした話はどれも，数学，ユダヤ文化，そして間違った権威のあり方をめぐる議論のきっかけとなるでしょう。

　全体主義や無批判な服従の危険性について探究しようとするならば，道徳性の感情的ないしは感性的な次元を考慮する必要があります。生徒たちに，ナチスの強制収容所に収容された人々の肉体的な苦痛と，彼らの道徳的・社会的な退廃について書いたプリーモ・レーヴィによる著作を読むよう勧めてはどうでしょうか。囚人たちの間で起こった道徳的・社会的な退廃についてレーヴィは次のように述べています。

> 私たちは不潔，混乱，困窮に耐えたが，道徳的な基準が変わってしまっていたために，私たちが感じた苦しみは通常の生活で感じるであろう苦しみに比べればずっと小さかった。さらに，私たち全員が盗みを働いていた。台所で，工場で，キャンプで，要するに「他の人から」(中略)，中には (少数ではあったが) 自分の仲間から，パンを盗むほど落ちぶれた者もいた。私たちは，国や文化を忘れただけでなく，家族や過去，自分たちが思い描いていた未来をも忘れてしまった。なぜなら，私たちは動物のように，現在の瞬間に閉じ込められていたからだ。　(Levi, 1988, p.75 = 邦訳 2019, p.94)

　アメリカの若者にとっては，こうした状況が政府によってもたらされたこと，そうした状況で生きるということを想像することすら難しいでしょう。レーヴィは，その思慮深く寛大な考察において，被害者と加害者の両方が苦しみを抱

えていたということを指摘しています。加害者の中には，自分の命を守るために——それがたとえ数ヵ月だったとしても——，人に恐怖を与えることに加担した者もいました。さらに，その中にはヒトラーが築いた政治国家を信じていた者もいました。レーヴィの示した結論は，そのような加害者たちもまた普通の人間であったということを読者に伝えています。

> 平均的な人間，平均的な知性，平均的な意地の悪さ。例外を除いて，彼らは怪物ではなく，私たちと同じ顔を持っていたが，しかし彼らは間違った方法で育てられていた。彼らの大部分は，勤勉な信者や役人であり，ナチスの教義を狂信的に信じている者もいれば，無関心な者，罰を恐れている者，よい職を望んでいる者，そして従順すぎる者もいた。
>
> (p.202＝邦訳 pp.268-269)

レーヴィの最後の言葉は，生徒たちが考えを深める際に特に重要です。

> 多かれ少なかれ，すべての人に責任があったことは明らかである。だが，その責任の背後には，ヒトラー伍長の「美しい言葉」を最初は精神的な怠惰，目先の打算，愚かさ，国威発揚のために受け入れ，運と良心の欠如が彼に味方するに任せて彼に従い，彼の目論見に翻弄され，死と不幸と自責の念に悩まされた大多数のドイツ人が存在したということも同様に明白であるとされなければならない。
>
> (p.203＝邦訳 p.269)

何の疑いもなく権力を受け入れ，それに従うことの危険性について述べたものとして，これほど力強い言葉は他にないでしょう。

ヨアヒム・フェストの *Ich nicht*（私じゃない〔英語訳タイトルは *Not I*〕，2013年）を読んで報告する生徒もいるかもしれません。ナチス政権下のドイツで育ったフェストは，父親が抱えていた道徳的な苦悩を思い返しています。彼の父

はナチ党への入党を拒否し，それによって教師としての地位を失いました。しかし，反政権の立場からできることはほとんどなかったといいます。

　　庭の囲いの中で政権を非難することも，BBC ラジオ放送を聴くことも，困窮している人のために祈ることも，そうしたことの一切が何の意味も持たない。「そうだ！」と彼は続けた。「私は何もしていない。他の人と同じようにね。しかし，現在の状況の下では，善と悪の区別は失われているということを私はいまわかっている。空気が毒されている。私たち全員がそれに感染しているのだ」。

(Fest, 2013, p.242)

　多くの善良なドイツ人と同様に，フェストの父親もナチズムに屈した国家に無力感を感じていました。家族を守らなければならず，そのためにはヒトラーに表立って反対することはできませんでしたが，ヒトラーやナチ党を積極的に支持することはありませんでした。フェストが説得力のある仕方で指摘しているように，1940 年代後半（おそらく今日も），ドイツの人々は自分の国に何が起こったのかを理解しようと絶えず奮闘しています。「今なお問われているのは，どうしてあのような思想が，古から続く文明的な国家を狂わせることができたのかということだ。なぜ国家社会主義運動の指導者たちは，ほとんど抵抗を受けることなく憲法上の安全装置を無効化することができたのか」(Fest, 2013, p.386)。

　確かに，教師や親は若者たちが正当な権威を尊重し，それに従うことを望んでいます。ですが同時に，善き市民は，権威を持つ者が私たちとの間で取り結んだ法をしっかり守っているかどうか，法の基礎となる理念を忠実に体現しているかどうかについて常に警戒しなければならないということを，若者たちが理解する手助けをしなければなりません。権威が間違った方向に進んだ時，私たちはどうすべきなのでしょうか。

市民的不服従

　市民社会は通常，社会を構成する自発的な結社の巨大な集合体であると定義
されます。市民社会に国家は含まれず，（特定のまとまりとしての）家族も含まれ
ません——なぜなら，家族は自発的に加入するものではないからです。民主主
義国家においては，国家と市民社会の健全な関係に常に強い関心が向けられま
す。デューイが述べたように，民主主義とは「共同的な生の一様式であり，連
帯的な共同経験の一様式」(Dewey, 1916, p.87 = 邦訳 1975, p.142) であると考える
のが最も適切でしょう。民主的な国家は，個人の自由と市民社会を構成する諸
集団の間の自由なコミュニケーションの双方を支持します。市民社会の構成員
や諸集団が，国家が正義を遵守するという使命に反したと見なした時には，人々
は法と正義の理念を維持または更新するために，問題のある法律をあえて破り，
それによって課される罰を甘んじて受けることがあります。あるいは，自分た
ちの抗議行動に目を向けてもらうために，道路交通法や集会に関する法律など，
直接関係のない法律を破ることもあるでしょう。これらは市民的不服従と呼ば
れ，より重大な法を保護するために，国家が定めた法に従うことを拒否するこ
とを指します。

　さまざまな団体や個人とやりとりしている中で，「市民的不服従」について
の厄介な誤解を耳にすることがよくあります。例えば，教師の中には生徒が標
準テストで不正行為をするのを手助けすることで，市民的不服従を行っている
と考えている人もいるようです。しかし，それは市民的不服従ではなく，単な
る法律違反です。もし標準テストでの不正を手助けしていることを世間に公表
し，権威によって下された罰を受け入れるのであれば，彼らは確かに市民的不
服従を行っているといえるでしょう。市民的不服従の核心は，国の権威に対し
て最も深い敬意を示すことにあります。それは非暴力によってなされ，その目
的は権威がその定められた理念を確実に遵守することに向けられています。ヘ
ンリー・デイヴィッド・ソローは，権威の濫用に対する市民的不服従を善き市
民の義務だと見なしています（『ソローの市民的不服従—悪しき「市民政府」に抵

抗せよ』1849年を参照）。法に従わない者は罰を受けるという要件があるため，軽々しく市民的不服従を行う人はいません。前世紀の代表的な例としては，人種間の平等を求めてマーティン・ルーサー・キングが主導した公民権運動が挙げられます。キング牧師とその仲間の多くは，マハトマ・ガンジーやネルソン・マンデラと同様に，その英雄的な尽力と引き換えに刑務所で耐え忍ばなければなりませんでした。

　市民的不服従は良心的拒否とは区別されなければなりません（Rawls, 1971, p.368）。後者の場合，異議申立人は法律を完全に変えようとしているのではなく，単にその法律から免除される権利を主張しているだけの場合もあります。例えば，一部の宗教団体は，アメリカ合衆国への忠誠の誓いを唱えることを免除される権利を主張しています。また，徴兵制に抵抗する人の多くは，徴兵制自体が不当であると主張するのではなく，宗教的信念を理由に自分たちは徴兵制を免除されるべきだと主張しています。平和主義については「第11章　愛国心」で詳しく述べることにして，ここではその導入として，高校生の興味をかきたてるような話を紹介しておきましょう。詩人のロバート・ローウェルは，第二次世界大戦中，アメリカとその同盟国が民間人に振るっている暴力を理由に，徴兵を拒否しました。そして，刑務所に入れられることになりました。同じ監房に入っていた悪名高いギャングがローウェルに「俺は殺したからここに入った。お前は何でだ？」と尋ねたといいます。するとローウェルは「殺すことを拒否したからだよ」と答えたそうです（True, 1995, p.80 より引用）。

　今日の生徒であれば，不当な選挙法や人種差別に向けてなされた1960年代の市民的不服従の話に興味を持つかもしれません（Zinn, 1968）。当時の議論は，警察が黒人に行った人種差別に対して現在広がりをみせている抗議活動について理解するのにも役立つはずです。また，今日，メディアで頻繁に取り上げられているような，人種，宗教，ジェンダーの問題をめぐってはびこっている悪意についても，この期に議論すべきかもしれません。もし，言論の自由を重んじるのであれば，私たちはその言論の質にも責任を持つべきではないでしょうか。

民主的な市民社会が健全であるかどうかは，その社会と，その社会が属する国家が知的な相互作用をなしえているかにかかっています。本章で手短に扱ったトピックについては，図書館一つ丸ごとに相当するほどの膨大な書物が書かれています。しかし，私たちが強調したいのは，本章で手短に扱ったトピックについての書物が図書館一つ分に及ぶほど書かれてきたということではありません。私たちの目的は，そうした書物について包括的に議論することでもありません。私たちの目的は，そうした蓄積は教育においても重要であるということを強調し，教師がその蓄積を活用する方法を例示することにあります。私たちは，参加民主主義においては選択が不可欠であり，学校教育のすべての段階において，年齢に応じた選択を行う必要があると主張します。クラス会議もすべての学年で行い，配慮に満ちたやりとりがなされるように注意が払われるべきです。生徒は早い時期から，権威を尊重しそれに従うことを奨励されるべきですが，同時に，その権威について考え，疑問を持つように促されなくてはなりません。私たちは可能な限り頻繁に，丁寧で，思慮深い問いかけを学校側の手続きや慣行に向けるべきであり，生徒は自分の学校が持つ倫理的な風土に対してより重い責任を負うべきです。こうしたことを実際に行うためには，生徒は批判的に思考できなければなりません。この批判的思考について，次章で考えていきましょう。

対話をひらくクエスチョン：訳者から日本の先生へ①
教師が権威を持つ意義／服装や髪型に関する校則

Q. 教師が権威を持つことにはどのような意義があるでしょうか？

　デューイの言葉を引用しつつ著者が述べているように，本書では民主主義は統治の一形態ではなく，異質で多様な人々が目的を共有し，共同体をよりよくしていこうとする協働的な試みとして捉えられています。そして，学校もまたそうした民主的な共同体の一つであるというのが第2章の前提をなす主張です。

　学校は一つの民主的な共同体であるという主張自体は多くの先生にとってそれほど目新しいものではないかもしれません。ですが，例えば，生徒が経験すべき民主的な生活様式は，学校やクラスの代表を選挙で決め，議論し，決定を下すという民主的な手続に限られないという記述から，著者独自の立場を窺い知ることができます。著者の見方に立てば，学校教育を通じて生徒が経験すべきことは，民主的な手続きに適った相互行為だけではなく，そうした相互性を可能にしているケア的な関係性であるということになるでしょう。生徒と教師，生徒同士がケアと信頼の関係を築くことにおいて，教師が持つ権威はどのような役割を担うことになるでしょうか。そこでの権威は，共同体を統治したり管理する際に働いている権威とどのように重なり，どのように異なるのでしょうか。

Q. 学校で身につけるべき服装や髪型について，校則でどこまで定めていいでしょうか？

　権威が間違えた方向へ進んだ時，私たちはどのようにそれに抗することができるのか──権威について考え，疑問を持つことの重要性を学ぶための題材として，本文ではナチスドイツの事例を扱うことが提案されていました。こうした題材は日本の生徒や教師にとっても十分に有用であるように思われますが，もう少し身近な題材を用いることで，いっそう身に迫る仕方で権威への批判的思考や市民的不服従について学ぶことができるかもしれません。

例えば，日本の多くの学校は校則を定めていますが，そこに服装や頭髪についてのきまりが書かれていることがあります。その中には，時代や文化の変化に見合わない，妥当性を欠いた校則が含まれていることも少なくないようです。下着の色や髪型まで校則で定めることは，妥当でしょうか。あるいは，校則を守っているかを確かめるために，下着の色を確認したり，染髪をしていないことを証明するために「地毛証明書」を提出させることに問題はないのでしょうか。妥当と思われない校則に抗議するために，生徒や教師はどのような行動をとることができるでしょうか。規範の揺らぎをもたらすこうした問い直しは，学校という共同体を掘り崩す危機ではなく，学校という民主的な共同体への参加の好機となるかもしれません。

（田中智輝）

第3章
批判的思考

　前章では，どうすれば子どもたちが権威を疑うように促せるかについて検討しました。大人の市民と同じくらい効果的に権威を疑えるようにするには，生徒たちの批判的思考能力を発達させる必要があります。もちろん，批判的思考は，権威を疑うためだけではなくさまざまな目的のために必要とされるもので，今日この能力の必要性は広く認められています。実際，「批判的思考（critical thinking）」という言葉はいまや重要な教育目的の一つとして世界中で掲げられています。本章では，批判的思考のいくつかの側面を検討します。そして，批判的思考の能力が共通善のために用いられるものであるとすれば，それは道徳的責務によって導かれねばならないことを論じます。

日常の学習から変える

　教師は生徒に対して，自身の課題を「見直す」ように，つまり，教師からの評価を受ける前にそれを批判的な目で見るように，と常に言い続けてきました。このことには，まがりなりにも，多少の批判的思考が必要となります。英語の授業では，生徒は自身の課題のスペルや句読点，文法，段落分け，読みやすさを見直すように期待されますし，数学では，計算や幾何学図形の表示，記号の使い方，すべての手順が数式に示されているかを見直すように指導されます。こうした期待を踏まえると，教師が滅多に生徒に「やり直して，再提出するように」求めないのは奇妙なことです。実際，大抵の場合において提出された課題は評価をつけられて返却されるだけです。生徒は教師によるあらゆる訂正から学び，次の課題をよりよくこなすように期待されます。しかしながら，生徒

は成績をとても気にするものの，教師が間違いを訂正するために付けたコメントにはほとんど注意を払わないことを，私たちは経験的に知っています。批判的思考を強調するなら，生徒が今取り組んでいる課題について考えたり，見直して訂正したりするための時間をつくるように促すことが望ましいといえます。

　課題に取り組むあらゆる段階において，批判的思考は意味の探究を促します。最も単純なレベルでいえば，文章を理解するためには，その語句が何を意味しているのかを知る必要があります。批判的な目で一見しただけでも，「赤い，その，だった，空（red the was sky）」は文章になっていないことがわかるし，幼い子どもでもこれらの語をきちんとした文章（the sky was red）になるように並べ替えることができます。ですが，もし「その空は朱かった（the sky was vermillion）」という文章を提示されたとしたら，この文章の意味を理解するために，子どもたちは「朱色」という語の意味を調べなければならないかもしれません。早期教育〔乳幼児期から小学校低学年までの教育を指すことが多い〕の基本的な目標の一つに，子どもたちが語句や文章から意味を獲得するように手助けすることがあります。子どもたちは記号と音を一致させ，音を記号に，書き言葉を話し言葉に，そしてそれらの逆についても同様に変換することを学びます。

　子どもたちはまた，指示を理解し，それに従うことも学ばねばなりません。そして，特に算数・数学においては，求められたことをすることができたのかを確かめるために，批判的な目を光らせることが大切です。いくつか面白い話があります。『不思議の国のアリス』のハートのジャックの裁判の中で，陪審員たちは3月14日，15日，16日という三つの日付が言及されているのを耳にします。陪審員らはこれらの日付をどうしたと思いますか。「熱心に三つの日付をスレート〔石板〕に書き記したうえで三つを足し，答えを何シリング，何ペンスと記し」たのです（M. Gardner, 1963, p.146＝邦訳 2019, p.267）。私たちはこの物語を読んで笑いますが，実はこの話は，算数・数学の授業で教師たちがよく目にする，子どもたちのお馴染みの振る舞いを捉えています。子どもたちは文章題を解く際，数字を探し出し，その問題で求められていることは何かを

考えることなく，ただその数字を使って最も簡単な演算を行うのです。算数・数学の教師のほとんどが，子どもが二つの数字が登場する文章題に取り組む際に，文脈上明らかに割り算が求められていても，割り算は難しすぎると思って足し算を試みるような場面を目撃しています。多肢選択式の試験では，こうした計算によって導かれる誤答があえて他の選択肢と一緒に並べられるため，子どもたちのこうした傾向は正されるよりむしろ，より強固なものにされてしまっています。

　以上のことから，批判的思考の始まりは，言葉の意味を理解し，自身の行動がその意味に適合しているかどうかを確認する作業であるということがわかります。このレベルにおいてさえ，子どもによっては困難を感じ，意味の探究を諦めてしまうことがあります。教師は子どもをサポートし，冗談を言い，インスピレーションを与え，建設的に批判しなければなりません。「批判的な目で課題を見返しましょう！」「やり直して再提出しましょう！」と，継続的に励ます必要もあります。また，私たち教師は子どもたちがやり直しをした場合，その努力に報いるべきです。自身の課題を進んで改善しようとする子どもは，低評価から「抜け出せない」ままでいるべきではありません。

　意味についての議論を広げていく前に，「批判的思考」という言葉がほぼ常に言語に向けられていることに言及すべきでしょう。実際，批判的思考とは文章を正確に評価することである，と狭い意味で定義されることがあります（Ennis, 1962）。他の定義を挙げて紙幅を割くことはしませんが，以下のことに留意してほしいと思います。すなわち，批判的な目は言葉と同様に物にも向けられ得ること，そして，機械工や道具製作者，建設業者，修理工，職人といった人々が成す仕事について，学校教育はもっと目を向けるべきだということです（Crawford, 2009；Noddings, 2006 参照）。しかしながら，こうした活動においてさえ，通常は，言語的な分析や解釈，適切なコミュニケーション，および結果の検証が必要になります。批判的思考をする人は，あらゆるレベルにおいて，自らが見て，聞いて，試して，評価して，勧めるものの意味を問うのです。

より深い意味の探究へ

　現行の各州共通基礎スタンダードは批判的思考を特に強調している一方で，批判的思考をどのように定義し，どのように教えるかについてはあまり述べていません。今日，単に文章を正確に評価することという意味で批判的思考に言及することは，ほとんどないように思われます。数十年前，哲学者や教育の理論家たちは，批判的思考それ自体を一つの教科として教えることはできるか，あるいは，別のよりよく定義された教科の中で扱うべきかを議論していました（Noddings, 2006, 2015b）。ほとんどの人は，批判的思考に含まれるスキルが「分析」「解釈」「予測」といった一般的な用語で表され得るという考えに同意する一方で，これらのスキルは，取り扱っている教科内容の知識なしには発揮し得ないということにも同意します。例えば，「12進法では，3×6=16である」という文章の正確さを判定するように求められたとしましょう。もし，10進法以外の位取り記数法を知らなければ（そして，それがどのように機能しているかについて考えたことすらないならば），返答に困って，「3×6=18だ，それでしかない」と言い張るかもしれません。文章の意味を理解し，正確さを判断するためには，文章の主題や文脈について少しは知っていなければならないと考えられます。

　先に言及したように，英語〔国語〕科の各州共通基礎スタンダードでは，公文書の読解が特に強調されています。いまでは，生徒たちはフィクションよりも公文書を読むことにより多くの時間を割くことが求められているのです。批判的思考を公文書に適用すべきだとしたら，生徒は公文書が書かれた文脈についてどのくらい知っている必要があるでしょうか。例えば，アメリカ独立宣言について考えてみましょう。独立宣言を理解するには，それが書かれた時代や，それを起草したりそれに署名をした人々について知る必要があります。これは，教科横断的な課題に取り組むための（英語科と社会科の教師が，その読解に歴史的，文学的な意味を持たせるために協働する）絶好の機会となります。

　しかし，私たちの関心が批判的思考にあるのだとすれば，さらに深く掘り進める必要があります。独立宣言の署名者たちこそ明らかに優れた批判的思考能

力の持ち主であり，その能力を国王と大英帝国の権威に挑戦するために用いました。この人々は，自身の不満とその解決法を明確な言葉で提示しました。一旦立ち止まって，彼らが使った言葉の含意について少し考えてみましょう。アメリカ人は皆，独立宣言の以下の一節をよく知っています。

> われわれは，自明の真理として，すべての人（men）は平等に造られ，造物主によって一定の奪いがたい天賦の権利を付与され，その中に生命，自由および幸福追求の含まれることを信ずる。[1]

この文書の中心的な起草者であるトーマス・ジェファソンは，「すべての人は平等に造られた」と書いた時，何を意味しようとしていたのでしょうか。そして，「人（men）」という言葉を，どのような意味で使ったのでしょうか。ジェファソンは，他の多くの署名者と同様に，奴隷制を支持していました。黒人が白人と平等であると示唆しようとしたわけでも，黒人にも自由への不可侵の権利があることを示唆しようとしたわけでもないことは確実です。では，ジェファソンはすべての人が平等に造られはしたが，出生とほぼ同時に，人種や階級，家格によって不平等が生じるのだと言おうとしたのでしょうか。また，「人（men）」という言葉をどのような意味で使ったのでしょうか。長きにわたって，「人（man）」という語は「男性」という意味ではなく，「人間（human being）」一般の意味で使われてきました。例えば，女性も〔男性という意味の man という言葉が入っている〕人類（mankind）に属するのだと広く理解されていました。ジェファソンは「人（men）」という概念に女性や黒人男性を含めようとしたのかといえば〔そうではなく〕，〔ジェファソンに限らず〕アメリカ建国の父たちは「すべての人」や「平等」という言葉を用いる時，比較的限定された集団についてのみ述べていたといえます。まさにこれは，生徒が歴史上重大な時代について

1　日本語訳は，高木八尺・末延三次・宮沢俊義編『人権宣言集』岩波文庫，1957 年，p.114 を参照した。

批判的に思考する有力な機会となります。この公文書は，起草時にはどのような意味を持っていたのでしょうか。今日の私たちにとっては，どのような意味があるのでしょうか。

　意味を探求する時，ある言葉を通して著者（あるいは発話者）が何を意味しようとしていたのかと，同じ言葉を使う際に私たちは何を意味し得るのかとの間で，思考を巡らせることがよくあります。著者の言葉に同意したり反対したりしたいと思うことや，あるいは，その言葉を修正したり，何かを付け加えたりしたいと思うこともあるかもしれません。正式な討論会のような場では，相手に対抗する立場を打ち立てることを目的に，その人が言ったことを理解したいと思うこともあります。相手を論破するためにその人の言葉を理解したいと思うのです。またある時には，初めに提示した主張に言葉を足して，より詳細に述べたいと願います。一例として，女性の参政権獲得のために尽力したエリザベス・キャディ・スタントンの努力について考えてみましょう。1848 年，スタントンはセネカ・フォールズにて，ジェファソンの宣言を修正した「感情宣言（Declaration of Sentiments）」を読み上げました。「われわれは，自明の真理として，すべての男性とすべての女性は平等に造られた（中略）ことを信ずる」と（Oakley, 1972, p.11）。この修正は当時，すぐに受け入れられることも，喜んで受け入れられることもありませんでした。建国の父たちはイギリスからの独立を望んでわずか数年でそれを勝ち取ったにもかかわらず，女性たちが参政権を獲得したのは，スタントンの死後数年経った 1920 年のことです。この議論を展開する際には，次の点にも触れるべきです。すなわち，黒人男性は法律の下では女性よりも先に選挙権を獲得したけれども，実際には投票を阻止されることが多く，今日においても黒人は多くの不平等に苦しんでいるという点です（例えば，Coates, 2014 の説明を参照）。

　教師は，平等と人（men）の両方について，議論に時間をかけるべきです。後者について学ぶ際には，かつては不特定多数の個人の言動を表す汎用的な言葉として「彼の（his）」が一般に使われていたけれども，今日では，「彼あるいは彼女の（his or her）」や「その人たち（they）」といった言葉を用いることが

求められているということを生徒が意識できるようにするべきです。私たちは，このような言葉遣いの変化についてどのように扱うべきでしょうか。「その人たち」という〔性別で区別しない〕言葉を，複数人の場合だけでなく，単数の人を指す言葉としても用いることが受け入れられるようになるとよいでしょうか。あるいは，あらゆる書き物で「彼あるいは彼女の」や「彼あるいは彼女は」という，ぎこちない表現をしなければならないのでしょうか。

　教師は必然的に，批判的思考を教えるということに関心を持つものですが，教師が集団として批判的思考を教職に向けてみるような営みにも関心を持つべきです。現代の教師にとって，平等や平等であるという言葉の意味を議論することは特に重要です。すべての子どもが平等な教育を受けるべきだという主張は，何を意味するでしょうか。今日では，平等な教育や教育の機会均等の名のもとで，ほぼすべての高校生がアカデミック・コース〔職業訓練を目的とするカリキュラムとは異なり，大学進学を想定したカリキュラムに基づくコース〕に在籍している学区が多くあります。多くの人は，生徒には大学進学に向けたプログラムを選択する権利が与えられるべきだという主張を正しいと思うでしょう。しかし，中には生徒たちにそうしたプログラムを強制したり指定したりすることに深刻な疑義を呈する人もいます。教育における「機会均等」はどのように定義され，解釈されているのでしょうか。なかには，同じ教育課程をすべての生徒に処方することであると定義する人もいます (Hirsch, 1987, 1996)。一方で，そのような統一性を求めることは，アメリカ中の生徒の才能や興味関心にはかなりの幅があることを認識し損ねていると反論する人もいます。機械工としての卓越した才能がある少年に，その真の才能を伸ばすことに何ら寄与しないアカデミック・プログラムを履修するように強制した場合も，機会均等を保障したといえるでしょうか。機械に関する才能が同プログラムにおいて評価されないことで，その少年が自分には能力がないと感じてしまったとしたら，どうでしょうか。もしかするとこの少年は言葉に対してではなく，物や装置に対して非常に批判的な目を向けられるのかもしれないという可能性を無視してしまってはいないでしょうか。第10章では正義と自由に関する論争を検討する中で，

改めて平等の問題にも立ち戻ります。

　鋭く批判的に思考することができる教師は，今日の教育を支える考え方の中で再考すべきものを多く見つけることができるでしょう。例えば，高校生は履修するプログラム（あるいは〔進路を決定づける〕トラック）を指定されるべきでしょうか。あるいは，きちんとした指導のもとで選択できるようにすべきでしょうか。そもそも，高校の段階でさまざまなプログラムが用意されるべきなのでしょうか。生徒の選択が本当に「きちんとした指導のもとで」なされたものであることを保証するためには，どうすればよいのでしょうか。高校のカリキュラムに必修の部分はあるべきでしょうか。あるべきだとしたら，どこを一律に必修とすべきでしょうか。今日の教育において，試験はどの程度大きな役割を果たすべきでしょうか。その試験は相対評価であるべきでしょうか。あるいは，絶対評価であるべきでしょうか。教師のテニュア制は廃止すべきでしょうか [2]。教師の同一職階内での昇進を認める計画は考案されるべきでしょうか。連邦政府の役割は縮小されるべきでしょうか。明らかに，ここでこれらの問題を深く掘り下げることはできません（Nodding, 2015a では，これらの多くのトピックについて議論しています）。しかし，自らの職業にも批判的思考を働かせなければならないということを，教師は不断に心に留めておくべきです。

　批判的思考を教える過程で生じるいくつかの問題に，話を戻しましょう。先に述べたように，批判的思考を教えるという仕事の大部分は，意味の探求に関わっています。その始まりは，書かれた記号と話された言葉とを一致させることにあります。次に，他人に見せてもよいレベルのものになっているかどうかを確認するために，自分や他者の課題を評価できるようになってほしいと，教師は生徒たちに願います。さらに発展的なレベルでは，教師は生徒たちが文章の意図や論拠，一貫性や明確さを分析し評価できるように指導します。時に批判的思考の目的は，反論を述べ，他者を論破することに置かれます。しかし，

2　テニュアとは，終身在職権のこと。終身雇用が珍しいアメリカにおいても教師にはテニュア制度が導入されている場合が多いが，テニュアを取得するには同一の学校に一定期間以上勤めて然るべき成果を出さなければならないといった規定がある。

各州共通基礎スタンダードが正しくも強調しているのは，それよりも基本的な目的です。すなわち，他者を理解するという目的です。もちろん，他者を理解することで他者の主張への反論をより強化することもできますが，〔対等な仲間としての〕同僚性や協同作業を支えることに生かすこともできます。

　教師は生徒たちに，忍耐力を持って粘り強く意味と理解を探求することをしつこく推奨するとよいでしょう。例えば哲学を学ぶ際には，時代を超えて長く読まれている哲学者〔の文章〕を「読んで，信じる」ように助言するのです。これは，著者の権威を理由に読んだことすべてを受け入れるべきだという意味ではありません。むしろ，読んでいる著作の価値を疑う前に，きちんとした理解を確立するべきだということを意味しています。このアプローチにおいて，信じることは一種の方略として用いられます。生徒に対して，冒頭からすぐに疑問を呈すように促す授業もよくあります。しかし，このやり方は間違っているといえます。なぜなら，このような読み方をしてしまうと，読者である生徒は続きを読む際に先入観を抱いてしまい，著者が書こうとしている内容を理解する余地を消し去ってしまうからです。形式的な理解のレベルの質問（例えば，存在論という言葉の意味は何か，など）を出すように促すことは理に適っているし，こうした質問を受け付け，それに答えることも教師の仕事です。しかしながら，より深いレベルでは，先を読み進めればわかると生徒に伝える方が賢明である場合も多くあります。また，心を開いた，受容的な態度を保つことで，次のような問いへの答えを理解しやすくなることも伝えるとよいでしょう。なぜ著者はこのように述べているのだろうか。著者のバックグラウンドの一体何が，そのような考えに至らせているのだろうか。関連するトピックについて，著者はどのような意見を持つだろうか。議論全体を俯瞰した際に，この文章はどの程度重要なのだろうか。著者は，なぜこの言葉遣いを選んだのだろうか。著者の批判的なコメントは，誰に向けられたものだろうか。

　ここで提案したアプローチは，より深く正確な理解を促進するだけでなく，対等な仲間同士の協同作業の基礎を築くことにも繋がります。相手の主張や，それを支える論拠を理解することができると，互いへの歩み寄りに繋がりやす

くなります。当然ながら，著者（あるいは発話者）は得てして心の深いところで保持している信念を譲歩したがらないものです。ですが，〔それ以外の〕いくつかの問題では，他の意見と折り合いをつける余地が開かれています。それゆえに，真の協同への道は開かれているといえます。

　ここで論じてきたようなレベルの理解を達成するのは，決して容易なことではありません。なぜ生徒は（あるいは，どのような人であっても）そのような深いレベルで理解すべきなのでしょうか。なぜ生徒は批判的思考の実践者になろうとすべきなのでしょうか。その答えは，明示的にも暗黙的にも，論争に勝つためであると昔から考えられてきました。他者とともに効果的に協働することではなく，他者を論破することが強調されることがあまりに多すぎました。私たちは，そのような動機を完全に手放すように主張しているわけではありません。結局のところ，人間が為してきたあらゆる分野の挑戦はこうした動機のおかげで前進してきたといえます。ただし，争いや不要な損害を引き起こしてきたことも事実です。論争に勝つことも批判的思考も，それ自体は道徳的善ではありません。私たちは道徳的責務が批判的思考を方向づけることを望むべきでしょう。

　科学の分野では，道徳的責務は批判的思考の活用の中に組み込まれています。科学者たちは互いの研究を疑って検証し合いますが，それは単に議論に勝つためではなく，より深い真理の探求のために行っているのです。したがって，自身の研究に向けられた問いは，他者の研究に向けられた問いと同様に受け止めなければなりません。批判的思考は真理と人間のウェルビーイングに寄与するために活用されるべきであり，そのためには道徳的責務が必要となります。

批判的思考と道徳的責務

　繰り返し述べてきたように，批判的思考それ自体は道徳的に善いものであるとはいえません。結局のところ，相当の批判的思考のスキルを身につけている悪人もおり，批判的思考が悪い目的に適用されることもあります。フィクションでいえば，シャーロック・ホームズの宿敵である，極悪人のモリアーティ教

授が思い浮かびます。今日の世界でも，教養があって批判的思考に熟達しているのに，道徳的には疑義のある（時には違法でさえある）やり方で他者を騙し，莫大な利益を得ている経済人の存在を耳にすることも少なくありません。教師は，批判的思考は道徳的な動機によって導かれるべきだということを，生徒に繰り返し伝えるとよいでしょう。よりよい成績を得るため批判的思考を学習内容に適用するのと，より効果的に不正を働くために適用するのとでは，全く意味が異なります。教師もまた，不正の誘惑を受けやすいといえます。最近では，アトランタ市にある多くの公立学校で，教師や管理職が標準テストに関する大規模な不正を行ったという恥ずべき出来事が報道されました [3]。こうした事件は，批判的思考を職業生活に適用した事例だといえます。生徒たちの標準テストでの得点に応じて教師に金銭的な報酬を与える仕組みは正当でしょうか。

　批判的に考えるように駆り立てられる社会的あるいは政治的な問題は，多く思い浮かべることができるでしょう。しかし，時として私たちの思考は間違った方向に向けられます。例えば，私たち市民が批判的思考を働かせ，その結果として死刑の廃止を検討するべきだと考えたとしても，科学者たちはなお，苦痛を最小限にする死刑の執行方法をより多く見つけ出すように促されています。政府は，一般市民の犠牲者を出さないために爆撃のためのドローン利用を進めていますが，おそらくそうしたことを考えるよりも，人口の多い地域に爆撃すること自体の是非を考えることに，批判的思考を用いるべきでしょう。このような事例も多く考え，議論するべきです。

　こうした議論の大半において，教師は教育的中立性を保つべきです。つまり，教師は生徒に何が正しくて何が誤っているのかを告げるべきではなく，生徒がそれぞれの問題について批判的に考え，自分と異なる意見にも慎重に耳を傾けるように促すことが望ましいといえます。また，教育的中立性の推奨について

3　2009年に，ジョージア州アトランタ市にある56校のうち44校において，標準テスト時に教師が児童生徒の回答を修正してから提出するといった組織的な不正が行われた。この事件の背景には，落ちこぼれ防止法（No Child Left Behind）を受けて教師が評価について大きな圧力を受けている実態があるとされ，教育政策を批判する議論にも発展した。

さえ，批判的思考を働かせられるとよいでしょう。確かに，教師があえて正しいとされる道徳的な立場をとるべき問題もあります。カンニングなどの不正行為はその類の問題の一つでしょう。しかし，多くの論争問題には，道徳的に擁護し得る立場が複数存在します。もし教師がこうした問題について教育的に中立な立場をとらなければ，それらの問題に関する議論は全く成立しなくなってしまいます。例えば，どうすれば学校で宗教に関わる問題を取り扱うことができるかを考えてみましょう。そこでは，進化論に関する政治的な論争について議論されるべきでしょうか。ダイアン・ラヴィッチは，「教育に関わる諸機関は，科学教育と宗教に関する教育を分離させねばならない。(中略) 科学の授業では科学の研究手法によって実証された科学を教え，宗教の授業では宗教を教えるべきである」と論じています (Pavitch, 2010, p.234)。

　こうしたアプローチは，宗教と科学に関する論争を完全に無視しています。論争になっている事柄について議論することなしに，ある授業では x と教え，別の授業では x ではないと教えられた場合，生徒はどのような結論に辿り着くことが期待されるのでしょうか。問題の一部が，事実，あるいは事実を示しているとされる教材 (生徒たちが，信じて記憶するように言われるもの) を教えることにばかり集中してきた古い風習があることに，疑いの余地はありません。批判的思考を発達させるという関心からすれば，科学や宗教について教え，それらの間にある，あるいはそれぞれの内部にある，さまざまな論争についても教えることがより望ましいでしょう。さらにいえば，こうしたアプローチを取ることで教材はリアルで生き生きとしたものになり，生徒はその教材を学ぶ意味を理解しやすくなります。多くの論争問題について，教師は理に適っている立場をすべて提示するべきです。また，進化論の場合のように，社会的な総意が生まれている事柄については，もちろんその総意についても詳しく説明するべきです。尋ねられた場合には教師は自身の意見を表明することが望ましいですが，それをあらゆる人が受け入れなければならない公認の見方であるかのように提示すべきではありません。もしこのアプローチが公平かつ慎重に実施されたなら，生徒たちはそれぞれ自分なりの結論を導き出してよいのだと思える

ようになるはずです。ただし，導き出した自身の結論を論理的に説明するように促されるべきです。

　一方で，教育的中立性が用いられるべきでない事柄はあるでしょうか。このことについても意見は分かれるかもしれませんが，確かにそうした事柄も存在します。現代のアメリカにおける教師は誰一人として，ナチズムや人種差別主義，奴隷制，あるいは残虐行為といったものを擁護する立場を支持してはなりません。しかしながら，どのトピックが批判的な議論に開かれるべきなのかどうかは，それ自体として批判的に検討されるべき事柄です。盗みが正当化され得る場合はあるのか。不正行為が正当化され得る場合はあるのか。法を犯すことが，道徳的に正当化され得る場合はあるのか──ここで思い出してほしいのは，先述した市民的不服従に関する議論です。法が正義に適っていないと判断された場合，市民的不服従は道徳的義務として擁護されてきました。

　ここまで述べてきたように，批判的思考は悪しき目的のためにも善い目的のためにも用いられ得ます。ジェーン・ローランド・マーティン（Martin, 1992）が警告しているように，批判的思考は理路整然とした結論を引き出すことができる一方で，その結論は実際の行為に結びつかないこともあります。批判的に思考する人は，「傍観者症候群」に苦しめられる可能性があるのです。すなわち，何が為されねばならないか（何が正しく，何が間違っているのか）をわかっていながら，何も行動を起こさない状態です。時に私たちは，何らかの行為をすることによって（例えば，怪我人を動かすことによって）事態を悪化させてしまうことを恐れます。しかし，こうした恐れは，何も行為しないということを正当化するものではありません。マーティンが懸念しているのは，よく考えることはできても，全く行為へと動機づけられていない傍観者のケースです。第1章では，こうした問題についてのデイヴィッド・ヒュームの立場を簡単に取り上げました。ヒュームは，人間は理性のみでは行為へと駆り立てられず，感情によって動機づけられるのだと，説得的に論じています。

　　名誉なるもの，公正なもの，適宜なもの，高貴なもの，高邁なものは心を

捉え，私たちを鼓舞して，それを受け入れ，保持させる。理解し得るもの，明白なもの，蓋然的なもの，真なるものは，単に知性の冷静な賛同を獲得するのみであり，思索的な好奇心を満足させるやいなや，私たちの探究を終止させるのである。　　　　　　　　　（Hume, 1983/1751, p.15＝邦訳 1993, p.5）

　もしヒュームが正しかったとすれば（正しかったと信じていますが），生徒たちの理性と同様に，心や感情もまた教育が必要です。これは，教室で論争問題を扱う，もう一つの正当な理由となります。ある事柄について感じるところがあるからこそ，生徒はそれについて思考し，議論しようと駆り立てられます。もし批判的思考で辿り着いた結論に感情が伴って，その感情によって突き動かされるようなことがあれば，さらに一歩進んで，何らかの行為にまで発展する可能性があります。今日では，生徒に対して，単に良い成績をとり，良い大学に入学し，良い職を得て，多くの金銭を稼ぐためだけに勉強したり，学んだり，議論したりするように促すことが多すぎます。これらの動機づけを退ける必要はありませんが，私たちはそれ以上のことを求めるべきでしょう。批判的思考という概念が指し示すものの地平を広げ，より十全な生やより寛容な社会に向けた道徳的責務・関与へと見方を開いていくことが求められます。

■■ メディアの脅威

　今日，若者の多くはインターネット，特にソーシャル・メディアで見聞きしたものに大きな影響を受けています。ここでは，国内のニュースでますます注目を集めている問題について，少し述べます。イスラム教過激派のグループが，過激派の目に不正義，下品さ，神への反逆として映るものを世界から一掃するため，地球規模の戦闘に参入するよう，若い男女を執拗に勧誘していることがわかってきました。学校でこうした事柄について話し，生徒たちがインターネットの記事や投稿から受け取ったメッセージや情報に対して批判的思考を適用することを手助けすることは，筋が通った実践です。このメッセージは論理的

に一貫しているか，あるいは，論理的な矛盾が含まれているか。向き合うべき真っ当な道徳的問題が明確に述べられているか。それらの問題に向き合う方法として提示されているのは，道徳的，法的に妥当で，アメリカ国民にも実施可能なものか。これらの集団からの勧誘（と訴え）は心躍らされるものか。もしその勧誘（と訴え）に惹きつけられるとすれば，それは心が躍らされ，冒険性があるからか。そうだとしたら，そうしたものに惹きつけられるのはなぜか。

　教師は，この問題にどのように取り組むかについて，教師同士あるいはカリキュラム・グループで話す必要があります[4]。それぞれの授業において，問題のどの部分について議論することができるでしょうか。例えば，数学では何ができるでしょう。正課の授業でも課外活動でも，置いていかれていると感じている生徒はいないでしょうか。そうした生徒を包摂するためには，何ができるでしょうか。教師の仕事内容は，事実に基づく教材を示したり，それについて試験をしたりすることに限定されないということを忘れてはなりません。教育の使命は，より善良な人々を生み出すことであって，私たち教師はそうしたより大きな目標をなおざりにしてはならないのです。

　私たちが論じたいのは，ますます高まる脅威に向き合う方法として，批判的な思考を伴う会話をすることは，強引に道を説くよりも強力かもしれないということです。また，こうした脅威を（他の機関が対処すべきものとして）ただ無視するという対応は，無責任です。教師同士の間や高校の教室で展開される批判的な会話は，最低でも二つの重要な教育的目標を達成してくれるはずです。一つは，生徒に重要な道徳的／政治的問題について真剣に考えさせるという目標であり，二つには一つ目と全く同じ程度に重要なこととして，生徒に自分たちも参加民主主義の構成員なのだということを確信させるという目標です。

　この極めて重大な問題については，次の宗教についての章と，メディアと愛国心に関する後の章で再び扱うこととします。

4　カリキュラム・グループとは，関連し合うさまざまな教科や分野の教師が集まって，生徒の学習の視点から教育課程をよりよいものにするために協働するグループ。教科横断型の学びや，教科間連携が促進される。

第4章

宗　教

　本書で扱うトピックの中で，おそらく宗教が最も論争的です。宗教は公立学校で教えられるべきでしょうか。現代のアメリカでは，ほとんどの州で世界の宗教についての授業は認められていますが，一般的に，宗教に内在する矛盾する考えについて扱うことは避けられています。例えば，生徒たちは宗教とは神や神々に関わるものだということは理解しています。しかし，「神は存在するのか」，「この神はどのように説明されてきたのか」といった問いをさまざまな形で議論しようとしたら大変です。

　教師のほとんどは決して，無神論について丁寧に考えてみることを促すなどということはしません。また，アメリカの建国の父たちが理神論に傾倒していたことや，宗教の観点から奴隷制をどう捉えるのかということに関して根底から異なる考え方が存在していることについても，ほとんどの教師は批判的に考えてみようとはしません。「スピリチュアル」でありながら「信心深い」わけではないとは，どういうことなのでしょうか。神秘主義とは何でしょうか。祈りと瞑想は同義でしょうか。宗教は，なぜ私は存在するのか，といった基本的な哲学的な問いにどう答えようとするのでしょうか。こうした論争的なトピックを学校のカリキュラムに含める方法はあるのでしょうか。また，洗脳にならずにそうする方法はあるのでしょうか。

　こうしたトピックはあまりに論争的なので，標準的なカリキュラムに含めることは困難だと考えられます。しかし，人間の生活においては中核的な問いです。そのため，本書の「はじめに」に記した通り，こうしたトピックや問いを4年間の社会科の授業の中で検討し，議論を発展させていくこと，そして他の教科の中でも関連する議論を補足的に行っていくことを私たちは提案します。

こうした取り組みを実現するためには，そのトピックに関わる教材を扱うかどうかの判断と，その教材の開発を，各地域の教育者や市民の手に委ねる必要があります。また，学習到達目標を明確に設定することはせず，テストや成績もつけません。大きな目的は，参加民主主義のために思慮深い，知識豊かな市民を育てることにあります。

　特に論争的なトピックを扱うためのテーマ決めは，専ら教科横断的な営みです。例えば宗教のような特定のトピックを扱うにしても，標準カリキュラムにはっきりとした記載があるわけではありません。一方で，基本的な教科の授業の中で，関連する要素が扱われる可能性はあります。ですので，それぞれの教科の授業で，宗教に関する理解に不可欠な学びを何かしら提供するように求めるべきだと考えます。本章では，こうした方法に沿っていくつかの提案を記します。言うまでもなく，このプログラムが成功するためには，各教科を教える教師の授業準備が強化されなければなりません。

　それでは，宗教に関する探究の核になる基本的なトピックから話していきましょう。信じることと，信じないことです。

▌ 信じることと信じないこと

　生徒の多くは，宗教に関して何かしら信じているものの，それについて一度も問い直すことのないまま，高校に入学してきます。育てられ方によっては，宗教に関する伝統に対して少しでも疑いの考えを巡らせることが禁じられていることもあります。こうした生徒たちの基本的な姿勢を揺さぶることは，教師の仕事ではありません。むしろ，他者の心に深く刻まれている自分とは異なる多くのものの見方を生徒たちが理解できるように支えることこそが，教師の仕事なのです。間違いなく，無神論，不可知論[1]と理神論[2]についてはすべての

1　人には神の存在を証明することも反証することもできないという考え方。
2　創造主としての神は認めるが，超越的存在であることや人格的な意志を持つことは認めず，奇跡，預言，啓示などを否定する考え方。

生徒が何かしらの理解を得られるようにするべきです。最低でも，これらの用語は〔国語の〕語彙を広げるための授業には登場させられるべきです。まず，信じる者と信じない者，キリスト教信者と無神論者の間で深く合意された道徳的／倫理的な価値について説明することから始めると，この宗教に関する探究を寛大なアプローチで進めることができるかもしれません。「知性があって信じている者は，知性がなくて信じている者よりも，知性があって信じていない者との方が，思考や精神において類似していることが多い」のです（Noddings, 1993, p.xiii）。

　不幸なことに，冷戦の時代以降，無神論は共産主義と密接に結び付けられてきました。今日では，共産主義への政治的忠誠を保っている人の多くはキリスト教信者ですし，教室で議論する際には無神論が決して共産主義から生まれた思想ではないことを明確に伝えなければなりません。人は神（deity）や神々（deities）というものの存在を古くからずっと疑ってきた歴史があり，聖なる存在以外のものを指す時にも丁寧な思慮に基づいて神（God）という言葉を遣う人もいます。例えば，ジョン・デューイは以下のように論じています。

　　しかし，この神ないし神的性質の観念は〔人間に内在するイマジネーションだけに関係するのではなく〕，同時にまたあらゆる自然の力と自然が提供する条件にも結びついている。この自然の力と自然が提供する条件の中には，人間と人間社会がふくまれる。そして，この人間と人間社会が，この〔イマジネーションによってつくられた〕理想が成長することを促進する。（中略）われわれは，完全に実現されてしまった理想を目にすることもなければ，ただ単なる根っこなしの理想，幻想，あるいはユートピアを目にすることもない。なぜなら，自然と人間社会には，〔絶えることなく〕理想を生み，支援するもろもろの力がそなわっているからである。（中略）私が「神」（God）という名称をあたえたいのは，まさにこの理想と現実を行為によって結びつけていくことである。　　（Dewey, 1989/1934, p.34＝邦訳 2011, pp.77-78）

興味深いことに，このデューイの『人類共通の信仰』を読んで，ついにデューイが神への信仰を打ち明けたのだと信じて，安堵した読者もいました。一方で，より抜け目のない読者は，同書がデューイの無神論への確固たる傾倒を示すものであると認識しました。

　同じように，神学者のパウル・ティリッヒも「有神論における神の上の神」について記述しています (Tillich, 1952)。この主張によって，ティリッヒはよく無神論者であると思われていますが，デューイの場合と同様に，他方でティリッヒは無神論者ではなかったと信じ続ける人もいます。厳密にいえば，無神論者というラベリングはティリッヒに関しては正しいといえます。彼は有神論における人格を持った神という存在を信じていなかったからです。例えばアルフレッド・ノース・ホワイトヘッドやラルフ・ワルド・エマーソン〔いずれも，19世紀，20世紀にアメリカで活躍した哲学者〕など，数多くの思慮深い論者たちが，いち存在者や人格としての神の存在を否定しながらも「善の力」への献身を表明してきたということを，生徒たちが〔探究の〕冒頭の段階で理解できるようにしなければなりません。

　したがって，無神論について手短に検討する際にはまず，無神論が悪と同一視されるべきではないこと，そしてついでにいえば，無神論はどの特定の政治的な立場とも結びつけられるべきではないことを最初のステップで明確にするべきでしょう。一方で，過去の著名な論者の中には，宗教そのものを善より悪に近いものであると捉えていた者もいるということも，生徒に知らせるべきです。例えば，バートランド・ラッセルは以下のように記しています。「過去の歴史を中立的に研究する人なら誰しも，宗教は人類の苦痛を軽減するよりも多くの苦痛を生み出してきたという結論に至ると思う」(Russell, 1963, p.201)。同じように，ジョン・スチュアート・ミルは，女性の権利への力強い支持者であり奴隷制に対しても同じく力強く反対論を唱えた人物ですが，宗教は道徳的悪の源であることを示唆する記述を残しています。無神論者であった自身の父親について語る中で，ミルはこのように記しています。「彼〔父〕は，こんなにも悪で溢れた世界が，無限の力と完璧な善と正しさをあわせ持った作者〔神〕

の作品であると信じることは不可能だと思ったのだ」(Mill, 2007, p.58)。

　しかし，教育者はまた，宗教は悪の根源であるという考えを是認しないように気をつける必要もあります。助言するとすれば，無神論について説明する際に，それは人格神を信じることを拒否する立場であり，宗教を打ち倒すことを目指して組織的に取り組むような立場ではないと語ることが大切です。実際にこうした目標を掲げる無神論者や無神論者の組織もあるという事実は，認めるべきです。しかし，教育者としての私たちの目的は，思慮深い信仰者も思慮深い信仰を持たない人も，多くの考え方を共有しているのだということを強調する点にあります。どちらの立場の人たちも，この世の中をよりよい世界にしたいと願っているのです。

　共通する考え方と寛容な対話の例として，マーティン・ガードナーの話をするのもよいでしょう。ガードナーは〔アメリカの科学雑誌である〕『サイエンティフィック・アメリカン』に数学に関する連載を持っていたことや，ルイス・キャロルの『不思議の国のアリス』に関する批判的でありながら，それを高く評価した論述（『詳注アリス』Gardner, 1963）でよく知られています。ガードナーは著書 *The Whys of a Philosophical Scrivener*（哲学公証人の理由）の中のある章の出だしで「私が無神論者ではない理由」と記し，無神者であることを公言していたバートランド・ラッセルに同意することを示しています。

　　　私が信仰心について語る際には必ず，信じるということを以下のような意
　　　味で使う。すなわち，論理にも科学にも裏づけられない形で神と死後の世
　　　界の両方を信じる，という意味だ。バートランド・ラッセルは過去に，信
　　　仰とは「根拠がない何かを頑なに信じること」という広い定義を提示して
　　　いる。もし「根拠」というものが理性や科学によって提供される基盤だと
　　　すれば，神の存在にも永遠の命にも根拠はないことになる。そして，この
　　　ラッセルの定義は私には端的で見事に思える。　　（M. Gardner, 1983, p.209）

　ガードナーは旧約聖書にある神についての記述をほとんどすべて退けたにも

かかわらず，人格神と永遠の命については両方とも固く信じていました。

　宗教に関する語彙を広げる授業で扱うべき言葉が，少なくとももう二つあります。神の存在も非存在も証明することはできないと主張し，したがって信じることも信じないことも両方とも拒むのが適当であると考える立場の人を不可知論者と呼びます。リチャード・ドーキンス（Dawkins, 2006）は有名な無神論の支持者で，有神論を完全に拒絶しようとしないことについて不可知論者を批判しました。ドーキンスは，神が存在しないことを証明することはできないものの，エビデンスを見れば無神論が圧倒的に優勢であると論じました。しかし，不可知論者の中には，人格神に対しては明確に無神論者としての立場を取りつつ，創造主としての神（あるいは神々）は存在するかもしれないと考える者もいれば，人格神さえも存在する可能性があると考える者もいて，その双方の立場の違いをドーキンスは丁寧に見分けることができていなかったといえるかもしれません。前者の不可知論者，つまり創造神は存在しているかもしれないと考える人たちは，理神論に近い立場です。創造神を信じるか否か，決めかねているのです。

　理神論は，無神論とも有神論とも異なります。人格神を想定することはしませんが，何かしらの最上位の知性は存在すると考えます。理神論における神は，祈りに応えることもなければ，人間の日常生活に介入することも一切ありません。宇宙を創造し，それがスムーズに動き続けるようにしているのです。人によっては，理神論と宇宙の原理は同義語であると考えます。

　興味深いことに，多くのアメリカの建国者たちは理神論者でした。生徒たちは，厳密にいえばアメリカ合衆国はキリスト教国家として建国されたわけではないということを知らされるべきです。最初の四代の大統領，ワシントン，アダムズ，ジェファソンとマディソンが理神論者であることは広く知られていましたし，ジェファソンとマディソンは無神論者であった可能性もあると論じられています（Jacoby, 2004；Kruse, 2015）。生徒たちは，「われわれは神を信じる（In God We Trust）」というフレーズ[3]は南北戦争の時代まで貨幣に刻印されていなかったこと，そして「神のもとで一つの国家に（one nation under

God）」というフレーズが「忠誠の誓い（the Pledge of Allegiance）」に追加されたのは〔さほど昔のことではなく，〕1954年であることを学ぶべきです[4]。忠誠の誓い自体も，公式に導入されたのは1945年になってからのことです。この話に興味を持った生徒は，1950年代に共産主義の脅威が認識されるようになったことが一因となって起こった信仰のリバイバル〔信仰者の急増〕についてより深く調べてみたいと思うかもしれません。

宗教，奴隷制，女性の権利

　エドワード・バプティストは著書の中で「アメリカにおける奴隷制度の大幅な拡大は，福音派のプロテスタントの誕生と並行する形で起こった」と記しています（Baptist, 2014, p.200）。1800年以前は，習慣的に教会に通うアメリカ人は比較的少なく，アメリカの建国者たちは教会と国家の分立を頑なに主張していました。しかし，「1850年代には，白人のアメリカ人全体の半数かそれ以上が何かしらの教会に定期的に通うようになった」といいます（2014, p.200）。おそらくこの拡大の主な原因は，地理的に新しい土地に移り住む人たちが感じる，繋がりや何らかの永続性への欲求にありました。フロンティアにはまだほとんど教会が設立されていなかったので，そこに生きる人々が，正式な教会を持たずにあちこちを回りながら説教を行う福音派の牧師の方に向かうのは自然なことだったのです。

　バプティストなどの論者が指摘するように，奴隷制と福音主義の並行した拡大を説明することは容易ではありません。福音派の礼拝は，身体的な動きや，叫ぶ動作，あるいは半ば気絶することなど，アフリカの慣習をいくつか取り入

3　1864年以来，アメリカドルの貨幣や紙幣に刻まれている文言。1956年に，正式にアメリカ合衆国の公式の標語として認められた。
4　「忠誠の誓い」とは，アメリカ合衆国議会や公式行事の際に暗唱されている宣誓。南北戦争中に執筆された文章が1892年に大幅改訂され，1954年に神に関する文言が追加された。この宣誓は多くの学校でも暗唱されているが，暗唱する際に起立しなければならないというルールへの批判や，神に関する文言が宗教の自由を侵害しているといった批判から，多くの裁判が展開されている。

れました。その一方で，奴隷制は神が命じた行いであるとして承認します。福音派には，黒人は魂を持っていないと信じる者から，奴隷を解放するために献身した奴隷制廃止論者まで，幅広い立場をとる者がいました。しかし，南部においても西部においても，キリスト教信仰に基づく奴隷制の支持は支配的でした。私たちが現代使っている歴史の教科書には，奴隷制を支えた宗教の役割についての記述が足りないことがあまりに多すぎるのです。

　生徒たちは，宗教と奴隷制維持の繋がりについて考え，議論する必要があります。奴隷制が及ぼす長期的な影響と宗教によるその正当化は，現代の私たちにも未だにつきまとっています。今日の多くの地域コミュニティにおいて，黒人は白人に比べて遥かに高い頻度で警察から疑いをかけられ，拘束されています。こうしたことを背景に，アメリカの刑務所では黒人が大きな割合を占めています。黒人を不当に犯罪に結びつける風習は奴隷制の時代まで遡り，その背景には狂信的な信者らによるその風習の防衛があるのです。タナハシ・コーツは，以下のように記しています。

　　奴隷制賛成派の識者はその制度を「神に命ぜられたもの」であるとか「キリストに承認されたもの」であると言って擁護しようとした。1860年には，逃亡した奴隷がカナダに居住している様子を報道する記事がニューヨーク・ヘラルド紙に掲載された。「刑事事件で起訴されるのは，当分の間，黒人の囚人しかいない状態になるだろう」と，この記事は論じた。奴隷制の恩恵を失い，黒人は急速に犯罪に走る逸脱者たちに成り下がったという。彼らは，「凶暴な黒人に特有の，野蛮な獰猛性」を持っていると見なされ続けた。
　　　　　　　　　　　　　　　　　　　　　　　　　　　(Coates, 2015, p.69)

　コーツは，この記事を以下の文章で締め括ります。黒人の正義について問いかける，力強いメッセージです。

　　〔黒人の正義に関する問いは〕未だかつてないほど切迫している。黒人は経

済的かつ政治的に疎外されていたため，ニクソン元大統領自身の補佐官の一人が「嘘っぱち」犯罪政策と呼んだニクソンの政策の痛手を一手に負わざるを得なかった。(中略) 再び犯罪率が上昇した場合にも，黒人，黒人のコミュニティ，そして黒人の家族たちがまたその犠牲になることを否定する根拠はない。実際，大量収監，あるいはこの国のあらゆる欠片をも剥奪されて施設収容された〔黒人の〕経験は，(中略) 古くからアメリカが抱えている白人社会のジレンマの核にある燃え上がる課題を増大させる一方であった。その課題とはすなわち，「過去の不平等な待遇」の問題，あるいは「損害」の扱いの難しさ，補償に関する疑問である。

(Coates, 2015, p.84)

　コーツが描写する課題の解決には，この社会を構成しているすべての人たちによる意志の固い協働が必須となります。そこには，宗教や教育に携わる人も含まれます。アメリカ人は得てして，宗教や教育はこの世の中の善の力を表すものであると考えがちで，実際にこれらが〔社会に対して〕プラスの貢献を行なっていることは否定されるべきではありません。しかし他方で，これらの二つの事柄が悪や不正義を支えてきたということもまた，認めなければなりません。おそらく，鋭く批判的思考を用いることと，それによって導き出された結論を実行できるように道徳的責務を生かすことが，最初のステップとして必要になると考えられます。

　宗教は，女性を従属的な立場に抑えつける役割も果たしてきました。エリザベス・キャディ・スタントンは女性の選挙権獲得のための改革運動に参加している最中も，宗教の変容の必要性を訴え，その議論への注目を集めました。ともに活動してきた人たちは，スタントンが昔ながらのキリスト教に斬り込むことで支持者を遠ざけてしまうのではないかと恐れたものの，スタントンは引き下がりませんでした。

　人 (man) の脳から生まれたもので，見直されたり訂正されたりする余地

のないほど神聖なものは一つもない。この国の憲法は15回も修正されている。イギリスの司法制度も，詰まるところ，女性たちが文明の進化についていけるようにすることを目的として，修正された。そして今，教会法や祈祷書，礼拝や聖書を改正し修正すべき時が来た。(中略) この時代を生きる女性は，教義や教会法典などの決まり，聖書や憲法などの規約を注意深く徹底して改正することを要求する義務を，不可避なものとして有している。

（Ward & Burns, 1999, p.9 に被引用）

　しかし，宗教の教義や礼拝などに関する文書はそう簡単に改正されることはありません。アメリカ合衆国憲法を修正することも難しいけれど，聖書を変えるとなれば，ほぼ不可能です。「神の御言葉」であると受け止められたものを少しでも実質的に変えようとするなら，まずは見直そうとしているその文書が，ある特定の時代に生きた人間によって解釈された神の御言葉であると考えるべきであるという理解をつくらなければなりません。このような理解があれば，批判的に見つめたり改正したりすることを後押ししてくれますが，そうしたことは滅多に起きません。

　パール・バックは，自身の人間としての存在全体についての何かしらの承認を得ようと模索しながら，保守的な牧師の妻として中国で過ごした母親の苦しみを鮮やかに描きました。

私は母の生まれ持った性格がすっかり曇りを帯びてしまうのを見て以来，聖パウロを心底から憎んだ。聖パウロの神学は過去において，私の母のような，自尊心の強い，自由を愛する女性の多くを，単に女であるというだけの理由で，どれだけ呪ってきたであろう。真の女性なら皆，彼が女の上に加えた束縛を理由に彼を憎まねばならぬと私は思う。この新しい時代になって聖パウロの権威が弱くなったことを，私は自分の母の名において，喜ぶ者である。

（Buck, 1936, p.283＝邦訳 1993, p.259）

しかし当然ながら，聖パウロの力はその時点で消失してはいませんでした。むしろ，今日に至ってもなお大きな痕跡が残っています。エリザベス・キャディ・スタントンは，聖パウロに対する人々の態度の変化をいくつか挙げて嘲ります。聖パウロが発した，家父長制を前提としたような女性に対する発言に対して，学者がその問題点を非難したり糾弾することは滅多にありませんでした。それどころか，こうした偏見に溢れた考え方が生まれた実際の要因はパウロではないということを示すような証拠や論拠を探すことに専門性を用いました。その発言をしたのは別の人物であり，パウロは責任を追及されるべきではないと論じたのです（Daly, 1974 を参照）。その間，男性は宗教の世界を支配し続けました。

　現代の生徒は，スタントンの同僚たちが抱いた不安はある意味で正しかったことに気づくかもしれません。女性は，宗教の根っこを揺るがすことをせずに，職業世界や公的な生活への進出をしっかり果たしてきたのですから。しかし教育者は，人は矛盾の中で生きざるを得ないということに意識を向けるべきです。私たち教師は生徒に批判的思考を教えるように求められている一方で，最も論争的な問題の一つともいえる宗教についての批判的な議論を促すことについては，抑制されているのです。批判的に思考したからといって，深く心のこもった宗教への献身が台無しにされるわけではないことは間違いないにもかかわらず。

進化論

　進化論は，代表的な論争問題です。科学の授業で進化論が否定されたり全く扱われなかったりする地域がアメリカには未だに多く存在していますが，教育水準の高い人のほとんどは，進化論と宗教が必ずしも対立するものではないということを理解しています。進化論が，聖書にある天地創造の物語を揺るがすものであることは間違いありません。しかし，有神論を否定しなければ進化論が成立しないということもありません。生徒は，進化論だけでなく，宗教に献

身し続けながら進化論を唱えた科学者たちについても学ぶことが望ましいと考えられます。古生物学者の立場から進化論を研究したサイモン・コンウェイ・モリスは，進化論と創造主としての神への信仰の両立可能性についての研究の前書きの部分に，以下のように記しています。

　　もしあなたが〔進化を認めない〕「創造科学」に類する教義の信奉者だったなら，本書を閉じて書棚に戻すことをおすすめする。あなたの役には立たないからだ。進化は真実であり，現実に生じ，今の世界のあり方を決めている。私たちもまた，その産物である。

（Morris, 2003, p.xv＝邦訳 2010, p.16）

　モリスは情報量豊かな同書の最後で，読者に「暗い眼鏡を取り外して」，進化論と地球は神の被創造物であるという考え方は相反するアンチテーゼではないのだと気づくように呼びかけます。「〔著書のタイトルである〕『進化の運命』（*Life's Solution*；生命を維持する解決策）〔としての進化論〕の複雑さと美しさに私たちが驚かなくなることなどあり得ない。そのどれ一つをとっても，神の存在を前提としていないし，まして証明もしていないが，すべては符合している」（2003, p.330＝邦訳 p.495）。

　ここで肝心なのが，信じる人も信じない人も，進化論に関する議論を時に特徴づけてしまうような，相手を軽蔑する，汚い言葉を使った非難は退けるべきだということです（例として，カンザス州で起きた対立に関してトーマス・フランクが記した 2004 年の書籍を参照）。進化論と，創世記の内容を言葉通りに読むことは確かに両立しません。しかし，そうした両立しない物事について学び，分析し，自ら結論を導く経験を，教育はすべての若者に対して提供すべきです。〔自分とは意見の異なる相手の〕悪口を言ったり糾弾したりする必要はありません。私たちは，メタファーであるとわかっていることからも学ぶことができ，言葉通りの意味で受け取ることを求めずにその内容の美しさや叡智を称賛しながら味わうこともできるのです。

マーティン・ガードナーは，自身が聖書のほとんどの部分を言葉通りに解釈することを拒否する一方で，無神論者ではない理由を説明しています。その文章を読むことを生徒に（課題として提示するのではなく）推奨するとよいかもしれません。ノアの方舟の話や，アブラハムが自ら息子を生贄に差し出した話，ジェフサが娘を生贄にするために殺害した話などに対して自身が抱いている恐怖心を示しながら，ガードナーは以下のように記します。「旧約聖書の神は，その神を強く「信じて」いた多くの人と同様に，聖書にはとてつもなく残酷なモンスターとして描かれている。どの宗教的伝統にも属さない［ガードナー自身をはじめとした］哲学的有神論者は，ヤハウェよりも善い神のモデルを構築することができる」(M. Gardner, 1983, p.211)。こうしてキリスト教の教義をほぼすべて否定する一方で，ガードナーはなお新約聖書のヘブライ人への手紙第11章の冒頭の文章，「さて，信仰は，希望していることを保証し，見えないものを確信させるものです」への賛同と称賛をも示しています。ガードナーは，永遠の命も目に見えない神も信じていることを告白しているのです。

　注目すべきは，ガードナーが聖書を読み，その文学的な美しさを明らかに理解しているということです。無神論者であると公言していたリチャード・ドーキンスもまた，聖書を学校で文学として扱うことを推奨しています。ドーキンスは，小さい文字で埋められたページ2枚に渡って，「偉大な詩から使い古された決まり文句まで，諺から噂話まで，日常的に活字の英文や英会話の中に登場する」(Dawkins, 2006, p.341) 聖書を起源とする用語やフレーズを列挙しています。聖書をよく知っていることは私たちの〔西洋の〕文化を理解するための基礎であり，そのことが，促されるべき批判的思考や討論の出発点となります。忘れてはならないのは，批判的思考能力を発達させる第一の目的は，違いを理解できるようになるためだということです。

　宗教を扱う際にその広範な分野に含まれる多数のトピックの中からいくつかのトピックを選ばなければならなかったのと同様に，私たちは進化論について扱う際にも，学校で取り扱うことで民主的な会話を促すことに繋がるようなトピックに限定しました。私たちはコンウェイ・モリスが「進化論は真実である」

と語ったのは正しいと確信しているものの，教師としてすべきことは生徒たちを進化論の賛成派あるいは反対派にさせるべく洗脳することではありません。すべきなのは，批判的思考や，参加民主主義を特徴づける開かれた議論の類いを促すことです。そうした議論は，機会があればいつでも促すとよいでしょう。間違いなく，現行の4年間を通した社会科の学習プログラムの中でも重要なトピックとして扱われるべきです。しかし，それだけではなく，標準的な分野別の授業〔公民，経済，地理，歴史などに分けられた授業〕でも扱われるべきです。ダイアン・ラヴィッチの「科学の授業は科学を教えるべきで (中略) 宗教の授業は宗教を教えるべき」(Ravitch, 2010, p.234) という提言に反して，真の教育 (民主主義における批判的思考を養う教育) は宗教と科学や，宗教とその他の学問分野の間に起こるさまざまな論争について議論することを促さなければなりません。

　神に関する問いは，あらゆる領域で議論することができます。例えば数学の分野では，数学は〔神が創り，人によって〕発見されたものなのか〔人によって一から〕発明されたものなのかという興味深い論争が古くから展開されています。数学者の中には，数学は神の心に内在するものであり，素晴らしい真理の塊が人に発見されるのを待っていると考える人もいます。他方で，G. H. ハーディなど，好戦的な無神論者の数学者もいます。しかし，後者でさえも規律立った美しい世界が存在していることを語っています。数学の起源や普遍性を信じるにあたって神の心に繋げる考え方は，ユークリッド幾何学以外の幾何学が発見 (発明？) されたことによって激しく揺るがされました。しかし，それ以前からも，数学の起源と本質については疑念が挙げられてきたのです。

　教師は，ピタゴラス派の学者たちが宗教上の理由から，豆を食すことも豆の茎や葉を踏みつけたりすることも禁じたという話を生徒に聞かせるのもよいかもしれません[5]。あるいは，ニュートンが聖書に書いてあることの時系列を検

5　ディオゲネス・ライルチオスの『哲学者列伝〈下〉』によれば，ピタゴラスは動物の心臓や豆を食すことを禁じたという。そして，諸説あるものの，友人宅を放火されて避難する際，豆畑を前にして，その中を歩くなら死んだ方がましだと言い，約40名の仲間とともにピタゴラスらを悪く思っていた集団に殺害されたとされる。

証しようとしたことや，ライプニッツが神が持つ悪との共犯性を反証しようとしたこと，ラプラスが太陽系を説明するために「神という仮説」を否定したこと，クロネッカーが神は整数を創りそれ以外は人類が作ったと宣言したこと，そして，クロネッカーの抑制的な思想の枠組みとは対極的に，ゲオルク・カントールが「数学の本質は，その自由にある」(Bell, 1965/1937, p.579 に被引用) という素敵な言葉を残したことも，生徒に話すとよいかもしれません。

　こうした数学の複数の思想を見ることで，数学について，そしてその他のあらゆる知識についても，人によって考え方に劇的な違いがあることに気づけるよう，生徒たちは導かれるべきです。神によって創造された絶対的なものがいくらか存在していて，あらゆる知識はそこから生まれるのだと信じる人もいれば，現実の問題から考え始めて，満足できる解決策を見つけるために試行錯誤することが望ましいと考える人もいます。数学者クルト・ゲーデルと物理学者アルバート・アインシュタインの間の友情と協働的な談話は，この二項対立をよく表しています。

　　　ゲーデルにとって数学の方程式とは，常識に基づく意見交換とは対照的に，
　　　新しい見識のある約束の地へと導いてくれるものだった。それに対して，
　　　アインシュタインにとっては，まさに常識こそが，数学者が提示する見解
　　　を評価するための最後の試金石だった。　　　　(Yourgrau, 2005, pp.16-17)

　この基礎的な哲学的差異については，繰り返し本書で取り上げます。

┃ 自由，選択と責務・献身

　私たちは一般的に，自由とは自分がどのように生き，何をするのかを自身で決めることができる状態を指す言葉であると捉えています。アメリカ人のほとんどが，個人の自由と国家の自由をともに大切に思っています。しかし先述の通り，私たちがする選択は（傍からは自由であるように見えたとしても）その前に

抱く道徳的責務の意識によってあらかじめ定められてしまっていることもあります。そうした場合，人が「他に選択肢がなかった」と言うことも珍しくありません。私たちの選択はよく，家族への義務や先約，あるいは心の深いところに持っている道徳的，宗教的な信念によって制約されます。しかし，こうした制約を受ける経験をしていても，普段は自由を喪失したとは解釈しません。

　実際，人が宗教に深く献身している場合，時にそれは究極的な自由の状態であると感じられることがあります。例えば，僧侶でも修道女でも，仏教徒でもキリスト教徒でも，他の人々が経験している多数の心配事から見事に解放されたような気持ちになることがあるでしょう。こうした人たちは，日々数多くの選択をしなければならないという必要性を取り除くという，基本的な選択をしています。何を何時に食すか，いつ誰と会話をするか，どういう服を着るか，日中や夜に何をして過ごすか，といった選択をする必要はないのです。ほとんどの人は，こうした制約された生活は自由の完全なる喪失を象徴するものだと考えます。一方で，こうした生活（献身すること）を選択する人は，日常生活に邪魔され続けることなく，神を知り，神を愛することができるその生活の中で，圧倒的な自由を感じます。しかし，こうした献身は軽い気持ちで行われるべきではありません。宗教団体のほとんどは，入信者に対して自身の献身について深く考えることを促すべく，見習い期間ないし計画に基づいて献身的な活動を行うような期間を設け，必須にしています。

　そこまで徹底しないレベルの献身の例を挙げるとすれば，よい親は誰しも自分の子どもが嘘をついたり，盗んだり，不正をしたりすることをせず，他者を傷つけるようなあらゆる行動を退けるような責務の意識を持つようにしたいと願います。この責務の意識が最も効果を発揮されたと言えるのは，限りなく完全に近い形で誘惑を排除する時だといえます。〔そこまで大きな効果を発揮しない時でも，責務の意識は〕少なくとも，誘惑に立ち向かおうという意志を強めるでしょう。効果的な道徳的責務は，それが宗教によって突き動かされるものだったとしても，愛に基づく親の躾によるものだったとしても，非道徳的な選択を許すような無秩序な自由の類いを退け，子どもたちが善い人生を歩むこと

を促すような自由を後押しします。

　しかし，こうした類いの自由を保つには，不問のまま服従する姿勢ではなく，常に批判的な視点で警戒しながら物事を見つめる姿勢が必須です。前述の通り，権威を注意深く吟味する必要があり，極端な状況においては，市民的不服従に参加する余地（時には，その道徳的義務も）を考えなければなりません。これに関連して，エリザベス・キャディ・スタントンが，多くのキリスト教の教義に関する文書や物語の正当性を問い直し，修正するべきだと提言したことは先に述べました。第11章では，愛国心というトピックにも生徒たちが批判的思考を適用することを促す方法を提案します。

　宗教について生徒が批判的に思考することを支えるには，教師は以下のことを理解しなければなりません。すなわち，宗教の自由を守ることと，生徒を無知の状態のまま放置して，宗教というトピックについて批判的に考えられないようにしてしまう，あるいはそのように考えること自体が罪深いと信じさせてしまうことの間には，非常に大きな違いがある，ということです。私たちがすべきことは洗脳することではなく，大きく異なる考え方を持つ生徒同士が，批判的でありつつも互いへの感謝や敬意を示した会話に参加することを促すことです。互いを理解できるように促したいのです。

　サイエンス・フィクションやファンタジーの物語を用いると，道徳的な論争を，抽象的，〔現実とは異なる点で〕代替的，あるいは仮想の環境で探究することができるようになります。現実にいま起きている，公立学校の教室で直接議論することが憚られるような問題を，物語は比喩の形で表現してくれる場合があります。とりわけ，宗教の問題や，信仰に関わるかもしれないような問題を扱う際に，物語は役立ちます。そうした文脈でお勧めする作家は以下の通りです。道教信者で無政府主義者であるアーシュラ・K・ル＝グウィン（『言の葉の樹』），キリスト教の護教論者であるC・S・ルイス（『ナルニア国ものがたり』），そしてロイス・ローリー（『ギヴァー 記憶を注ぐ者』と『ふたりの星』）です。これらの作家は3名とも，他の人と異なる者や仲間でない者を理解したり，そうした者に共感したりしようとする試みにまつわる問題を扱っています。

本章では，宗教についての批判的思考を促す方法を探究してきました。有神論，無神論，不可知論，そして理神論という言葉を紹介することは問題ないと判断されることを願っています。そして，これらの言葉について議論する中で，神を信じている人と信じていない人が同意してきた多くの理想や理解を（各論者の経歴についても明確に示しながら）教師が生徒に提示することを提案しました。こうした議論の主な到達目標は，民主主義を積極的に支える市民となる準備が整った，見識のある市民を育成することにあります。民主主義に効果的に参加するために，私たちは自身の道徳的責務・宗教的献身と他者のそれを理解しようと努めなければならないのです。

　生徒たちに教養があるといえるためには，正直で思慮深い人たちの間でも，抱いている神やスピリチュアリティの概念は人によって大きく異なる可能性があるということを理解していることが重要です。一般的に，キリスト教信者は人格神を信じています。つまり，人間のように人格を持った神のことで，信者はそうした神の言葉に耳を傾けるべきだし，神と話をすることもできると信じています。一方で，世俗的キリスト教の信者や，理神論者，そして不可知論の中のいくらかの人は，「神」は万物の規律を保っている普遍的な力であると考えます。C. S. ルイスや，マーティン・ガードナー，バートランド・ラッセル，ジョン・デューイ，ミゲル・デ・ウナムーノ，ウィリアム・ジェームズやG. K. チェスタートンの文章を（課題としてではなく，勧められて任意で）読むことで，生徒は，信じている人と信じていない人が共通して求めた人間の共通善があるという事実に驚くかもしれません。人を分断したり，優劣を決めたりするのではなく，一つになることを目指すのです。教育水準の高い人は，神を信じている人も信じていない人も共通して，進化論をはじめとする基礎的な科学的真実を信じているのだということももちろん，生徒たちは知らされるべきです。

　神を信じていない人と同様に，神を信じている人もまた，聖書に載っている物語の多くを否定する場合があるということを知ることも，生徒にとっては特に大きな助けになる可能性があります。例えば，神が大洪水を起こして意図的に人類をほぼ絶滅させたということを私たちは信じるべきなのでしょうか。神

がアブラハムに息子のイサクを殺害するように指示したと，あるいはアロンの息子たちが神のための香の使い方を誤ったことを理由に神に殺されたと，私たちは信じるべきなのでしょうか。このようなことをする神とは，一体何なのでしょうか。こうした物語には，文学教育の一環として皆触れるべきですが，信仰のあり方は幅広く，その解釈は人によって劇的なまでに異なるのだということも理解する必要があります。

　最後に，世界の善のための力であると一般的に見なされている宗教も，時に悪を助長してきたことがあるということも，生徒たちは意識できるようになるべきです。宗教が奴隷制を力強く支えてきたことや，何世紀にも渡って女性が男性に対して服従すべきだという考え方や風習を是認してきたこと（もっといえば，今でもなお，ある程度是認する働きを持っているということ）は，隠されるべきではありません。人間の思考や責務に関するあらゆる領域と同じく，宗教もまた，批判的に分析され，評価されるべきなのです。

対話をひらくクエスチョン：訳者から日本の先生へ②
論理と思いやりの優先順位／科学と宗教の関係

Q. 論理的に物事を考える力と，他者を思いやり社会のためになることを実行する力，どちらがより重要だと思いますか？

　先生はご自身の学校の生徒たちがどちらの力を育むことをより重視して接していますか。また，この問いに生徒たちはどのように答えるでしょうか。

　本書の著者は，批判的思考は意味を探究するための一つのツールに過ぎないという考え方を提示します。そのツールの使い方の善し悪しは，道徳的責務の意識によって決まるというのです。他者を思いやる心を育む教育は日本でも主に初等教育で重要視され，高等学校以降では論理的思考能力の方に重点がシフトされる傾向がありますが，これは果たして理想的な教育のあり方なのでしょうか。道徳の授業が義務教育段階の小学校と中学校のみに定められていて高校には設けられていないことは，よいことでしょうか。15歳を過ぎると，道徳教育に効果はなくなるのでしょうか。刑事司法においても，未成年の若者は成人とは異なり少年法が適用されるようになっており，その中でも17歳以下，14歳以下には異なる対応が定められています。これは，若い方が更生する可能性が高い，すなわち道徳的な教育の効果が高いことを示しているといえるのでしょうか。

　そもそも，年齢に関係なく，道徳教育など可能なのでしょうか。可能ではない，あるいはその効果がかなり限定的であるとすれば，学校は論理的思考能力の育成の方に注力すべきでしょうか。そして，その場合，人はどうやって道徳心を獲得するのでしょうか。先天的なのでしょうか。家庭教育でしょうか。もし家庭教育で道徳心が育めるのだとしたら，学校教育との根本的な違いは何でしょうか。

　また，成績優秀だけど利己的な若者と，成績不振だけど社会正義への意識が強く実際に社会活動を行っている若者，どちらが学校や社会の中で評価されるべきだと思いますか。後者も前者と同等以上に評価されるべきであるとすれば，社会正義への意識や社会活動への貢献が学校において評価の対象とならないのはなぜなのでしょうか。

Q. 科学と宗教は本質的に対立すると思いますか？

　日本は，明確に一つの宗教を信仰している人が少ない，国際的に見て珍しい国です。こうした背景のもと，本書が書かれたアメリカとは大きく異なり，宗教を深く信仰することは非理性的であるとか，宗教を信仰するのは危険な人であると考えられることが少なくありません。しかし，国際的に見れば，ノーベル賞を受賞しているような科学者を始め，感情よりも理性を，感性よりも論理性を用いる仕事に従事している人の多くが信仰を持っています。信仰心のある科学者は，ない科学者よりも論理性に劣るといえるのでしょうか。

　著者に倣って批判的思考は意味を探究するツールであると考えるなら，宗教は同様の目的を達成するためのもう一つのツールだといえるかもしれません。

　例えば，科学は人智を広げてくれる一方で，生きる意味や人生の目的といった，科学や人智の域を超える意味もまた，人は探究したくなるものです。そうした意味を探究するために宗教を信仰する人がいたとしたら，その人は科学を諦めたことになるのでしょうか。また，科学はこの世界がどのように成り立っているのかを説明してくれます。しかし，どんなに科学が発展しても，なぜこの世界はそのように成り立つようにできているのか，という問いへの答えには辿り着けないとも考えられます。この問いを探究するために宗教を信仰する場合もあるでしょうが，あるいは宗教はむしろこうした問いから目をそらすためのものだといえるでしょうか。

　最後に，死について不安や恐怖を抱く人は少なくありません。大切な人を失った際に，その喪失感とどう向き合えばよいのかわからず，死後の世界について考えを巡らせることがあります。これも宗教に通ずる思考です。論理的で理性的な人間であれば，以上のような事柄を探究しないことが望ましいのでしょうか。科学とこれらの探究は，両立し得ないものなのでしょうか。

（山辺恵理子）

第5章

人　種

　本章では，人種をめぐる論争的な問題を三つの主要なカテゴリーに分けて見ていきます。すなわち「人種問題をめぐる自国の歴史と向き合うこと」，「今日の人種問題を理解すること」，そして「人種と教育」の三つです。

▌歴史と向き合う

　アメリカでは子どもの頃から自分の国とその理念に絶大な誇りを持つように教えられます。そのため，人種差別，なかでも奴隷制とそれがアメリカの歴史において中心的役割を果たしてきた事実の恐ろしさは，アメリカ人にとって受け入れ難いものです。第11章「愛国心」では，「教育が生む絶望」を論じる中で，奴隷制に再び触れます。ここで言う絶望とは，生徒たちが自分の愛する国の犯してきた過ちに気づいた時に苛まれる，深い恥の感情や不信を指します。本章で私たちが主張するのは，アメリカの歴史において奴隷制が中心的で重要な役割を果たしてきたという事実を直視しなければならないということです。この悲惨な歴史を直視しないことが，現在多くのアメリカ人がとっている態度を容認することに繋がり，アメリカが国家として一つになることをますます困難にしています。エディ・グラウデは，この問題の扱い方を誤った場合に直面する危機について示しています。「何かを思い出せなくなることは，ひどい喪失経験を〔記憶から〕消し去るだけでなく，〔トニ・モリソンの『ビラヴド』のような小説に出てくる〕登場人物が自分を何者であると捉えるかをも歪めてしまう。（中略）現代において特に有効だろうと思えて私の心を打つのは，この言葉が持つこうした意味合いに他ならない。すなわち，思い出せなくなることは，積極

83

的な忘却だということだ」(Glaude, 2016, p.47)。

　生徒は，奴隷制が世界中で長い歴史を持っていることを知るべきです。アメリカでは，奴隷制はもともと南部に限られたものではありませんでした。エリック・フォナーは次のように指摘しています。

　　　オランダは17世紀前半に大西洋の奴隷貿易を支配し，北アメリカの植民
　　　地であるニューネーデルランド［ニューヨーク］にも当然ながら奴隷を輸
　　　入していた。取引される奴隷の人数は少数に留まったが，1650年にニュー
　　　ネーデルランドが受け入れた奴隷の数は500人であり，当時バージニアや
　　　メリーランドが受け入れた奴隷の数を上回っていた。　　（Foner, 2015, p.28）

　それでも，奴隷制への反対意見は南部よりも北部で強く，より急速に広がりました。生徒たちは，アメリカ奴隷制反対協会 (the American Anti-Slavery Society)，奴隷解放協会 (the Manumission Society)，クエーカー教徒，ニューヨーク自警団 (the New York Vigilance Committee) についても知る必要があります。

　南北戦争前の時代について勉強する中で，北部は自由の国で，南部は奴隷制を頑なに擁護していたと捉えるようになる生徒もいるでしょう。しかし，生徒たちには次のことを教えるべきです。すなわち，南部は綿花畑で奴隷をより大規模かつ直接的に利用していましたが，北部も海運，奴隷の捕獲，綿花に依存する巨大な繊維産業から利益を得ていたということです。実際，奴隷制はアメリカの経済的成功を生み出す最も強力な要因の一つでした (Baptist, 2014; Wood, 2011)。自身では奴隷を所有していなかった北部の住民たちもやはり，奴隷貿易から利益を得ていたのです。

　今，目の前にある差別への取り組みが重要視されるあまり，奴隷制についての学習があとまわしにされることがあります。生徒たちにとって，奴隷制の影響が未だに私たちの身の回りに存在していることを理解することは重要です。この繋がりを理解するには，最近書かれた文献を読むことから始めるとよいで

しょう。これには，クラス全体で読む形式と，グループ・プロジェクトとして読む形式があり得ます。ちなみに，本書に書いていることの多くも，私たちが読んできたものに触発されています。私たちの読書量は本当にすごいです！読書は，料理やガーデニング，教育と並んで，私たち母娘が共通して情熱を傾けていることの一つなのです。例えば，最近の人種に関する歴史の入門書として，デニス・ルヘインの『運命の日』を読みました。この歴史小説は，二つの世界大戦の間のボストンを主な舞台に，黒人のルーサー・ローレンスとアイルランド系移民でたたき上げの警部の息子であるダニー・コフリンという二人の若い男性たちの絡み合った人生を通して，1919年のボストン警察のストライキに至るまでの社会情勢を描いています。この本は，架空の登場人物と歴史的人物が複数のモラル・ジレンマに直面しながら交流する様子を細やかに描写することで時代を生き生きと描き出す，素晴らしい歴史小説の一例となっています。『運命の日』で描かれているモラル・ジレンマには，舞台となっている時代と地域に特有のものもあれば，より永続的な性質を持つものも含まれています。

　本章にとっての課題は人種と人種関係です。『運命の日』を読んだり，この本についての発表を聞いたりした後で，英語〔国語〕もしくは社会科の授業で探究できるテーマとしては，以下のようなものがあります。

- オハイオ州の田舎で不意に列車が止まった時，ベーブ・ルースの仲間の白人メジャーリーガーたちは黒人の野球の即席試合に参加しましたが，その時に，もしベーブ・ルースが白人選手たちが不正行為をしていると通報していたらどうなっていた／なり得たでしょうか？
- メジャーリーグにおいて人種隔離政策が撤廃されたのはいつで，史上初の黒人メジャーリーガーは誰だったのでしょうか？　教科外の時間や放課後を利用して，この出来事を題材にした最近の映画『42：世界を変えた男』を放映するのもよいでしょう。
- 黒人男性の自尊心を育み，黒人の観客に対してもエンターテインメントを届けるうえで，「ニグロ（黒人）」リーグはどのような役割を果たした

でしょうか？

・全米有色人種地位向上協議会（NAACP；National Association for the Advancement of Colored People）はいつ，どのようにして始まったのでしょうか？　そして，初期のリーダーに白人が多かったのはなぜでしょうか？

・1917年に起きたイースト・セント・ルイス市の大虐殺の根底にあった要因は何なのでしょうか？　また，小説の終わりで1921年にオクラホマ州グリーンウッド市にたどり着いた登場人物たちには，何が起きたと考えられるでしょうか？

　今日，私たちアメリカ人は，再び高まりつつある人種間の緊張を経験しています。こうした人種間の緊張について私たちは学校でどのように議論すべきでしょうか。二つの世界大戦の間に起きた人種差別に基づく暴力事件を調べることは，最近の出来事に関する論題への導入となり，過去と現代のさまざまな事件の原因とその帰結として起きた社会の動きを比較・検討する授業を行うための最適な方法になります。歴史の文脈の中で現代の出来事を理解できるようにするために，引き続き〔本章では〕奴隷制とそれが歴史的にどのように扱われてきたかについて論じます。その後，現代の人種問題を取り上げ，学校でどのように扱っているのかを紹介します。

　歴史は，一体誰によって書かれるのでしょうか。私たちが歴史と見なしているものの多くは，偉人によって語られる偉人の物語から構成されています。ウィンストン・チャーチルは次のように語ったと伝えられています。「歴史は私に対して優しくしてくれるだろう。なぜなら，私がそれを書くつもりだからだ」と。ウィンストンはウィットに富んでいたし，実際に歴史を書いています。しかし，歴史とは〔偉大な男性の〕偉人伝や勝者の物語，文明の盛衰について勉強するといったことを遥かに超えるものです。歴史という言葉は，ギリシャ語の historia（ιστορία）に由来しており，探究を意味します。今日で言うところの歴史とは，「過去の出来事，およびこれらの出来事に関する情報の記憶，発見，

収集，整理，提示，および解釈」（〔英語版〕ウィキペディアより）を含みます。
歴史は，映画やその他のメディアを通して紹介され，文書に残されたり，博物
館やモニュメントに展示されたり，朗読や歌，その他の伝統を通して世代から
世代へと受け継がれます。歴史には，それが書かれたり展示されたりした時代
の文化や哲学の他に，書き手や語り手の個人的な考えや先入観も映し出されま
す。ですから，歴史には過去の行いから学んだ，あるいは学ぶべき道徳的教訓
についての解説が含まれていることがあります。歴史とは，人々とその過去の
思考や行為を取り上げるものなのです。このように考えるならば，人間は完璧
でないこと，歴史に名を残した人でも常に正しいことをしていたとは限らない
こと，そして人々は皆自分が生まれた時代によって形づくられていることを忘
れてはなりません。最近プリンストン大学で起きた，ウッドロウ・ウィルソン
元大統領の人種差別疑惑に関する論争は，このような歴史の側面をよく表して
います[1]。ウィルソン元大統領が人種差別主義者だったからという理由で，私
たちは彼を記念碑から消すべきでしょうか。それとも他のすべての人間と同じ
ように彼も無謬ではなかったことを認識したうえで，この問題について議論し
続けていくべきでしょうか。抹消することで，「思い出せなくなる」という望
ましくない効果をもたらすことはないでしょうか。歴史家は過去を探究するこ
とで過去の思想や行動を明らかにしますが，歴史家も偉人と同様に，歴史を抑
圧し，人々やその人々の行為を記憶から消し去ることができます。例えば，今
でも，歴史書からホロコーストに関する記述の一切を消し去りたいと考える人
たちもいるのです。

　アレクサンドル・デュマの素晴らしい冒険小説『モンテ・クリスト伯』と『三
銃士』は，ハイチで白人貴族の父と黒人奴隷の間に生まれた作者の父の人生か

1　アメリカの28代大統領のウィルソンは，プリンストン大学の学長も務めた経歴があることから，
　同大学の最も古い学生寮などの建物にもその名前が付けられていた。しかし，2015年頃から始
　まる学生たちの激しい抗議運動を受け，同大学は2020年，20世紀初頭の時代性を考慮してもな
　お擁護できないほどの差別的思想をウィルソンが持っていたことを認め，建物の名称の変更を発
　表した。なお，ウィルソンは，同大学に黒人学生を受け入れることにも強く反対していた人物で
　ある。

ら着想を得たものです。このことを，生徒たちは知っておくとよいかもしれません。ナポレオン・ボナパルトは，嫉妬と疑念から，長身で顔立ちがよく，成功したアレックス・デュマ将軍[2]の記憶を全力で消し去ろうとしました。ジャーナリストで歴史家のトム・レイスは，『ナポレオンに背いた「黒い将軍」』（2012＝邦訳 2015 年）でこの剣豪をフランスの歴史における正当な地位に回復させました。教師は，博物館や美術館，公園，記念碑など，地域にある史料を見て回り，矮小化して報告されているマイノリティの功績や，マジョリティがしてきた恥ずべき行動に関する記録の隠匿，地域の神話や伝説などの例を探す必要があります。歴史的な探究は，生きていた人間や人間活動の記録に対して行われますが，その探究の帰結は常に調査者の解釈や動機に左右されます。だからこそ，歴史には常に別の人によって修正される余地が残されるのです。

　修正といえば，典型的な例としてフロリダ州の歴史が挙げられます。フロリダ州の歴史については，過去の再検証と事実や俗説の再解釈が繰り返されているのです。私（ブルックス）は最近，「フロリダ州立公園ニュースレター特別版」を受け取ってこのことを思い出しました。このニュースレターでは，今年（2016年）の 2 月にフロリダ州立公園で開催される「黒人の歴史月間」を祝うさまざまな催しについて説明されていました。紹介されている六つのイベントのうち，三つは南北戦争の様子を再現するイベント，二つは当時スペインやイギリスの支配下にあった場所で黒人奴隷が自由への逃避行をしたことを記念するイベント，残る一つはシルバー・スプリングスにある黒人専用の公園が 20 年間（1949年から 1969 年にかけて）運営されたことを記憶に留めるための博物館展示でした。その公園は，1870 年代から運営された白人専用だった歴史的な観光地[3]から川を下ったところにありました。これらの場所や出来事は，黒人歴史月間の研究テーマとしてはよいかもしれません。しかし，フロリダ州の豊かな人種的多様性を考慮すると，このテーマはどう探究してもフロリダ州のイメージをよく

2　『モンテ・クリスト伯』の主人公のモデルとなったと言われる人物。
3　シルバー・スプリングスは現在は州立公園となっている歴史的な観光名所で，当時から多くの白人がボートなどに乗って楽しんだとされている。

するものではありません。誇りに思うべきではない過去の出来事について掘り
下げる時には，特に生徒たちが絶望感や無力感を抱くことのないように，よい
点や現在までの進歩にもまた目を向けられるよう注意しなければなりません。

　南北戦争の再現の一つについては，以前に本で読んだことがありました。
2013 年にフロリダ州に引っ越してきて間もなかった時，出版されたばかりの本，
T. D. オールマンの *Finding Florida: The True History of the Sunshine State*
（フロリダの発見：太陽の州の真の歴史）を見つけたのです。オールマンは「曖昧
さの解消」と題された章で，目撃者の証言をもとにオラスティの戦いについて
述べ，でっち上げられた勝利の歴史があること，そしてこの虚構の歴史によっ
てオラスティ戦場跡歴史州立公園が存在していることを紹介しています。

　　フロリダにおける南北戦争を，南北戦争中に起こったことだけに限定して
　　説明できたら素敵だろう。しかし，実際に起こったことが後の時代に誤っ
　　て伝えられ，その結果としてその出来事の意味が再定義されたことで，そ
　　もそもの暴力が引き起こしたこと以上に，アメリカ人の自国への理解が損
　　なわれることとなった。アメリカ人が南北戦争に関する虚構の歴史から解
　　放されるまでは，奴隷制，人種差別，偽善，否定，不誠実といった国の遺
　　産を乗り越えることはできないだろう。　　　　　（Allman, 2013, p. 223）

　オラスティの戦いを例に挙げるとすれば，「南部連合の娘たち」（The Daugh-
ters of the Confederacy）は，同規模の北軍の進軍に対して南軍が日和見的に攻
撃した史実を讃えられるべき南軍の勝利へと書き換え，1909 年にはその勝利
を祝うフロリダ州初の歴史的記念碑を建てました。「この戦いで，南軍は自分
たちよりも遥かに大きな戦力に対して完全な勝利を収めた」という記述さえあ
るのです（Allman, 2013, pp.232-233）。悲しい真実は，南軍には土地勘のある者
が 5,200 人も参加していたにもかかわらず，実際には 5,500 人いた逃げ惑う北
軍兵士を追い詰めることができず，勝利を完全なものとすることはできなかっ
たということです。南軍のある佐官の言葉を借りれば，「黒人〔原語は差別用語

の「ニガー」を撃つ」ことで精一杯だったからです。しかし，実際に撃たれていた「黒人〔原語は上に同じ〕」は，すでに負傷した黒人の北軍兵士たちでした。1,000人以上の黒人兵士がオラスティで北軍のために戦いました。そこには，アカデミー賞を受賞した1989年公開の映画『グローリー』の題材にもなった，アフリカ系アメリカ人で構成された第54マサチューセッツ志願歩兵連隊の兵士たちも含まれていました。

　現在，フロリダ州の歴史については再解釈が進んでおり，これまで無視され，抑圧されてきたテーマが掘り起こされています。オラスティ戦場跡歴史州立公園のウェブサイトには，第54マサチューセッツ連隊がこの戦いに参加したことに言及し，映画『グローリー』のシーンが公園内で撮影されたことを記載しています。そして，この戦いを，アメリカ史上最も多くの血が流された紛争の一つ〔である南北戦争〕におけるフロリダ州最大の戦闘であったと説明しています。ウェブサイトには負傷した黒人兵士が射殺されたことについては触れられていませんが，この戦いを南軍の勝利だと述べることもしていません。昨年，フロリダ州イスラモラダ市にあるキーズ歴史発見センターは，1950年代から1960年代に国道1号線沿いで観光客に自作の絵を販売していたアフリカ系アメリカ人の独学の画家集団，ハイウェイメンが描いた風景画の特別展示を催しました（ゲイリー・モンロー著 *The Highwaymen: Florida's African-American Landscape Painters*（ザ・ハイウェイメン：フロリダのアフリカ系アメリカ人風景画家たち）を参照）。キー・ウェスト市にあるメル・フィッシャー海洋博物館はスペインのガレオン船アトーチャ号の財宝の展示で知られていますが，現在ではその二階部分の半分で巡回展示を行うとともに，残りの半分で奴隷船ヘンリエッタ・マリー号の遺物と奴隷制の歴史に関する展示を行っています。奴隷制の歴史は，まさに本章で次に取り上げるテーマです。

　社会科の授業における奴隷制の扱い方は，適切でしょうか。最初の16人の大統領の大半は奴隷所有者または奴隷制擁護者でしたが，生徒たちはこのことを知っているでしょうか。また，人種隔離政策とその効果や影響について，私たちはどのように考えるべきでしょうか。これらはデリケートで取り扱いにく

いテーマであり，現在使われている教科書の多くはこのことを十分に扱っていません。しかし，こうしたテーマを提示する方法は数多くあり，提示することで開かれた議論に向けて一歩踏み出すことができます。教科横断的な学びを目指す場面では，参画する教師はともに慎重に計画を立て，話し合うことを通じて，カリキュラム全体に主要なテーマを一貫させます。このような場面では，上記のような問いに対してさまざまな学問分野の角度から取り組むことができます。また，人種と人種間関係に特化した特別授業を用意してこれらの問いに取り組んでみてもよいでしょう。両方のやり方について探ってみましょう。

　教科横断的な文脈では，奴隷制というテーマをさまざまな教科の領域で取り上げることで，従来の歴史や社会科の教科学習や，先述した社会・政治問題に関する特別討論会をも補完することができます。例えば，生物学や環境科学，経済学の授業で，奴隷貿易における北部の役割を取り上げることができます。

　　17世紀の商業港セーラムをフィーチャーする博物館を立ち上げる準備を行うにあたり，国立公園局の職員は批判に備えて海運業の書類を入念にチェックした。結果として，セーラムの船が奴隷貿易に加担していたという記録が見つからなかったことに安堵した。しかし，このことに安心しすぎてもならない。奴隷貿易の多くが秘密裏に行われていたという事実を別にしても，そうした記録を探すこと自体が，重要な点を見落としていることを意味しているからだ。実際に何隻の船が奴隷を運んだか，あるいは運ばなかったか，何名のニューイングランドの商人がアフリカ人を売買したか，あるいはしなかったかといったことに関わらず，鱈(タラ)貿易に携わっていたニューイングランドの商人は皆，奴隷制度に深く関わっていたのである。商人たちは［奴隷に与えるための最も質の悪い魚を提供することで］プランテーション制度に物資を供給していただけでなく，アフリカ人の奴隷貿易を促進していた。西アフリカでは奴隷は塩漬けの鱈で購入することができたのであり，今でもなお西アフリカには塩漬けや干した鱈を扱う市場がある。
　　　　　　　　　　　　　　　　　　　　　　　（Kurlansky, 1997, p.82）

また，ニューイングランドでは，カリブ海の奴隷が作った糖蜜から輸出用のラム酒を製造していました。

　　19世紀初頭にボストンで設立されたラム酒メーカーのフェルトン社は，1936年に発行したドリンクガイドの中で，この貿易について驚くほど率直に述べている。「船主たちは，西インド諸島に奴隷を送り，西インド諸島からボストンや他のニューイングランドの港にブラックストラップ・モラセスを送り，最終的にアフリカにラム酒を出荷するというサイクルの貿易を展開していた」。　　　　　　　　　　　　　　　　　（Kurlansky, 1997, p.89）

　要するに，アフリカでは現金，鱈，またはラム酒で奴隷を購入することができたのです。

　サトウキビから糖蜜を生産することは，生物学や環境科学の授業で，さまざまな食用植物の起源や外来種・侵入種についての議論の中で取り上げることができます。ニューヨーク・タイムズ紙のベストセラー，*The Drunken Botanist*（酔っ払いの植物学者）の中でエイミー・スチュワートは，中国とインドの野生種を掛け合わせたハイブリッド種の砂糖が，アジアとヨーロッパへの輸送に耐えて広まったことを記しています。コロンブスは，これらの植物をカリブ海に持ち込みました。

　　サトウキビが新大陸に到着するとすぐにラム酒が誕生したが，それ以外にも誕生したものがあった。奴隷制度だ。1500年代初頭，ヨーロッパの貿易船は西アフリカに向けて出航し，そこからカリブ海の砂糖プランテーションに向かった。この時，貿易相手に人間を積荷としてもたらしたことで，私たちの歴史の中で最も恐ろしい章の一つが幕を開けた。サトウキビ畑での仕事は何一つ楽しいものではなかった。猛烈な暑さのなか，巨大なナイフを使ってサトウキビを手作業で切り，強力な粉砕機で搾り，高熱の釜で煮なければならなかった。サトウキビ畑には蛇や齧歯類（げっしるい）といったあらゆる

種類の害獣がいた。危険で疲労困憊する重労働だった。この仕事を人々に
やらせるには、誘拐し、従わなければ罰として死を与えるという条件のも
とで強制的にやらせるしかなかった。そしてまさに、その方法が採用され
たのだ。ヨーロッパ人や初期のアメリカ人の中には、奴隷制を忌み嫌う人
もいた。例えば、イギリスの奴隷制廃止論者は砂糖の製造方法に抗議して、
紅茶に砂糖を入れることを拒否した。しかし、ラム酒を飲むことを拒む人
はほとんどいなかった。 (Stewart, 2013, p.97)

アメリカ南部では、タバコや綿花をはじめとする換金作物の収穫のためにも
奴隷制が導入されました。南北戦争を州の権利と連邦政府の介入との戦いとみ
なして書かれた文献は多数ありますが、主要な論争のテーマは奴隷制でした。
このことは、サウス・カロライナ州、ミシシッピ州、ジョージア州の連邦脱退
の宣言書を見れば明らかです。ミシシッピ州の連邦脱退宣言の一部（第二段落）
を紹介します。

我々の地位があるゆえんは、世界最大の物質的利益をもたらす奴隷制の制
度化に他ならない。奴隷労働は、地球上の商業活動の中でも圧倒的に最大
の量の、そして最重要な生産物を供給している。これらの生産物は熱帯地
域に近い気候に特有のものであり、自然の厳然たる法則により、黒人以外
の人種は熱帯の太陽にさらされることに耐えられない。これらの生産物は
すでに世界で必需品とされていることから、奴隷制への打撃は商業活動と
文明への打撃を意味する。奴隷制の仕組みを一掃しようとする動きも長年
起きており、ついに終焉の時を迎えようとしていた。私たちに残された選
択肢は、奴隷制廃止の命令に従うか、連邦を解体するかしかなかった。結
果、連邦の方針は覆され、私たちは破滅に至ったのだ。

これらの宣言は読み物としても興味深いものです。サウス・カロライナ州の
宣言は法律問題を取り上げており、独立宣言、連邦規約、各州の州憲法と合衆

国憲法の両方を参照しています。ジョージア州の宣言は，経済問題を取り上げ，1846年のウォーカー関税法によって，北部の商業・製造業が連邦政府からの補助金と国際的な介入に依存しながら利益を得る一方で，南部の農業の利益が犠牲にされていると指摘しています。ミシシッピ州とジョージア州の宣言で提起された問題については，第9章の「お金，階級，貧困」で詳しく説明します。アメリカでは現代においても国を統治するにあたって建国の父たちが起草した文書を頼りにしますが，これらの宣言文は，人種について歴史や公民の授業の中で道徳的な問題として議論したりディベートしたりするための出発点として用いてもよいでしょう。

　これまでは奴隷制とその道徳的問題をめぐる議論のトピックのうち，科学，経済，歴史，公民の授業で取り上げられるものを見てきましたが，言語技術，アートとメディア，そして音楽の授業で利用できる教材も豊富にあります。ここでは文学に焦点を当てますが，芸術，メディア，音楽の授業では，奴隷制時代のアフリカ系アメリカ人の民芸や工芸，ブルースの基礎となった黒人霊歌や奴隷労働歌から発展したロックンロールやラップ，奴隷制や南北戦争について制作された多くの映画やドキュメンタリーなどを取り入れることが可能であることを一言記しておきます。奴隷制に関する文学は，三つの学術分野に分けることができます。一つは，奴隷制と奴隷の経験について，奴隷によって書かれた文学で，二つ目は奴隷以外の筆者によって書かれた奴隷制や奴隷の経験についての文学があります。それから，奴隷によって書かれた，奴隷制とは関係のない内容の文学があります。三つ目に当たるこの分野の文学は，アフリカ系アメリカ人作家たちの基本的な人としてのあり方や個々の才能を示し出しています。いずれも英語〔国語〕や言語技術の授業で学ぶのに適しており，それぞれの分野の著作を比較対照したり，作品に対する文学的な批評を読んだり，それぞれの作品で提起されている道徳的な問題を取り上げることで，豊かな議論を行うことができます。仮に子育ての授業を行うとすれば，イソップ寓話の道徳的教訓と，『リーマスじいやの物語』やクモのアナンシ（トリックスター）についてのアフリカ系アメリカ人の民話に含まれる教訓とを対比させる授業を行う

ことができるでしょう。また，18世紀後半の時点ですでにアフリカ出身の奴隷の詩が出版されていたという事実も，生徒たちの興味を引くかもしれません。フィリス・ホイートリーは，7歳だった当時に西アフリカからアメリカに連れてこられた際の船の名前（フィリス号）と，フィリスを買い取ったボストン市に住むホイートリー家にちなんで名づけられました。ホイートリーは主人の娘マリーに英語だけでなくギリシャ語やラテン語の読み方も教わり，14歳で詩を書き始めました。1772年にホイートリーは，ジョン・ハンコックやマサチューセッツ州知事などのボストン市の名士たちの前で，本当に自分自身が詩の作者であることを弁明しなければなりませんでした。黒人の女性奴隷が次のような作品を書いたことは，人々にとって信じ難かったのです。

> 異教の国から私を連れてきてくれたのは慈悲でした
> 神がいること，そして救世主がいることを
> 迷える魂に教えたのは慈悲でした
> かつての私は救いなんて求めも知りもしませんでした
> 「奴らの〔肌の〕色は悪魔が染めた色」
> そう言って私たち黒い人種を蔑みの目で見る人もいます
> 思い出してください
> キリスト教徒も，カインのごとく黒い黒人も，
> 洗練され，天使の列に加わることができるのです　　　　　（Wheatley, 1773）

　また，奴隷のナラティブ（物語り）と，奴隷の生活を描く現代のフィクション作品の間でも，比較検討することが可能でしょう。後者のカテゴリーでは，他にもたくさんあると思いますが，特に次の3冊の本が思い浮かびます。1987年にピューリッツァー賞を受賞したトニ・モリソンの小説『ビラヴド』は，逃亡奴隷のセテが自分の子を奴隷に戻されるのを避けるために殺し，その殺した自分の娘に悩まされるというゴースト・ストーリーです。同じくピューリッツァー賞を受賞した『マーチ家の父』（ジェラルディン・ブルックス著，2006年出版）

は，ルイーザ・メイ・オルコットの『若草物語』に登場する不在の父親と，彼が南北戦争前夜の南部で巡回セールスマンとして働いていた時に出会った奴隷とのラブストーリーです。最後に，2013 年に出版されたマーガレット・リンクルの *Wash*（ウォッシュ）は，テネシー州の奴隷所有者から繁殖用の奴隷を生むために「旅する黒人」として貸し出された黒人奴隷，ウォッシュの物語です。これらの物語と，物語が突きつける多くの道徳的問題は，奴隷のナラティブと対比させることができます。奴隷のナラティブの中で最も有名な 4 作は，ヘンリー・ルイス・ゲイツ・ジュニアが編集した1987 年の *The Classic Slave Narrative*（クラシック・スレイヴ・ナラティブ）に収録されている，オラウダ・エキアーノ，メアリー・プリンス，フレデリック・ダグラス，ハリエット・ジェイコブスの人生についての自伝的な物語です。19 世紀のベストセラー小説『アンクル・トムの小屋』は奴隷解放運動家ハリエット・ビーチャー・ストウの作ですが，この作品と比較することで，同時代に書かれた奴隷のナラティブや，先に挙げた近年のフィクション作品との間にさらなるコントラストが生まれるでしょう。

現代における人種

　歴史と文学の両方に見られる人種関係への理解を深めるに当たって，「思い出せなくなることは積極的な忘却である」というグラウデの警告を心に留めておくべきです（Glaude, 2016, p.47）。今日ではアメリカ全土において，特に南部で顕著に，かつて深く尊敬されていたものの今では人種差別的であったことを批判されている（糾弾されてさえいる）人物や集団を讃える像や記念碑などに対する集団的な抗議活動が展開されています。これ以上に論争的な問題は，なかなか想像できないでしょう。記念碑を撤去するという行為が国として罪を認め反省することを示す適切な対応なのか，あるいは積極的な忘却の一例にすぎないのかを議論するよう，生徒たちに促さなければなりません。私たちが現代において深く後悔しているような人種的不正義に対して称賛や容認の意を示すこ

となく記憶し続ける方法はあるのでしょうか。

　まず，南北戦争以前の歴代大統領の人種に対する態度をどのように取り上げることができるか，考えてみましょう。そのほとんどは奴隷所有者か奴隷制の擁護者でした。では，ジョージ・ワシントン，トーマス・ジェファソン，ジェームズ・マディソン，ジェームズ・モンロー，およびアンドリュー・ジャクソンの記念碑を撤去すべきでしょうか。ほとんどの人はそうすることに同意しないでしょう。これらのアメリカの指導者たちを記憶に留めておくことには，道徳的に正当で，善い理由が確かに存在するのです。私たちは，これらの大統領たちの功績を否定することも，人種差別〔の意識や関与〕を見過ごすことも，するべきではありません。残念ながら，人間というものが立派なことと憎むべきことの両方を行い得ることは明らかです。私たちは何とかしてその両方を認め，記憶しなければなりません。現在，多くの学校や大学がこの問題に直面しています。

　ピーター・ガルスカは，「像，建物，スタジアムなど，人種差別的になり得る象徴のあり方を是正するために学校がどこまでのことをするべきかという問題は，幅広い人が抱えているジレンマである。南部の反乱軍の歴史やそれに関わる恥ずべき事柄と何らかの形で結びつきを持つ大学は全米に多く，そのすべてがこのジレンマに直面している」と指摘しています (Galuszka, 2016, p.12)。しかし，恥ずべき事柄は南北戦争時代のことに限定されません。ウッドロウ・ウィルソンの場合のように，人種差別主義者であったことを示す証拠が十分に見つかっている場合，生徒・学生や他の市民は，その人物への敬意を表すものをすべて撤去するよう要求するかもしれません。〔しかし，一方で〕このアプローチの賢明さについて若者が議論してみるのもよいでしょう。ウィルソンは，私たちが賞賛し感謝するに値するようなことを何一つしなかったでしょうか。よいことも悪いことも忘れずに，人間は自身が生きている時代とその時代毎に抱えている問題に大きく影響されるものであり，自分もそのような影響を受けている一人なのだという自覚を促す方法はないでしょうか。ウェイト・ロールズは次のように言っています。「記念碑とはその歴史の一部である。私たちは，

歴史も記念碑も消すべきではない」（Galuszka, 2016, p.13からの引用）。これは，現代の社会問題について，文脈を加えながら批判的思考を促すことを意味します。ウィルソン，ジェファソン，ジャクソンの生涯の中で，私たちが称賛すべきものは何でしょうか。非難すべきは何なのでしょうか。そして，どのようにすればその両方の問いを公的議論に開かれたものとすることができるでしょうか。

　生徒が学ぶべき人種問題は数多くあります。そのいくつかには議論の余地はありません。黒人は白人に比べて，深刻な所得格差や住宅・入居差別，不当な拘留・投獄などに（不均衡な割合で）より頻繁に苛まれていることがわかっています（Desmond, 2016; Glaude, 2016）。これら事実に論争の余地はありません。論争が生じるのは，私たちは何をすべきなのか，そしてそれはなぜなのかを議論し始める時です。

　明らかになった問題の解決に誰が参与すべきかを問う時には，大きな論争が沸き起こります。そしてこの論争については，私たちは本書の中で繰り返し立ち返って論じます。以前の章で，知的で責任感のある子どもを育てるためには，対話と選択が重要であると述べました。標準化されたテストや非常に指導的な教育が行われている現代，ティーンエイジャーと接する時に，私たちはあまりにも頻繁に，対話と選択の重要性を忘れたり，否定してしまっています（Noddings, 2006, 2015a）。有利で恵まれた立場にあり，〔当事者ではない外（そと）の集団を含んだ〕より広い社会の中で〔成功できるように〕役に立ちたいと願う人の多くが，事態を悪化させます。なぜなら，自分たちが主導権を握り，自分が「助けている」相手の主体的な参加を誘わないからです。例えば，アリシア・ガルザは社会正義のための活動に参加する白人「援助者」の態度に失望したことを記しています。「サンフランシスコでは何度も心を打ち砕かれた。白人の進歩主義者たちはなんと私たちに向かって，自分たちが住んだことのないコミュニティにとって何が最善かを決める権利が彼らにあると主張したのだ」（Cobb, 2016, p.35）。ここで引用したジェラーニ・コブの記事から，社会正義プログラムが頻繁に崩壊する原因が，少なくとも部分的にはコミュニケーションの失敗にあることが

読み取れます。実際，不平等が大きな問題となっている時には必ず，このような訴えを繰り返し耳にします。

この問題，すなわち社会経済的な階層間をまたぐコミュニケーションの失敗について生徒と話し合う際には，協同と妥協について考えるように促す必要があります。後の章で，歴史家のゴードン・ウッドが行った観察に触れますが，ウッドによれば，アメリカ人は「〔妥協を許さない〕百か零か」という態度をとることがあまりに多すぎるといいます。私たちアメリカ人は，あらゆる選択肢を検討して，それぞれの選択肢が持つ有望な部分を取捨選択しながら試してみるのではなく，事態をよくする一つの完璧な解決策を選びたいと思考します。そして，その解決策が失敗したり失敗しそうになったりすると，その解決策を捨ててまた別の「完璧な」解決策を探します。生徒には，重要な問題のあらゆる側面を検討すること，そして，自分と意見が合わない批判的な論者たち〔の主張の裏〕にも善意がある可能性を想定することを奨励すべきなのです。

例えば，ブラック・ライブズ・マター運動（Black Lives Matter）（以下，BLM）が掲げる目的に大筋で賛同していたとして，誰かが「オール・ライブズ・マター（〔黒人だけでなく〕すべての命が重要だ，All lives matter）！」と反論したとします。この時，どのように対応すべきでしょうか。近年，反射的にあまりにも怒りに満ちた対応がなされることが多すぎます。〔「オール・ライブズ・マター」と〕返した人々は重要な論点を全く理解していないように思えます。そのため，〔怒りの〕声が上がります。〔「オール・ライブズ・マター」と〕返した人々は人種差別主義者であると非難されることさえあるでしょうし，なかにはその非難が的を射ている場合もあります。しかし，いずれにしてもその結果としてもたらされるのは，社会正義を追求する有望な組織の崩壊に他ならないのです。〔運動や議論に〕参加する人は，黙って一歩下がり，批判的に考え，〔相手の声に〕耳を傾け，そしてもう一度〔社会正義の追求を〕試みる姿勢を身につけなければなりません。

今取り上げたやりとりは，もう一つの重要な論点をも示しています。BLMに参加する人々は，黒人として尊重と平等を求めています。もちろん命も重要

ですが，自身のアイデンティティも大切なのです。BLM が求めているのは黒人が完全な市民権を獲得することであり，特権的な多数派の白人と何ら変わらないかのように受容されるだけのこととは異なります。つまり，黒人は自身が賄える限りどの地域への引っ越しも可能であるべきだという主張であるとともに，住民のほとんどを黒人が占める地域[4]であっても，典型的な白人の住宅地と同様に安全で栄えているべきだという主張でもあるのです。インテグレーション（人種統合）は確かに立派な目標ですが，黒人を抑圧された状態に置いたまま，その暮らしを向上させる手段としてのみ強制的に推し進めたり，称賛されたりするのであれば，話は別です。黒人がよりよく暮らすためには，白人と一緒にいなければならないのでしょうか。〔人種隔離政策が撤廃され，白人と有色人種の間で別々だった〕学校の統合が行われた際，その統合された学校形態によって黒人の生徒たちが負うことになるであろう被害について真剣に考えた人はほとんどいませんでした。多くの思慮深い批判的論者が伝えようとしてきたのは，白人の学校に移された黒人の生徒たちが，ロールモデルとなるような黒人の教師の存在を失い，自身の文化を途絶えさせられるのを感じ，〔周囲の人に耳を傾けてもらえる〕声を失い，自分たちはどこか劣っていて支援が必要な存在なのだという感覚を抱くようになる，ということです（Milner, Delale-O'Connor, Murray, & Farinde, 2016）。この極めて論争的な問題を探究し，アメリカが統一国家の実現に向けて進むにあたって，黒人の尊厳を守る方法を提案するよう，生徒たちに奨励するべきです。この問題については，本章の最後の節で，歴史的に黒人の多い大学（HBUCs）[5]について少し述べる際に再び取り上げます。

　ここで簡単に，本章の前半で取り上げた問題へ立ち戻りましょう。すなわち，人種差別主義者であったことが明らかになった，あるいはそのように疑われている人々への賛辞や記念碑をどうするべきかという問題です。こうした人々の名前を公的な場から削除することは，グラウデが言うところの「思い出せなく

4　一般的に低所得家庭が多い。
5　1964 年以前にアフリカ系アメリカ人の教育のために設置された大学あるいは高等教育機関。

なること」を招く恐れがあります。人種差別のもとに苦しめられてきた人々のためには，むしろその苦しみを記憶に留めておきたいと思うものです。しかし，人間は，たとえ他の側面では善良な人であっても，時として社会に浸透した悪い考えに屈することがあるということも忘れてはなりません。プリンストン大学や国の記念碑からウッドロー・ウィルソンの名前を削除するならば，トーマス・ジェファソンの名前も削除すべきでしょうか。それとも，ジェファソンの優れた貢献を認めつつ (Onuf & Gordon-Reed, 2016)，彼の奴隷所有者としての人生を遺憾に思いながら記憶しておくべきでしょうか。このような社会的／道徳的な論争がいかに大きな困難を伴うものかを認識することで，批判的思考を主要な教育目的に掲げようという私たちの責務の意識は，さらに鼓舞されるはずです。私たちが求めているのは正義に適った意思決定だけではありません。他者の人生・暮らしや信念を深く理解することも，〔正義と〕同等に重要なものとして求めています。ジョイス・キングは〔アメリカ教育学会の学会誌〕『エデュケーショナル・リサーチャー』に掲載された論文を，そのような相互理解と，ひいてはすべての人のより良い生活を目指した「批判的で協働的な探究」を強く支持するという言葉で締めくくっています (King, J. 2016, p.169)。

　この章を書いている間に，プリンストン大学はウィルソンの名前や記念碑を撤去するのではなく，ウィルソンが大学と国の両方に貢献した肯定的な功績を強調する方針を決定したという発表がありました。しかし，私たちは懸念しています。同大学は，果たして公的な展示の中で〔ウィルソンの〕物語の全貌を伝える方法を見つけられるのでしょうか。このジレンマについての議論は，南部の州の多くが抱える問題に繋がるかもしれません。すなわち，南部の諸州は，南部連合とそのために戦った人々の記念碑を保持することを正当化できるのか，という問題です。私たちは，この問題の両側が抱いている強い感情を理解することができるでしょうか。

現代の学校における人種

　本節は，インテグレーション（人種統合）についての議論の続きから始めます。インテグレーションについてのさまざまな努力や議論の甲斐なく，現在の学校は40年前よりも分断化した状態にあることに気づかされることがよくあります。平等や市民共通の利益を追求する精神によってインテクレーションが推進されるべきであることは間違いありません。しかし，そのインテグレーションは，黒人生徒の利益のために行われるものだと勘違いされることがあまりに多いのが現状です。人種のインテグレーションは，すべての人種にとって有益な効果をもたらす可能性があるのは確かですが，考慮すべきマイナスの要素はないのでしょうか。黒人の子どもたちが学ぶためには，白人の子どもたちと一緒に教育を受けなければならないのでしょうか。黒人の子どもたちが自分たちの文化的ルーツから切り離された場合に経験し，苦しめられる喪失については，先述の通りです。逆に，同数の白人の子どもたちを黒人の学校に転校させることは考えられもしなかったのでしょうか。

　黒人の教育の歴史は，すべてのアメリカ人が受ける教育の一部として教えられるべきです。歴史的に黒人の多い大学（HBUC）が果たした貢献についてともに学ぶことは，すべての生徒の視野を広げ，黒人の生徒にとっては誇りの源となるはずです（Glaude, 2016; Siddle Walker & Suarey, 2004）。このような探究活動は，黒人を黒人としてかつ市民として，〔一部を切り取るのではなく〕人間として包括的に捉えることに繋がり，インテグレーションがなされた教育が白人と黒人の両者にもたらす利点を大いに発揮してくれます。生徒たちは，財政難に苦しんでいる多くの黒人の大学の現状についても批判的に考えるべきでしょう。スペルマン，モアハウス，ハワード，タスキギー，ハンプトンは生き残れる可能性が高いものの，その他の多くの黒人の学校は閉鎖を余儀なくされるかもしれないと，グラウデは指摘しています（Glaude, 2016, p.135）。現在，黒人の学生が伝統的に白人で構成されてきた大学に入学できるようになっているのは確かによいことですが，一方で黒人の教育機関は特別な役割を持たなくな

ったのでしょうか。これは，批判的思考と議論をすべき重要な問題です。

　黒人史に関する授業や生物の時間に，ケネス・マニングが書いたアフリカ系アメリカ人の生物学者・教育者の草分け的存在であるアーネスト・エヴァレット・ジャスト（1883-1941）の伝記を生徒たちに読ませるとよいでしょう。ジャストは，1883年に生まれた黒人男性として手が届く限りの教育を受けました。ジャストの母親はサウス・カロライナ州初の黒人向け工業学校の一つを設立しましたが，ジャストは12歳になるまで，自宅とこの学校で母親本人から教育を受けました。その後，13歳の時に，カラード・ノーマル・インダストリアル・アグリカル・アンド・メカニカル・カレッジ（後のサウス・カロライナ州立大学で，HBUCの一つ）に進学しました。こうした進路選択は，プレッシー対ファーガソン事件の判決で学校は「分離すれども平等」（1896）であるとされた結果，可能となったのです。ここでジャストは，サウス・カロライナ州の黒人の公立学校で教えるための指導者免許を取得しました。しかし，16歳のジャストはまだ教える気にはなれず，さらなる知識を得ることに飢えていました。そのため，ニュー・ハンプシャー州のメリデン市にあるキンボール・ユニオン・アカデミーに4年間通います。ジャストはここで，4年生になるまで学内唯一の黒人生徒として過ごしました。そこからニュー・ハンプシャー州のハノーバー市に移り，ダートマス大学を極めて優秀な成績で卒業しました。その後は，〔代表的なHBUCである〕ハワード大学で英語を教え始め，1910年には生物学の准教授になりました。1909年から1915年まで，毎年夏の間はウッズホール海洋研究所の研究助手として過ごしました。そして，そこでの研究成果が評価され，1年間シカゴ大学に在籍した後，同大学から博士号を授与されました。この頃までにジャストはすでにハワード大学医学部の学部長になっていたのですが，それでもなお，ジャストは黒人の教育機関以外の教員職を志願することは未だに強く妨げられていたのです（Manning, 1983）。

　歴史的に黒人の多い学校の長所やその貢献を強調することで，〔黒人に限らず〕すべての人が得る利益に注意を向けさせ，インテグレーション（人種統合）への努力を再び活気あるものにすることができるかもしれません。今日の「統合

された」学校の多くでは，黒人の生徒たちが昼食時に使う〔カフェテリアの〕テーブルや校庭，行事などで自ら分離してしまう傾向にあります。このようなグループの住み分けの中には，私たち大人がインテグレーションの目的を歪めてきたことに起因するものもあると考えられます。生徒が「支援されている」グループにより大きな敬意を抱くようになれば，自ら分離を求めることは減るでしょう。ただし，それと同時に，グループの住み分けが持ち得る利点を探ってみるのもよいかもしれません。利点はあるのでしょうか。

　黒人としての誇りと連帯は，隔絶を生むこと以外にも負の側面も持っています。本章などで論じてきたように，黒人の命や暮らしとアイデンティティを全面的に認めることは，参加民主主義が繁栄するために建設的であると同時に必要でもあります。一方で，一部の黒人の思想家や作家が表明するように，怒りに満ちて〔黒人自身が〕分離を提唱することは気掛かりに思うべきです。ダリル・ピンクニー (2016) は，タナハシ・コーツ [6] が黒人に対して，白人が長く維持してきた人種差別から身を退け，自分たち自身の誇りのある暮らしとコミュニティを〔白人社会から〕分離した形で構築するよう勧めていることに言及しています。黒人の生徒であれ白人の生徒であれ，高校生はこのことをどう受け止めるでしょうか。

　ここで，人種と人種差別をテーマにした授業案を手短に紹介しましょう。ローレンス・ブラムは，マサチューセッツ州ケンブリッジにある公立学校，ケンブリッジ・リンジ・アンド・ラテン校で，次のような一連の授業を実践しています。ブラムは *High Schools, Race, and America's Future*（高等学校，人種，そしてアメリカの未来，2012 年）の中で，この授業の詳細とその成果，シラバスと読書課題を提示しています。この授業では奴隷制をめぐる学習にかなりの時間が割かれていますが，同授業のシラバスはまた，人種や人種差別について道徳的な議論をする際に取り上げられる他のトピックについても多くの情報を提示

6　アメリカで黒人として生き抜くことの意味を描き出した作品『世界と僕のあいだに』で 2015 年全米図書賞を受賞。マーベル・コミックスの『ブラックパンサー』シリーズも手がける。

してくれています。なぜこの授業をここで取り上げるのかというと，公立学校の中で厳選された優秀な生徒たちで構成された人種混合のクラスに対して，この授業が優等コースとして提供されたという重要な事実が挙げられます。ブラムは「複数の人種が混ざったクラスで教科内容として人種の問題を扱うというのは，とても特別で貴重な組み合わせだ」と語っています（Blum, 2012, p.185）。

> 生徒たちが異なる人種の仲間と敬意を持って熱心に対話し，人種の違いを超えて互いに耳を傾け，自分自身を表現することを学ぶならば，それは道徳的な前進であり，人格的な豊かさにも繋がる。〔人種間の〕隔たりは人々が〔互いに〕敬意を抱くことを妨げてしまうことが多いが，生徒たちはそうした隔たりを超えて他者に敬意を持って接することを学ぶのである。差異を敵視したり，恐れたり，偏見を持って見たり，差異に腹を立てる代わりに，より差異を受け入れ，歓迎し，その価値を真っ当に捉えることを学ぶ。これは単なる寛容さではない。私の生徒たちは，単に互いを許容するだけではなかった。尊重と価値の理解は道徳的な態度の中核をなすものであり，特に人種のような分裂を招きかねない差異に直面した時には，これらは寛容さよりも高次の道徳的基準を定義するものである。これこそ，生徒たちが身に付けられるよう，学校が援助することを心がけるべきものなのだ。
>
> （Blum, pp.185-186）

　さらにブラムは，彼のカリキュラムが持つ公民教育の側面と，批判的思考や道徳的責務との関係についても言及しています。

> 私は，クラスでの道徳的な議論とウォーカーとジェファソンなどの文章を取り上げた読書課題の両方で見られた，批判的思考の次元を強調してきた（中略）。批判的思考は，市民が社会現象を分析し，公共の問題やそれに関連する政策提案を評価するのに役に立つ。その他の市民としての能力も必要だが，そのためにはクラスの構成やカリキュラムが重要となる。アメ

リカでは，教育，健康，まともな仕事，まともな収入，良い地域に家を持つこと，そしてその他生活のあらゆる面で，人種が未だに格差の主な要因となっている。したがって，市民的参与が（他の目的の中でもとりわけ）すべてのアメリカ国民の暮らしを向上させ，より公正な社会を実現することを目指すならば，人種問題を理解し，同胞の市民と知的で建設的な議論ができることは，絶対に必要である。 (2012, p.186)

　クラスの多様な編成と適切なカリキュラムによって同胞の市民との知的で建設的な議論を育む，というこの考え方は，後の章で述べるように，教室内のジェンダーや社会経済的な多様性にも適用することができます。ここでは，議論はクラスや学校のプログラムを超えて行われるべきである，ということを述べておきましょう。このような議論は成績優秀者のクラスに限定されるべきではありません。

　ここで検討すべき最後の，そして非常に論争的な問題は，言語に関わるものです。教養のあるアメリカ人は，他の外国語と同じように黒人英語を尊重するように教えられるべきでしょうか。それとも，すべての生徒が標準的な英語を習得することを求めるべきでしょうか。このテーマは本書のいくつかの箇所で取り上げていますが，特に本章のテーマとの関連性が高いものです。私たちは黒人英語を認め，尊重することに，本腰を入れて取り組むべきでしょうか。そのようにしつつ，同時に，すべての生徒に対して標準的な英語を学び，場に応じて標準的な英語を話すことを奨励することは可能でしょうか。

　私（ブルックス）がペンシルバニア州ピッツバーグ市に引っ越してきた時，私は地元の方言に苛立ちを感じました。特に「これは洗わないといけない（this needs washed）」というように「〜を必要とする（need）」という単語を助動詞として〔needs の後につくべき "to be" や "to get" を省略して〕使うことについてです。私は自分の子どもたちに，家の中で「ピッツバーグ語」を話してはいけないと言い聞かせました。その後，ニュージャージー州のニューアーク市で働いていた時，黒人の同僚が「ask（アスク）」〔聞く，という意味の言葉〕という

単語を「axe（アックス）」〔斧，という意味の言葉〕と発音していることにも苛立ちました。私たちはなぜこのような些細なことが気になるのでしょう。そして，このようなことについて，私たちはどうすればいいのでしょう。こうした言葉の違いを耳障りだと感じても，私は言葉や発音から意味を汲み取ることを学んできました。自分の偏見を理解し向き合うことに反して，すべての人に標準的な英語を話すことを求めることは，正しい，あるいは唯一の解決策であるようには思えません。それでもまだ，面接や授業参加や誰かとの初対面の場では，第一印象が重要なのです！最近読んだジェフリー・ディーヴァーの『12番目のカード』（2005年＝邦訳は2006年（文庫は（上）（下）2009年））というミステリー小説によって，〔私の中の〕「ask」を「axe」と発音することへの個人的な嫌悪感が一掃されました。以下は，ハーレムを歩く父と娘の会話からの抜粋で，この問題を見事に表現しています。

「刑務所にいる間に高校の卒業資格を取って，カレッジにも一年通った」と父は言った。

ジェニーヴァは黙っていた。

「主に文学や言語の勉強をした。だからといってかならずしも仕事にありつけるとは思えないが，俺の興味を引いたのはその分野だった。昔から本を読むのは好きだったからね。それはお前も知ってるだろう？　そもそもお前を本好きに育てたのは俺だ……標準英語を勉強したよ。黒人独特の言葉も勉強した。黒人英語が悪いものだとはこれっぽっちも思わなかった」

「だけど，自分はしゃべらないじゃない」ジェニーヴァは鋭い口調で指摘した。

「子どものころからしゃべってる言葉じゃないからだ。フランス語やマンディンゴ語に馴染みがないのと同じことだよ」

「あたしはほんとにうんざりしてるの。"Lemme axe you a question（訊きたいことがある）"みたいな話し方をする人たちに」

すると父は肩をすくめた。「"axe"は"ask"の古い形というだけのことだ。

昔は王族だってアクスって言ってたんだぞ。聖書の翻訳によっては，神に慈悲を乞<ruby>う<rt>アクス</rt></ruby>って表現があるくらいだ。黒人だけが使う言葉じゃない。世間ではそういうことになってるがね。ｓとｋが並んだ言葉は，発音しにくいだろう。入れ替えたほうが楽だ。"ain't"だって同じだぞ。シェークスピアの時代から立派な英語として使われてる」

彼女は笑った。「黒人英語なんかしゃべってたら，まともな仕事には就けないわ」

「それはどうかな。同じ仕事にフランスとかロシアから来た奴が応募してたらどうだ？　標準英語とはちょっと違った英語をしゃべるとしても，雇うほうは，とりあえず面接してみよう，話を聞いてみよう，まじめに働く人間か，有能そうか，見てみようと考えるんじゃないか。見かたを変えれば，応募者のしゃべりかただけを理由に不採用にするなら，その雇い主のほうに問題があるともいえる」父はそう言って笑った。「ニューヨークの住人は，スペイン語や中国語をいくらかはしゃべれるようにしておかないと，ここ数年のうちに職にあぶれることになりかねない。黒人英語だって同じだろう？」

父の理屈はジェニーヴァの怒りに油を注いだ。

「俺は俺たちの言葉を愛してるんだよ，ジーニー。俺の耳にはごく自然なものに聞こえる。ふるさとに帰ったって気持ちにさせてくれる。俺のしたことに怒ってるんだとしたら，それはしかたがない。だが，俺という人間や，俺たちの歴史に腹を立てるとしたら，話は別だよ。ここは俺たちのふるさとだ。ふるさととどう向き合うべきかはわかるだろう？　改善するべきところは改善する。いまは誇りに思えないことがあっても，誇りに思うことを学ぶんだ」（Deaner, 2005, pp.469-470＝邦訳 2009,（下）pp.308-310）。

　ここでは重要なポイントが二つあります。まず一つ目は，父親のジャックスは，自分が「ヴァナキュラー／地方言語」と呼ぶものと「標準」と呼んでいるものの差異を認識し，それぞれを使うタイミングを意識的に選択しているとい

う点です。二つ目のポイントは議論に値する論争的な問題です。私たちは，映画『怪盗グルー』のキャラクター，グルーのように東欧訛りの非文法的な英語を話す人と地方言語の話し手を異なる形で認識しますが，それはなぜなのでしょうか。私は自分の義理の息子に，誰かが「ask」ではなく「axe」と言うのを聞くとどう思うか，と訊ねたことがあります。彼はすぐにこう答えました。「彼らは教育を受けていないかだらしないかのどちらかで，カジュアルすぎるし，おそらくアフリカ系アメリカ人だろう」と。文化的／言語的な問題については，「第9章 お金，階級，貧困」でさらに詳しく説明します。

　もしコーツや他の一部の黒人の評論家の悲観主義を受け入れるなら，私たちは，黒人の子どもたちに標準的な英語の話し方や書き方を教えることを諦めてしまってもよいでしょう。しかし，コーツ自身は明らかに標準的な英語を使いこなし，文章を書く仕事で成功しています。悲観的なコーツならば，自分が作家として成功したことも，黒人や黒人性に対する白人の態度を変えはしなかったと言うかもしれません。生徒たちには，この問題に対して二つの方向から取り組むことができるという点を考えてもらう必要があります。というのも，黒人英語への敬意を高めるよう努力すると同時に，すべての生徒が標準的な英語をマスターできるよう支援する義務を教師が引き受けることもまた可能なのです。習得した英語で何をするかは，生徒たち次第です。この立場に対しては，残念ながら，コーツのような反応があることを覚悟しておかなければなりません。つまり，確かに「生徒たち次第」であるべきだが，実際にはそうではない，という指摘です。私たち自身を人種差別から切り離すには，まだまだ長い道のりを歩む必要があります。

第6章
ジェンダーと公的生活

　ここ数十年の間に，女性は公的世界においてめざましい進歩を成し遂げてきました。女性の賃金は同様の仕事に従事する男性の賃金に比べて未だ後れをとっているとはいえ，今や多くの女性たちが職業生活に順調に参与しています。

　しかし，次のような重要な問いが残されたままです。まず，男性が定義した公的世界で女性がどれほど活躍できているかという観点からジェンダーの平等を判断してもよいのか，という問い。女性たちが伝統的に抱いてきた社会的関心や，道徳的責務・関与を向ける先についての考え方を包含する形で，むしろ公的世界を定義し直すべきなのではないか，という問い。そして，徐々に声が大きく響くようになってきた LGBTQ の人々のニーズや願いを受け入れることは，〔男性と女性という〕ジェンダー指向の両端〔に位置する人々〕が〔社会に〕もたらす最善の貢献を涵養することに繋がり得るか，という問いです。

　前章と本章は，意図的にこの順序に並べられています。黒人が選挙権を得てアメリカ合衆国に市民として完全に参与することになったのは，1870 年の憲法修正第 15 条によってであり，女性の場合はその 50 年後，1920 年の憲法修正第 19 条によってでした。2008 年，私たちは選挙によってアフリカ系アメリカ人の合衆国大統領を初めて選びましたが，女性の大統領は未だ選ばれていません。世界の大部分では，選挙によって選ばれたり任命されたりした女性が政府や国家の長として統治してきたにもかかわらず，です。女性の長を持ってこなかった仲間〔の国々〕をリストアップする方が容易です。例えば，そうした数少ない仲間の例として，フランスやアラブ首長国連邦の大半，メキシコ，ロシアが挙げられます。ロシアには，エカチェリーナ 2 世がいたというのに！　私たちはなぜ，女性のリーダーシップによって，これまでとは別のアプローチを

取ることができるようになる可能性を検討してこなかったのでしょうか。アメリカ建国の父たちは，奴隷制だけでなく，女性が自立したり統治したりすることへの抑圧にも関与していました。〔建国時の〕主な公文書には，女性を考慮に入れていることを示唆するような，包摂的な言葉遣いは見受けられません。〔アメリカ独立宣言の中の〕「すべての人（men）は平等に造られ」ているという一節にも，〔女性を考慮に入れた包摂的な言葉遣いは〕ありません。トーマス・ジェファソンは，知的な才能に恵まれ，多くの問題を思慮深く考えることができたものの，奴隷と同様に，女性についてもほとんど考慮していませんでした。

> 1790年，トーマス・ジェファソンは，コーヒーを甘くするためのメープルシュガーを50ポンド購入した。これは，美味しさを求める判断というよりは政治的な決定だった。というのも，ジェファソンは，友人でもあり独立宣言の共同署名者でもあったベンジャミン・ラッシュ医師から，奴隷労働に依存して生産されるサトウキビ糖ではなく，自家栽培できるメープルシュガーを使用することを支持するように，プレッシャーをかけられていたからである。
>
> 　ジェファソン自身も奴隷所有者であったものの，この考えの背後に良識を見てとった。彼は友人の一人であるイギリスの外交官ベンジャミン・ヴォーンに，次のように書き送っている。すなわち，アメリカ合衆国では一帯が「考えられる限り多くのサトウカエデで埋め尽くされて」おり，このメープルシュガーの収穫に必要なのは「女性や少女の労働以外にない。（中略）児童労働だけで済む砂糖〔メープルシュガー〕にすれば黒人の奴隷制〔に基づく奴隷労働〕を代替できるとは，何という天恵だろう」。
>
> (Stewart, 2013, p.257)

〔アメリカの〕民主主義の草創期における女性の地位と，普通選挙権を獲得するまでに必要とされた格闘について，さらに探究を深めるように生徒たちに，促すべきです。

本章の目的のために，以下でジェンダーについて記述する際には，しばしば
男性性（masculinity）や女性性（femininity）と言われるような，社会的・文化
的な観点から見た男性や女性の特徴に言及します。また，ある個人の生物学的
な状況あるいは性的指向について言及する際には，性（sex）という語を用います。
今日において，用語やその使い方は，それ自体として論争問題となっています。
〔例えば，〕現在，多くの〔アメリカの〕大学が入学手続きの一環として共通願
書〔のシステム〕を活用しています。

　　この夏から，共通願書を利用する生徒は「出生時に指定された性（sex
　　assigned at birth）」を明示するように求められる。そこには自由記述欄も
　　設けられる予定であり，申請者が自身のジェンダー・アイデンティティに
　　ついて記述できる。
　　　共通願書〔システム〕の代表によって先週周知されたこうした変更は，
　　複数の生徒とその弁護士らの要求に従ったものだ。これらの生徒は，標準
　　化された申請書においてジェンダーを尋ねる仕方を変えてほしいと要求し
　　ていた。現在の申請書では，申請者は「男」もしくは「女」から選択する
　　ように求められている。
　　　近年では，トランスジェンダーの人々に対する社会の見方が変わり，多
　　くの大学で，ジェンダー・アイデンティティが男性・女性という古くから
　　のジェンダーの考えにはあてはまらない学生たち，あるいは，出生証明書
　　の記載に違和感を抱く学生たちがより快適に過ごせるよう，変更が加えら
　　れている。
　　　　　　　　　　　　　　　　　　　　　　　　　（「共通願書」2016, p.A20）

アメリカ合衆国において，男性性と女性性を定義するために文化的，社会的
に用いられてきた性格特性を検討してみると（マザーグースの詩では，男性性は「は
さみにカタツムリ，子犬のしっぽ」，女性性は「砂糖にスパイス，素敵なものぜんぶ」
といった言葉に表されます），男性あるいは女性という二元論では不十分である
ことが直ちにわかります。〔それだけでなく〕この用語では，生物学的可能性の

幅広さを記述するのにも不十分です。というのも，稀なケースではありますが，男性と女性のどちらのカテゴリーにもあてはまらないような染色体異常その他の特異な身体的有り様も，確かに存在しているからです。性的嗜好・性的指向に話を向けると，男性的や女性的という言葉はさらに混乱を生みます。大学進学（あるいは就職）の申請手続きをめぐる議論を教室で展開することで，生徒に以下のような点について考えるように求めることもできるでしょう。

- なぜ大学（雇用主）はジェンダーについて尋ねるのでしょうか。多様性を達成するためでしょうか。施設（寮や住宅，トイレ）を整備するためでしょうか。あるいは，何か他の目的において重要なのでしょうか。
- もし，まだ性自認が定まっていなくて自問〔クエスチョン〕していたり（人がLGBTQの「Q」を用いる理由の一つです），そもそもそうしたことを尋ねられること自体に違和感や憤りを感じたりする場合（「Q」はクィアの略称でもあります）に，男性もしくは女性のどちらかに同定するように求められたら，その生徒はどのように感じるでしょうか。この問いは，極めて一般的な表現で提示される必要があります。場合によっては，年齢や人種，経済状況，あるいは何らかの個人的な経歴について尋ねられたらどのように感じるかといった，より一般的な議論の一部として提示されるべきかもしれません。
- LGBTQのコミュニティのメンバーは，多様化されたキャンパスや職場環境に，どのような〔新しい〕見識や視点をもたらすでしょうか。

ジェンダーの定義のような極めて論争的なトピックについて，自分自身のアイデンティティと格闘中の高校生と議論することは，挑戦的かもしれません。ですが，間違いなく適切なことであり，時宜に適っています。ここで言及しているのは，思春期に差し掛かり，自らの性的志向を同定しなければならない生徒たちのことだけではありません。自分の人格的特性を表現するという，あらゆる生徒が経験する格闘を含みます。人格的特性の表現は，生徒たちの価値観

を形づくるとともに，親や稼ぎ手，社会に貢献するメンバーといった，将来暮らしの中で担うことになる役割をも形成していきます。自らリードしたいという気持ちを持っているせいで，デートしてみたいと思う男の子たちにとって自分はあまり魅力的ではないらしいと気づいた，運動好きの「おてんば娘」や，怪我した動物を気にかけて世話をしたせいで，より「男性的」な仲間たちから冷やかされている，繊細な青年を想像してみてください。すべての生徒に匿名で次のような調査に答えさせることも，議論の導入になるかもしれません。すなわち，生徒たちに自分の人格的特性を3，4個列挙させ，それぞれの特性を男性的および女性的の語句と結びつけるように求めるような調査です。また，調査の一部に，男性・女性・どちらでもないといった，生徒一人ひとりの自己アイデンティティを尋ねる項目を入れると，さらなる洞察が得られるかもしれません。ただし，その際には，生徒たちが自己アイデンティティを公にしたことを，その時点で，また将来的にも，後悔することがないように，回答データと個人の名前を結びつけてはいけません。また，回答の手助けとして，特性のリストを選択肢として示すこともできますが，その選択肢に限定してはなりません。第1章「道徳性の根源」でも言及しましたが，*Character Lesson*（人格を育む授業）の中で挙げられた一連の特性が，最初のリストとして適切でしょう。このリストに他の特性を追加する場合には，ウィキペディアや事典に示された，男性性や女性性に関する近年の定義も参考になるかもしれません。また，生徒たちが価値あると思う特性について議論する中で，先に述べたリストにはない，さらに別の特性が見つかるかもしれません。例えば，利他主義や協同といった特性です。黒板やホワイトボードの両端に男性的な特性と女性的な特性，中央にどちらにもあてはまる特性を，一覧にして示してみると，以下のようになるかもしれません。

　この調査結果を部分的に示した表を見ると，男性8名，女性4名，どちらでもない1名が野心的であるという特性は男性的だと感じていると同時に，男性2名，女性2名，どちらでもない1名が女性的な特性だと感じていることがわかります。そのため，この特性は「どちらも」の欄にも書き込まれています。

男性的	どちらも	女性的
攻撃的 （男性10名・女性10名）	野心的	優しい （男性10名・女性5名・ どちらでもない2名）
野心的 （男性8名・女性4名・ どちらでもない1名）	勇敢な	勇敢な （男性2名・女性6名・ どちらでもない1名）
勇敢な （男性6名・女性4名）		野心的 （男性2名・女性2名・ どちらでもない1名）

攻撃的は男性的な特性の欄，優しいは女性的な特性の欄にのみ書かれています。

　このような表を見たあとに議論をしてみると，次のような論点が出ることがあります。

・「どちらも」の欄にも示されてはいるものの，野心的であることについて13名の生徒たちが重要な男性的特性であると感じている一方で，重要な女性的特性と感じている生徒は5名しかいません。なぜ，私たちはある特性により男性的な傾向があるとか，あるいはより女性的な傾向があるなどと捉えるのでしょうか。生物学的差異だと思われるものによるのでしょうか。それとも，文化的・社会的な影響によるのでしょうか。

・1909年出版の *Character Lesson* で示された32の特性（とそれぞれの定義）の一覧と，近年の人格教育のプログラム，あるいは男性的および女性的特性に関するウィキペディアや事典の記述などをもとに作成した一覧を比較してみましょう。時を経て，何が変わったでしょうか。また，それはなぜでしょうか。この問題に関する議論の続きは第7章で行います。

・もし，生徒たちが性格特性について個々人で調べるとしたら，こうした特性のロールモデルになり得るような人生を送っている人を男性からも女性からも探し出し，報告することができるでしょうか。各生徒が調べる性格特性の重複を避けつつ，生徒の選択〔の自由〕を認めるためには，

リストを作ったうえで各項目に切り分けて，箱に入れ，生徒に引き当てさせるのもよいでしょう。その際には，生徒同士で引いた項目を交換することも認めなければなりません。

・1909年に *Character Lesson* が初めて出版された際，特性に当てはまる人物例として挙げられていた272名のうち，女性はたったの21名でした。現在では，当時よりも女性のロールモデルを見つけやすくなっているでしょうか。それはなぜでしょうか。誰が歴史を記述しているのかについて，第5章で議論したことを思い出してください。近年の歴史小説の傾向として，よく知られている歴史上の物語を（たとえ女性的でなくとも）女性の側から見つめ直したらどのように見えるかを描く作品が多くありますが，こうした小説は生徒たちに新しく考える機会を提供してくれます。マリオン・ジマー・ブラッドリーは，『アヴァロンの霧』の中で，アーサー王伝説を，モーガン（モーガン・ル・フェイ）やモルゴース，グィネヴィア，ヴィヴィアン，イグレインといった，物語に登場する多くの女性たちの視点から語り直しています。「千の船を出港させた顔」であったトロイのヘレネーでさえも，自身の視点からその物語が語られたのは2015年に出版されたアマリア・カロセラの作品 *Helen of Sparta*（スパルタのヘレネー）が初めてでした。フィリッパ・グレゴリーは，イングランドとスコットランドの王女たちや女王陛下たちについて女性の視点から描く歴史小説を多く執筆してきました。グレゴリーの小説は，過去の時代に生きた女性たちの人生を魅力的に描写しています。

・生徒たちは，自分たちの将来を考える際，パートナーや親としての役割を果たすためにはどのような性格特性があることが重要だと思うでしょうか。そうした特性は，就きたい仕事に就いたりキャリアを追求するために必要な特性や，十分な情報を得ながら十全に社会に参加する市民になるために必要な特性とは異なるのでしょうか。

最近の新聞に掲載されたキャロリン・ハックスの人生相談欄で，若い女性が

母性について複雑で揺れ動く感情を抱いていることについての相談がありました（アズベリー・パーク・プレス紙，2016年5月1日，p.11E）。投稿者の女性は，「私たちの文化において，「母」であることはすべてを捧げることを意味していて，どのような人であるか，どのように生きるかといったことをあまりにも決定づけてしまうように感じられます。そのため，「母」としての自分ではない，残りの自分や自分たちのことが心配になるのです」と述べていました。キャロリンは返事の中で，「あなたが〔生物学的な差異ではなく，社会的に形づくられ〕ジェンダー化した〔性差の〕側面について語っているということに気づきました。男性親は男性〔のまま〕であり，女性親は母であるという〔のは，ジェンダー化された性差の話です〕」と書いています。こうした返事を書いた要因には，投稿者の若い女性がアドバイスを求める中で，最後に「私が大学院で文化やジェンダーの分野を研究していたこと，そして，これらの分野が程度の差こそあれ妊娠や子育てについて敵対的であることを知っても，あなたは驚かないかもしれません」と書いていたこともあったのでしょう。なぜ，文化やジェンダーについての教養を身につけた女性は，それらの分野が妊娠や子育てに敵対的だと感じるのでしょうか。なぜ，「ジェンダー化された側面」からすると，男性親は男性であって父親ではないのでしょうか。

　どうすれば，人が将来担うことになるあらゆる役割を十分に遂行できるように，包括的に教育することができるのでしょうか。フェミニストの思想は，私たちが違いを賞賛したり，違いの存在を否定したりする仕方にどのような影響を与えてきたのでしょうか。ここで，フランスにある対立する二つの言い回しを併記してみたいと思います。一つ目は違いに万歳（*Vive la différence*），二つ目は違いなどあるのか（*Quelle différence?*）です。次に，フェミニストの思想内部での対立について検討してみましょう。

世界を再定義する女性たちの思想

　ほぼすべてのフェミニストが公的世界における男性との対等性を追求してい

ますが，一部のフェミニストは公的世界を変化させることを，すなわち，女性たちの伝統的な思想を本格的に分析し，それを世界に適用することを目指しています（Noddings, 2015a）。教育の分野では，これらのフェミニストの思想家は家事や子育てといった家庭生活や平和学，そして宗教に関する批判的な分析に重きを置いています。人が健康で幸福で道徳的な大人へと成長するために，家庭生活や親業としての子育てがどれほど重要かは，誰しもが認識するところです。しかし，それではなぜ，私たちはこれらの事柄について学校でほとんど何も教えないのでしょうか。生徒たちは，この重要な問いについて考え，議論するように促されるべきです。他の章ですでに指摘したように，公教育は公的生活への準備のために設計されており，それゆえに第一義的には男子向けでした。女子は，読み書きの基本的な部分についての教育しか受けられませんでした。女子教育が大学段階にまで拡張された時も，〔女子が受けられる〕教育は家政学や食品の扱い，子育て，あるいは社会奉仕といった事柄ばかりでした。男子に提供されていたリベラル・アーツのカリキュラムとは教育内容が極端に異なっていたのです。その後，家庭生活を目的とした女子教育は徐々になくなっていき，女子もまた，伝統的に男子に提供されてきた教育に参加することを認められるようになりました。

　なぜ，この移行はこんなにも完全なる一方通行だったのでしょうか。伝統的な女子教育の中に，女性だけでなく男性にとっても，よりよい成人期を送るために有益となり得る内容はなかったのでしょうか。例えば，規律（order）という概念を取り上げる機会は頻繁に作ることができます。そして，それは〔整理整頓（order）といった〕単なる家事の一要素としての意味ではありません。規律の概念は，より深い含意のあるものとして検討されるべきです。家庭生活における整理整頓は，自然世界における秩序（order）の探究とどのように繋がっていると考えられるでしょうか。あるいは，社会・政治的な世界における秩序とは，どのように繋がっているでしょうか。こうした議論を行う主な意義は，深い人間主義的な意味があるにもかかわらず，女性向けに設計された「ハウツー」型の授業の中で矮小化されて教えられてきた諸概念があまりに多すぎる

中で，それらの概念に再び光を当てることです。男性と女性の両方を対象とした包摂的な教育に向けて移行する際に，もし女性の思想に関する慎重な分析が行われていたなら，今までとは別の，新しいカリキュラムが構築されていた可能性があります。例えば，規律や会話，選択，協働，共有，快適さ，安全，プライバシー，傾聴といった諸概念を含むカリキュラムです。これらの概念に注意を向けることで，言語技術や社会科だけでなく，科学や数学，芸術のカリキュラムも同様に豊かなものになるでしょう。

　読者の中には，家庭，子どもの発達，コミュニティ生活や家族関係についての授業を〔現行のカリキュラムに〕付け加えるのがよいと思う人もいるでしょう。しかし，私たちはそのような方針には注意すべきだと考えます。なぜなら，これまで実践されてきた，伝統的な男性向けのカリキュラムに当てはまらない新しい授業はいずれも，二流の教科であり，学術的な価値が低く，大学への進学準備用教科の単位として相応しくないと捉えられてきたからです。女性の思想の中で浮き彫りにされた諸概念を扱うように授業を設計したとしても，ほぼ確実に同じことが起きてしまいます。したがって，こうした〔女性たちの〕思想やその歴史を〔単一の授業や教科として新設するのではなく〕既存の学問分野の中に盛り込み，分野横断的な繋がりに焦点を当てる方法の方が賢明だといえます。ユージニア・チェンは『数学教室 π の焼き方』（2015 年＝邦訳は 2016 年）において，自身のレシピと料理のスキルを非常にうまく活用して，料理と「数学についての数学」としての圏論〔数学的構造自体を抽象的に扱う数学理論〕とを結びつけてみせました。多くの女性が家事について，そして，そのより深い意味について説得的に論じてきました。ほんの一例として，ジェーン・アダムズ，キャサリン・ビーチャ，ドロシー・デイ，リリアン・ギルブレス，シャーロット・パーキンス・ギルマン，エヴァ・フェダー・キティ，サラ・ルディック，ヴァージニア・ウルフが挙げられます。男性もまた，時として，家 (house) や家庭 (home) に付随するより深い意味について考察してきました。

　ガストン・バシュラール (Bachelard, 1964) は，家庭や家という言葉に付随する深い意味について，まるで詩のような文章で論じています。地下室から屋根

裏に至るまで家の中を見て回りながら，バシュラールはさまざまな結びつきがあることを示していきます。地下室は恐れや暗闇と結びつき，屋根裏は隠された記憶と結びつき，部屋の角は秘密にしていることと結びつき，ドアは，より広い世界に入ることと，平和で安全な家庭に逃げ込むことの両方と結びついています。この本にはあらゆる学問分野において議論され得る要素が確実に含まれていますし，家庭という概念は教科横断的なセミナーにおいて議論の主要なトピックになり得ます（家や家庭に関するさらなる参考文献として，Witold Rybczynski, 1986）。

　愛国心について検討する第11章において，戦争や平和に関する何名かのフェミニストの思想を取り上げますが，ここではすべての女性が平和主義者であるわけでもないし，平和主義者であったわけでもないことを述べておくべきでしょう。女性はしばしば戦争や軍事行動を支持してきましたし，公的に戦争に反対した人々は厳しい批判にさらされてきました。ジェーン・アダムズが第一次世界大戦に公然と反対した時，彼女がどのように非難されたかを考えてみてください (Elshtain, 2002；Noddings, 2012)。あるいは，女性として初めてアメリカ連邦議会の議員に選ばれたモンタナ州のジャネット・ランキンが，どのように地位を失ったかを考えてみてください。ランキンは，まず第一次世界大戦への参戦に反対したことで失脚し，続いて第二次世界大戦でアメリカが宣戦布告することに反対票を投じたため，永遠に議席を失うことになったのです。今では，女性たちが軍に入隊することや，戦闘に参加することさえ認められていますが，私たちはこうした動きを正しい方向への前進であると捉えるべきでしょうか。これは祝うべきことでしょうか，あるいは，嘆くべきでしょうか。

　宗教もまた，公教育において女性の思想がほとんど教えられず無視されてきた，もう一つの分野です。エリザベス・キャディ・スタントンは，説得力のある聖書批評を書いていますが，その批評の中でスタントンは，聖書において一貫して示されている主張に対して異議を唱えています。その主張とは，「女性」は，神の楽園に悪を持ち込んだ責任を負うべき，〔男性に比して〕より劣った被造物だというものです。スタントンの同僚たちは，よき友人でもあったスーザ

ン・B. アンソニーを含めて，伝統的な宗教を攻撃しようとするスタントンの姿勢が，そうした攻撃さえなければ女性参政権運動を支持してくれるかもしれない人々を遠ざけてしまうことを恐れました。現代においても同様に，フェミニストの中には，女性が人間主義的な思考を強調しようと努めることで，政治的・経済的な場での女性の〔男性との〕対等性に向けた動きを遅らせてしまうことを恐れる者がいます。では，キリスト教の思想や歴史において女性が虐げられてきたことについて，私たちは沈黙を守り続けるべきなのでしょうか。

　少なくとも生徒たちは，男性による宗教的伝統によって，女性を悪と結びつける考え方が長く浸透してきたことを認識できるように導かれるべきです。メアリー・デイリーは，以下のように指摘しています。

　　〔イヴと〔イヴが引き起こした〕人間の堕罪に関する〕神話は，男性の視点が神の視点へと変容された時から，恐ろしいほどの重要性を帯びるようになり，恐ろしく誤った名で呼ばれるまでになった。悪の謎に誤った名前がつき，女性は悪であるという歪められた神話が形づくられたのである。こうした仕方で，悪についてのイメージや概念化は焦点をずらされ，最も深層にある悪の側面についてまともに議論されることはなくなった。

（Daly, 1974, p.35）

　第4章において，生徒たちが無神論や不可知論，理神論について学ぶ機会がほとんどないことについて述べました。ここで，私たちは読者に，女性についての宗教文学や，女性による宗教文学の大部分が，やはり同じようにほとんど無視されているということに目を向けてほしいと思います。こうした〔無視に基づく〕無知は，道徳的な生について考える際に，極めて大きな穴を残します。例えば，ポール・リクールはかつて「男性は，愛ではなく恐れによって，倫理的な世界に参入する」と書いたことがありました（Ricoeur, 1969, p.30）。この主張には，異議を唱えるべきでしょう。

私たちは，恐れが何らかの倫理的思考を触発することを否定できないが，
愛がそうするということも，同様に否定できない。愛に溢れた親になりた
いという欲求は，倫理的な生に向けた強力な誘因であって，愛に溢れた関
係を保ちたいという欲求も同様である。女性の視点は，それを表現するた
めの新しい言葉を見つけ出さねばならない。あるいは，少なくとも，表現
方法を模索する中で〔既存の〕言葉をよりよく修正しなければならない。
単に反対を宣言するものであってはならず，むしろ，人間の生をよりよく
する道筋として宣言されねばならない。　　　　　　（Noddings, 1989, p.144）

数字で見る女性の進出

　国家元首や大企業の重役など，女性は全世界的に公的世界においてめざまし
い進出を果たしてきました。しかし，アメリカは世界的なリーダーシップや「偉
大さ」を誇っているにもかかわらず，アメリカにおける〔女性進出の度合いを
表す〕数値は誉められるものではありません。アメリカ国立科学財団のデータ
によると，エンジニアリング分野に関わる労働人口における女性の割合は15％，
数学およびコンピューター科学の分野では25％に過ぎません（National Science
Board, 2016）。また，科学やエンジニアリングの分野における男性の賃金に対
する女性の賃金の割合は，69.4％であった1995年以降，著しい変化は起きて
いません。2013年には68.8％となり，むしろ下がってしまっています。現在，
S & P 100[1]を構成する企業の重役における女性の割合は約16％，アメリカ連
邦議会では20％となっています（Dowd, 2015）。なぜこんなにも低い数値にな
っているのでしょうか。これらの〔数値をもとに考える〕方法は，平等に向け
て女性が歩みを進めることを正確に測定できているでしょうか。これらの数値
を変えるため，あるいは，より平等に〔女性が〕表象されるように歩みを加速

1　アメリカのスタンダード・アンド・プアーズ社が算出している500の優良銘柄のうち，時価総
　額上位100銘柄のこと。

させるために，これまでに何がなされてきたのでしょうか。

なぜ STEM の専門職に就く女性は少ないのか

なぜ STEM 分野（科学，技術，エンジニアリング，数学）に進出する女性が増えないのでしょうか。これらの分野に参入する女性が増えない理由として，三つの重大な事柄がしばしば引き合いに出されます。いずれも互いに関連しているとともに，論争的な説明です。すなわち，〔幼少期など〕早期段階での後押しやロールモデルが欠如していること，適性がないという思い込みとそれに起因する学習不足，そしてステレオタイプの脅威の三つです。

私（ブルックス）は，ステレオタイプ通りの女性エンジニアです。父親と複数のおじに加えて祖父もエンジニアで，母（ノディングス）も私の母校である高校の数学教師でした。私は学生時代からアメリカ女性エンジニア学会のメンバーとなり，女性エンジニアのほとんどがエンジニアの両親を持つという話を聞いてきました。カーネギー・メロン大学でエンジニアリングを専攻する女性の大学院生たちを対象にキャリア・パスについて講演する中で，私はこのことを直接確かめることができました。両親のどちらか，もしくは両方がエンジニアである学生に挙手を求めたところ，教室にいた全員が手を挙げたのです。一人の例外もなく，です！　ロールモデルの欠如は，若い女性が STEM 分野に惹きつけられない主な理由として，しばしば引き合いに出されます。メディアが女性を専業主婦や看護師として描き，一方の科学やエンジニアの仕事を汚く，機械的で人間らしさに欠けて，身体的に辛く，あるいはオタクっぽいものとして描写していることを考えれば，小綺麗で礼儀正しく，母性的であるように育てられた女子たちが STEM のキャリアにひるんでしまったり，魅力的でないと考えたりすることになんの不思議があるでしょうか。こうした傾向は，母や私が高校生だった時にも確かに見て取れましたが，私の子どもたちが同年齢になった頃も，若干改善されている程度に過ぎませんでした。現在では事態はよくなっているでしょうか。生徒たちはどのような番組を見ているのでしょうか。

現在の高校生にとって，ロールモデルは誰なのでしょうか。メディアが作り上げるステレオタイプや，それが〔生徒たちの〕科目選択や将来のキャリアの選択に与える影響について，教師は議論を促すべきです。次の章では，エンターテインメントやあらゆる形態のメディアにおいて，女性による，あるいは女性についての物語が不足していることについて検討する際に，この問題に改めて言及するつもりです。

　STEMのキャリアを考えている若い女性にとって二つ目の論争点となるのは，数学や空間の視覚化に関する適性について，対立する研究成果や言説があることです。確かに，SAT[2]の数学の試験では，男子が女子よりも高得点を記録してきました。しかし，SATの得点からでは，大学段階の授業課題で優れた成績を修めることができるかどうかを予測することはできないということもまた，明らかになっています。とりわけ，若い女性〔の大学段階での学習〕については予測が困難だとされています。加えて，言語的スキルに関する方の試験では[3]女子が男子よりも高得点を記録しているにもかかわらず，数学の試験で男子が高得点を記録していることの方が遥かに注目されていることも，興味深い現象です。なかには，数学の試験の得点の方が将来の収入と相関性が強いからこそ注目度にも違いがあるのであって，数学の得点の違いから賃金の性差をも説明できると論じる人もいます（Niederle & Vestlund, 2010）。当時ハーバード大学の学長を務めていたローレンス・サマーズは，2005年1月に全米経済研究所（the National Bureau of Economic Research）主催の多様性に関する会議において，ある発言をしました。その発言によって，一流大学から科学やエンジニアリングの終身在職権を得ている女性が少ないのは女性の適性に起因するのか，という既存の論争が，さらに白熱しました。

　科学への適性にについての質問を受けて，サマーズは次のように発言した。

2　アメリカの全州共通の大学進学適性試験。
3　SATは，読解力をみる試験，記述や文法，語彙力などをみる試験，そして数学の試験の3種類から構成され，前者二つの試験を一般的に「言語的」試験と呼ぶ。

「身長や体重，犯罪傾向，総合的な知能指数（IQ），数学的能力，科学的能力など，非常に多くのさまざまな人間の特性について，比較的明確なエビデンスに基づいて以下のことがいえる。すなわち，議論の余地はあるものの，平均値がどうであれ，男性と女性とでは標準偏差と分布のばらつきに違いがあるということだ。この事実は，文化的に規定されていると判断できるような特性にもそうでない特性にも，当てはまる。上位25の研究大学に勤める物理学者に絞って見てみることは理に適っていると思うので，仮にそれらの学者たちに言及するとすれば，平均値より上位の標準偏差の2倍の範囲に位置する人々について話しているわけではないことになる。そして，おそらく，平均値よりも上位の標準偏差の3倍の範囲に位置する人々でさえない。むしろ，上位25の研究大学における物理学者は平均値より上位の標準偏差の3倍半あるいは4倍の範囲に位置する〔ほど際立って優秀な〕人々であり，3倍半の場合には5千人に1人，後者の場合には1万人に1人という割合だ[4]。標準偏差では小さな違いでも，有意に外れ値となっているプールではかなり大きな違いになる。」（Jaschick, 2005, p.2）

　この発言は学術界で国際的な反発を招くことになり，サマーズは2月に次のように謝罪しました。

　　私の1月の発言は，社会化と差別が人に与えるインパクトを大幅に低く見積もり過ぎていた。このインパクトには，暗黙的な態度も含まれる。暗黙的な態度とは，私たちが無意識に従っているような思考様式のことだ。ジェンダー間の差異の問題は，私のコメントに表象されるよりも遥かに複雑であり，標準偏差に関する私の発言は，研究によって確証されていないこ

4　正規分布の場合，約95％のデータが平均値を中心に標準偏差2倍の範囲に，約99％のデータが標準偏差3倍の範囲に位置づけられる。ここの発言では，上位25の研究大学の物理学者たちは，平均値よりも上位側の標準偏差の2倍（2SD）の範囲にも，標準偏差の3倍（3SD）の範囲にも入らないほど飛び抜けて優秀な集団であることを示している。

とにまで触れてしまっていた。　　　　　　　　　　　(Jaschick, 2015, pp.2-3)

　サマーズが謝罪を発表したにもかかわらず，一旦議論の箱の蓋が開けられて
しまった以上，論争は止みませんでした。2005 年 3 月には，ハーバード大学
の学部横断的な研究組織である精神・脳・行動研究所 (Mind Brain and Behav-
ior Inter-Faculty Initiative) が，同大学の物理学教授であるスティーブン・ピン
カーとエリザベス・S. スペルキを招いて，ジェンダーと科学の科学と題した
討論会を開催しました。この討論会での争点は，試験結果に示唆される，視覚
的・空間的な認識や数学的能力の分野における男性の優位性は，興味関心や動
機づけとともに，生物学的な性差から生じるのか (ピンカーの立場)，あるいは，
社会化の過程で生じるのか (スペルキの立場) という点にありました。2 人の物
理学者はともに自身の主張を支持する科学研究やデータを引用しており，この
討論会の様子を収めた動画とスクリプトは，両学者が使用したスライドを含め
て，すべてオンラインで入手可能となっています (Pinker & Spelke, 2005)。
　この討論会を生徒とともに視聴して議論する目的の一つは，2 人の学者がと
もに自身の立場に対して情熱を抱いていること，この討論が両者ともに非常に
高い地位を手に入れている男性と女性の専門家の間でなされたという事実，そ
して，両者ともに互いに合意できる点を素早く指摘し合った点に表れる，2 人
の学者の善良性を，教師が指摘することにあります。また，もう一つの目的は，
二つの論争的な問いを検討することです。

　　・もしピンカーが正しく，実際に生物学的な性差が数学あるいはエンジニ
　　　アリングの能力やそれらの分野への志望に影響を与えているのだとした
　　　ら，近年の試験結果の差を適切に反映した男女の雇用の割合を目指すの
　　　ではなく，これらの分野においても〔男女間で〕平等な雇用を追い求め
　　　るように若い女性たちを後押しすることは，正しいといえるでしょうか。
　　　もし，SAT の最上位のスコアを獲得した生徒のうち，2 対 1 の比率で
　　　男子が女子よりも多かった場合，50％を女性にするのは非現実的かもし

れません。しかし，その場合でも，これらの分野における女性の割合は15％ではなく，少なくとも30％となるべきではないでしょうか。

・もしスペルキが正しく，社会化が唯一でないとしても支配的な要因となっているのであれば，これらの分野に関わる能力をどれほど女性が有しているのかについての認識や，これらの分野で女性がキャリアを積んでいこうとすることに関する私たちの見方を変えるために，何がなされるべきでしょうか。もし，2人の立場のどちらにもいくらかの真理があるとするなら，私たちがするべきことはどのように変わるでしょうか。

　SATのような競争的とされている試験における女性の成績に対して，三つ目の論争的な事柄として取り上げる「ステレオタイプの脅威」が，重大な影響を与えている可能性を示す研究も数多くあります。2015年9月3日，マサチューセッツ工科大学（MIT）に在籍する学部生の女性「ミシェル・G, 18歳」が書いた興味深い記事が，MITの入学者選抜のブログに掲載されました。記事のタイトルは，「自分がステレオタイプのままの男性であるつもりになって」です。この記事の中で，ミシェルはステレオタイプの脅威を次のように説明しています。

　　自分の当てはまる人口層に対して世間が抱いている〔能力が低いという〕ステレオタイプを知ると，人は（試験や試合などで）全体平均よりも低い結果を出しがちである。この傾向のメカニズムは理論化されており，ステレオタイプの脅威と呼ばれる。このメカニズムは主に，否定的なステレオタイプを自ら確証してしまうのではないかという，潜在的な不安に基づいている。こうした否定的なステレオタイプは，認知を妨げ，集中力を失わせ，いくつかの条件下では準備や努力〔する行動傾向〕を弱める。

（MIT Admissions Blog, 2015）

　ミシェルは続けて，ステレオタイプの脅威が標準試験における女子の成績に重大な影響を与えていることを示す多くの研究を引き合いに出します。ミュー

リエル・ニーダーとリーゼ・フェスタールンドは，類似する研究群についての情報を収集し，以下のような結論を導いています。すなわち，「数学の成績において，高パーセンタイル［先述のサマーズの主張では，平均値よりも上位の標準偏差の3から4倍の範囲］に位置する集団ではジェンダー間の格差がより大きくなることを示すのに十分でありつつ，憂慮すべきエビデンスがあるが，こうしたエビデンスは，競争的な試験を受ける環境に対する反応の仕方が男女間で異なるということで，部分的に説明され得る」という結論です（Niederle & Verscand, 2010, p.130）。

　女性が科学やエンジニアリングに関わるキャリア，とりわけ学術界でのキャリアから脱落したり，自ら身を引いたりする理由は，女性が他の専門職を離れるのと同じである場合もあります。例えば，子どもを産むためとか，配偶者のキャリアを支えるためとか，より高い収入を得るためといった理由です。男性によって構成される「学閥」ネットワークの存在や支援の欠如，賃金格差，ハラスメントは現実に存在しています。それにもかかわらず，サマーズは（先述の発言をしたのと同じ2005年1月に）厚かましくも以下のように発言しています。

　　サマーズは，ジェンダー間格差の最も重要な理由は，多くの「権威のある」専門職の中で上位の職位に就いている女性が少ない理由と同じだと考えていた。こうしたキャリアでは昇進のために長時間働くことが期待されるが，女性は男性と比べて長時間労働をしない傾向がある。サマーズは，上の職位に就いている女性たちは「独身であるか，子どもがいないかのどちらかに偏っている」と述べた。昇進のためには長時間労働が必須であることに言及しつつ，「既婚女性に比べて，既婚男性は遥かに多い割合で長時間労働をする。その程度，仕事にコミットする姿勢が歴史的に男性たちの中で形成されてきたというのが，この社会の事実だろう」と述べた。

（Jaschick, 2005, p.2）

　この論争は，二つの要素から成っています。一つ目は，なぜ女性に比べて男

性は自身のキャリアに対して長時間献身する姿勢を「歴史的に形成されてきた」のかということです。二つ目は，サマーズが言及しているように，これらの違いは「組織が人々に要求していることは適切なのか，という問い」を提起しているということです (Jaschik, 2005, p.2)。この二つの問いは，あらゆる人にとってよりよいワーク・ライフ・バランスを創り出し，そのうえで，どのような選択をしたとしても不利益を被ることのない形で，自分自身がどの程度〔キャリアに〕献身するかを選べるようにすることで，大部分は解決されるでしょう。科学者兼母親である女性の献身度を示す，参考になる二つの物語があります。

　教育に関する学術誌に公開されたインタビューの中で，環境科学者で『ラボ・ガール』の著者でもあるホープ・ヤーレンは，体調不良を伴う困難な妊娠をしている最中に自身の研究室から締め出された様子を描写しています。

　　でも，これは言わせてください。私が今までに経験してきたあらゆることの中で，研究室に来てはならないと告げられたことが，全くもって最悪のどん底の出来事でした。(中略) 8ヵ月の妊婦には男性の世界に適合しようがありません。男性の空間は，そうしたことを全く許容しないのです。

（Voosen, 2016, p.B14）

　これは，カリフォルニア大学バークレー校で地球生物学の博士号を取得し，フルブライト奨学金に3回採択され，『ポピュラー・サイエンス』誌で2005年に「きらめく10名」の若手科学者の一人に選ばれ，『タイム』誌で「最も影響力ある100名」の一人に選ばれた女性です。ヤーレンはホノルル市にあるハワイ大学マノア校で終身在職権のある教授でもあり，間違いなく，ローレンス・サマーズが言うところの権威のある人々の一人だといえます。それでも，妊娠中に献身の程度を選択することを許されなかったのです。

　もう一人の卓越した女性科学者であるシルヴィア・アールは，水中に居住施設を建設するプロジェクト「テクタイトⅡ」に参加した際のことを語っています。アールが初めて一般向けの科学記事の執筆を手がけたのは，『ナショナル・

ジオグラフィック』誌の1971年8月号においてでした。その記事は，編集者によって「女子チーム，居住施設をテスト（All-Girl Team Tests the Habitat）」と題されました。アールは当時34歳で，チームの最も若いメンバーだったペギー・ルーカスは当時23歳の「女の子（girl）」でした。この出来事に繋げて，アールは，メンターとして〔尊敬して〕見ていた男性が，母親であることを理由に，アールをプロジェクトに参加させることに反対していたことを後に教えてくれたことも語っています（Earle, 1995）。アールはアメリカの海洋生物学者であり，探検家であり，作家であり，大学教員です。海洋工学の会社を設立し，1979年にはJIMスーツ[5]を着て潜水を行い，1250フィート〔381メートル〕という女性の世界記録を樹立しました。1998年以降，『ナショナル・ジオグラフィック』誌の招聘探検家も務めました。また，女性として初めてアメリカ海洋大気庁の主任研究員を務めた人物でもあり，1998年には『タイム』誌で初の「地球の英雄」にも選ばれています。

　やむを得ない理由からではなく，自身のキャリアを追求するために子どもを家に置いて働きに出ることに，自覚的であれ無自覚的であれ，女性の多くは罪悪感を抱いています。しかし，2015年6月にハーバード・ビジネス・スクールが公開した研究成果報告書の筆頭著者のキャスリーン・マッギン教授は，仕事を持つ母親たちに以下のメッセージを贈っています。「皆さんが仕事に向かうことで，子どもたちに自分たちにはたくさんの可能性があるということを理解させているのです」。マッギンの研究は，以下のことを明らかにしています。

　　仕事を持つ母親の娘は，家の外で仕事に就いていない母親の娘に比べて，職に就きやすかったり，指導的な立場を担いやすかったり，より多くの収入を得る傾向がある。研究の結果，仕事を持つ母親の息子は，家にいる母親の息子よりも多くの時間を家族の世話や家事に費やす傾向があることも，統計学的に優位に示された。　　　　　　　　　　　　（Fisher, 2015, pp.2-3）

5　当時実用化された，深水に潜水するための大気圧潜水服。

■ 平等をいかに測るか

　世界経済フォーラム（WFF）は，スイスに拠点を置き，「世界情勢の改善」を使命とする，設立45周年の非営利組織です。このフォーラムは，2006年に国際ジェンダーギャップ指数を開発しました。この指数は，経済活動への参加と機会提供，学歴，健康と生存，および政治的エンパワーメントの4分野に焦点をあて，各分野におけるジェンダー間の平等の達成率を評価できるように設計されています。2014年の指数には142ヵ国が参加しており，アメリカの総合順位は20位でした。〔総合順位において〕4つの分野はそれぞれ等しい割合で評価されているのですが，〔個別にみると〕経済分野では4位である一方，政治分野では54位でした。経済活動の参加度のスコアを見ると，アメリカはこの分野においては平等を83％達成しているそうです。経済活動への参加は五つの変数を用いて評価されており，類似の労働をした場合のジェンダー間の賃金格差の変数に特に重みづけがなされています（31％）が，この変数だけを見た際のアメリカのスコアは66％に留まっています。ジェンダー指数に関する2014年の報告書に示されたデータとそれに基づく結論は，それ自体興味深いものですし，先に提案した社会科の討論会や，通常の社会や数学の授業の中で行う議論のテーマとしても優れています。けれども，私たちがここで強調したいのは，こうした評価方法のすべてが，現代の男性支配的な世界における女性の対等性に目を向けているということにあります。この点について議論するためには，以下のような問いを挙げてもよいでしょう。

・政治的エンパワーメントに関するアメリカのスコアは，たった18％の達成率に過ぎません。もしこの分野を改善したなら，アメリカでの暮らしはどのように変化するでしょうか。アイスランド，フィンランド，ノルウェー，スウェーデン，デンマークのスカンジナビア諸国は同じ評価基準で上位7ヵ国に入っていますが，こうした国々での暮らしは〔アメリカと〕どのように異なっているのでしょうか。政治分野で平等を達成

することは，女性の関心に〔政策などの〕重点を置くことに繋がることで，自動的に他の3分野をも変化させることになるのでしょうか。

・女性の関心をよりよく反映できるような評価基準として，採用できるものは他にあるでしょうか。例えば，国際連合は2012年に世界幸福度報告書を公刊するようになりました。この報告書は，加盟国が国民の幸福度を正確に測定することを支援し，その結果をもとに公的政策を進めていけるようにすることを目的としています。この報告書では何が測られていて，ジェンダーギャップ指数の評価項目とどのように異なっているでしょうか。共通の項目もあるでしょうか。前述したスカンジナビア諸国についていえば，5ヵ国すべてがスイス，カナダ，オランダと並んで幸福度の高い上位8ヵ国に入っています。なお，アメリカの順位は15位です。

　他には，経済平和研究所による世界平和度指数もあります。2015年，この指数におけるアメリカの順位は162ヵ国中94位でした。スカンジナビア諸国はすべて上位20位に入っており，アイスランドとデンマークはそれぞれ1位と2位でした。この評価基準でアメリカのスコアはこんなにも低くなるのはなぜでしょうか。アメリカの順位が，軍事化の指標で最も低いスコアを記録したシリア，ロシア，イスラエル，北朝鮮よりも上位にすぎなかったことは，特に驚くようなことではないでしょう。また，「内戦や国際的な紛争が進行中である」という指標でアメリカが118位であったということも，意外ではないはずです。というのも，この指標には，組織的な国家同士の紛争による死者数，そうした紛争の数，継続期間，およびその紛争における役割などが含まれているからです。女性をよりエンパワーすることは，世界平和度指数において低く評価されるような活動を是正することに繋がるでしょうか。

さらなる平等の推進のために何がなされてきたのか

多くの人が格差是正措置（アファーマティブ・アクション）について知っているか，少なくともその言葉を聞いたことがあるでしょう。一方でほとんどの人が知らないのは，選挙権の場合と同様に，人種差別を抑止する法律は女性差別を抑止する法律よりも早くに制定され，1964年の公民権法に結実したという事実です。公民権法の条項に基づいて雇用機会均等委員会が設立され，25名以上の被雇用者を抱えるすべての企業において差別を撤廃することを目標に定めました。しかしながら，性別を理由とする雇用差別を禁止する公民権法第7編〔通称タイトル・セブン〕の修正条項は，一部の人には次のような試みとして見られていました。

> 〔修正は〕法案の趣旨を逸脱させる試みであった。しかし，提案された途端に，女性たちは結集してこの取り組みを支持した。その後，雇用機会均等委員会は，タイトル・セブンを執行することを拒否したのである。〔委員会が最初に審議したのは，航空会社の客室乗務員が申し立てた事案であった。〕雇用機会均等委員会の理事の一人はこの修正案を「不測の婚外子」と呼び，『ニュー・パブリック』誌さえも，「なぜ，アメリカ合衆国下院の議場で放たれた悪戯めいた冗談を，責任のある政権がそんなにも真剣に扱わなければならないのか」と問うた。激怒した女性たちは結集し，1966年に全米女性同盟を設立した。　　　　　　　　　　（B. Friedman, 2009, p.290）

格差是正措置にまつわる論争は，人種に基づく差別に適用される措置であれ性差別に適用される措置であれ，教室で時間をとって議論するに値します。生徒は，格差是正措置とクオータ制の違いや，格差是正措置が逆差別を引き起こす可能性への懸念，教育場面や職場において思想や考え方の多様性を生み出すという格差是正措置の役割について理解できるように促されるべきです。

女性の平等化に向けた法律制定について主要な節目となった出来事の二つ目

は，〔全米女性同盟が設立された〕6年後の1972年に，教育改正法第9編〔通称タイトル・ナイン〕が成立したことにあります。タイトル・ナインについては聞いたこともない人が多いですし，聞いたことがあったとしても，知っているのはその一部，すなわち，この法律が女性スポーツに〔男性スポーツと〕平等の資金や施設の整備を義務づけるものだということだけであることも多いでしょう。タイトル・ナインは「アメリカ合衆国のいかなる者も，連邦政府から助成を受けている教育プログラムや教育活動において，性別を理由に参加を拒まれたり，利益の享受を否定されたり，差別の対象となったりすることがあってはならない」と規定していますが，この条文がより広い範囲で適用され得ることに気づいている人はほとんどいません（Winslow, 2010, p.1）。タイトル・ナインはハワイ州の下院議員パッツィー・ミンクが共同起草したもので，2002年にパッツィー・ミンク教育機会均等法と改称されました。タイトル・ナインを議会に提出したのは，ミンクの共同起草者であるインディアナ州の上院議員バーチ・ベイです。上院の議場におけるベイ議員の以下の発言は，この条項がいかに女性の権利にとって重要なものになることを期待していたかを，よく説明しています。

　　女性とは，夫を見つけるために大学に行き，さらに魅力的な夫を見つけるために大学院に進学し，そして最終的には結婚をし，子どもをもち，その後は二度と働かない，可愛らしい生き物であるというステレオタイプを，私たちはよく知っています。多くの学校が抱いている，「男の席」を女性に与えることで無駄にしたくないという願いは，こうした女性へのステレオタイプから生じているのです。しかし事実は，「〔女性は〕弱い方の性〔である〕」という神話とは全く相反することを示しています。今こそ，私たちの思い込みを見直すべき時です。　　　　　　　　　（Bayh, 1972, p.5804）

　この修正条項のインパクトは広範囲に及ぶでしょうが，万能薬にはなりません。しかしながら，アメリカの女性たちが正当に有しているはずのもの

を供給しようとする努力の重要な一歩です。正当に有しているはずのもの
とはすなわち，希望する学校に進学する機会の平等，自らが伸ばしたいス
キルを伸ばす機会の平等，そして，自分には希望する職業に就く公平な機
会が与えられており，同一労働に対しては同一賃金が支払われると知りな
がら，自らが伸ばしたくて伸ばしたスキルを仕事に活かす機会の平等です。

(Bayh, 1972, p.5808)

　もともとの法律では，スポーツについて明示的に言及されているわけではあ
りませんでした。しかし，「性別間の闘い」と呼ばれた〔テニスの男女対抗〕試
合で，〔女子シングルス四大大会覇者の〕ビリー・ジーン・キングが元ウィンブ
ルドン王者のボビー・リッグスに勝利したことを機に，スポーツという言葉は
修正条項（タイトル・ナイン）の大見出しに加わりました[6]。ウィンスロー
(Winslow, 2010) は「1973年の試合は人々を魅了し，女性の自己認識を変革し
た」と述べ，後に『ニューズウィーク』誌に掲載されたインタビューでは，マー
ティン・ルーサー・キング・ジュニア牧師の発言を引用しています。「私は試
合をしないわけにはいかなかったのです。当時はタイトル・ナインがちょうど
可決されたばかりで，私は（中略）人々の心や心持ちを法律に見合うように変
えたいと願っていました」(Winslow, 2010, p.2)。さらに，ウィンスローは次の
ように説明しています。

　1971年には，高等学校の学校代表チームに参加する女子選手は29万5,000
　人未満でした。これは学校代表チームに参加している選手人口全体のたっ
　た7％に過ぎません。しかし，全米女子教育連合によれば，2001年にはこ
　の数字は280万人，そして全体の41.5％まで跳ね上がったといいます。

(Winslow, 2010)

6　同試合については，『バトル・オブ・ザ・セクシーズ (Battle of the Sexes)』というタイトル
　で映画化もされ，2017年に公開されている。

1966年には，大学対抗スポーツで競技する女性は1万6,000人でした。2012年までに，この数字は15万人以上に急増し，大学スポーツの競技人口全体の43%を占めるようになりました。

　ニューヨーク・タイムズ紙に掲載された近年の記事は，タイトル・ナインがいまも継続的に女性にとって有益なものであり続けていることを示しています。スポーツへの参加は，女子の教育を受ける機会だけでなく雇用の機会も増やしました。さらに，女子や女性がタイトル・ナインのもとでスポーツ活動に参加することは，肥満率の低下にも繋がっています。これほどの成功を収めているといえる健康促進プログラムは他にありません (pp.2-3)[7]。

　現在，タイトル・ナインは，女子学生や生徒たちを性暴力から守り，妊娠中や子育て中の生徒たちが高校を卒業することを認め，より高い賃金の職業に就く機会を開くようなプログラム（職業訓練やSTEM関連のプログラム）に女性が参加することを促進するように働きかけています。中学校および高等学校の生徒たちが歴史・社会，理科，そして技術系教科で学ぶべき言語技術・リテラシーについて，各州共通基礎スタンダードは以下のように記しています。

1. アメリカにおける重大な文書に示された論理を説明し，評価すること。憲法に示された諸原則の適用や，法的根拠の活用（例：連邦最高裁における多数意見および反対意見の扱い），草の根の当事者活動（public advocacy）に関する文章に示された頭書，目的と主張（例：『フェデラリスト』誌に掲載された大統領就任演説）を含む。

2. テーマや目的，修辞学的特徴から見て歴史的，文学的に重要と考えられる，17から19世紀にかけてのアメリカの基礎的な公文書を分析すること（独立宣言，憲法全文，権利章典，リンカーン第2期大統領就任演説を含む）。

(p.40)

7　出典不明。恐らく，Parker-Pope (2010) からの引用。

生徒にとって，公民権法やタイトル・ナインといった20世紀の法的文書について学ぶことはさらに有益かもしれません。これらは，現在，自身がどのように扱われるのかを規定する文書なのですから！

なぜエンターテインメント業界に女性が少ないのか

SATの数学の試験において圧倒的な高得点を獲得しているのがほぼ男子生徒であることについて大騒ぎするのは，数学の点数が将来高賃金をもたらす職業〔への就職率〕と相関性を持つことに関係しているかもしれないことは，先述しました。現在エンターテインメント業界で起こっていることは，確実にこの考えを根拠づけるものです。そこで，科学やエンジニアの職ではなく，エンターテインメント業界における仕事について検討してみましょう。サンドラ・ブロックやその他の「Aランク」の女性俳優は，監督やプロデューサーに対して，男性俳優たちによって拒否されてきた役を振り分けてくれるように依頼するようになってきました。

「私は「ジム・キャリーみたいになりたい」と言いました。私は彼が断った役柄を演じたかったのです。」

この文章について考えてみましょう。ブロックは世界で最も確実に興行収入を生み出す女性俳優の一人ですが，それでもジム・キャリーのおこぼれにあずかりたいというのです。〔ブロックでもそのような状態なのであれば〕アカデミー賞にノミネートされただけの〔受賞歴のない〕女性に与えられる役はどのようなものか，想像してみてください。

これは，役柄にどれほど深みがあるかという問題ではなく，純粋に役の量に関わる問題です。昨年，興行収入100位以内に入った映画のうち，女性を主人公としたものは12作品でした。サンディエゴ州立大学のマーサ・ラウゼンによれば，台詞のあるすべての登場人物のうち，女性の登場人物は30％に過ぎ

ませんでした。ラウゼンは，ハリウッドにおけるジェンダー格差を暴くため，1998年に年刊報告書「Celluloid Ceiling（セルロイドの天井）」を発行し始めた人物です（Dockterman, 2015, p.46）。

　カメラの前に立つ仕事だけの話ではありません。「最も不均衡な数値は，レンズの背後にいる人物に関するもので，2013年と2014年，興行収入100位以内の映画で監督を務めた女性は，全体のわずか1.9%だった」といいます（Dowd, 2015, p.43）。ラウゼンが引用した調査では，「2014年，撮影スタッフの95%，脚本家の89%，編集者の82%，制作総責任者の81%，プロデューサーの77%が男性だった」そうです（Dowd, 2015, p.43）。そのため，これは実際にお金と知名度に関わる問題なのです。私たちはここで，業界，とりわけ高賃金の仕事で女性が著しく少ない状態にあることについて検討しました。次章では，あらゆる形態のエンターテインメントにおいて女性たちの物語が不足しているということに，焦点を当てます。

対話をひらくクエスチョン：訳者から日本の先生へ③

外国人の参政権／男女平等の議論に登場する女性の偏り

Q. 外国籍の人々の参政権を制限することは，差別的対応でしょうか。

　第5章では，人種差別の問題が扱われました。アメリカにおいて人種差別は非常に根深い問題であり，歴史，文化，政治，経済のあらゆる場面で，この問題にどう向き合い，社会の分断をいかに克服するかが，国家的な課題となってきました。読者の中には，アメリカに比べて，日本ではそれほど深刻な人種差別は生じていないと思う方もおられるかもしれません。しかし，同時に，日本には人種差別は存在しないと考える人も稀でしょう。実際，日本も多民族国家であり，アイヌ民族や琉球民族，在日コリアン，ニューカマーの人々に対する差別など，多くの差別問題が未解決のままとなっています。テレビ番組でのアイヌ民族に対する差別的発言や，アニメコマーシャルでテニスプレーヤー・大坂なおみ選手が金髪で白い肌のキャラクターとして描写された（＝ホワイトウォッシュ）問題などは，記憶に新しいところでしょう。こうしたことを考えると，本書の議論はアメリカだけにあてはまるものではなく，授業の中で人種に関わる論争問題を扱うべきだという著者の主張は，日本の教育を考えるうえでも重要な示唆を含んでいるといえるのではないでしょうか。

　例えば，授業での議論のテーマとして，「日本に居住しているけれども，日本国籍のない人々」の参政権をめぐる問題を取り上げることもできるかもしれません。日本では現在，こうした人々の国政選挙権は認められておらず，地方選挙権についても基本的に制限されています。この問題については，国民主権の原則や安全保障上の問題など，さまざまな観点から議論される必要がありますし，特定の人種を排除するものではないという意味でも，現行の措置は人種差別にはあたらないと解釈されています。しかし，同じ社会の中で同じルールに従って生活するにもかかわらず，その社会のルールを決める場に代表を出せないということは，不利益を生じさせる対応であるともいえます。また，それ自体が人種差別ではなくとも，そうした差別を生む構造に関わることで，間接的に人種差別に結びついてしまうことも

あるでしょう。とはいえ，すべての人々に参政権を付与するというのは不可能かつ不適切ですから，一定の線引きを行うこと自体は避けられません。では，どのような線引きが妥当なのでしょうか。差別的な線引きとそうでない線引きを区別する基準について，生徒とともに議論することもできるかもしれません。

Q. 優秀な女性でなければ，平等に扱われないのでしょうか。

　第6章では，ジェンダーをめぐる論争問題が検討の対象となっています。著者が指摘するように，ジェンダーやセクシュアリティのあり方はきわめて多様であり，これらをどう定義するかということ自体が論争的です。第6章ではこうした点を十分に踏まえたうえで，後半部分で女性あるいは女性性をめぐる偏見や不平等の問題が論じられました。

　ここで考えてみたいのは，こうした文脈において，しばしば「これほど（男性と同じかそれ以上に）優秀な女性なのに，差別的に扱われているのは不正義である」といった語り方がされることについてです。本書でも，著名な女性研究者やエンジニア，俳優などが取り上げられ，そうした彼女たちですら，ジェンダー間の格差に苦しめられてきた（いる）のだという言及がなされていました。もちろん，著者たちは，男性によって定義されてきた公的世界でどれだけ成功しているかという観点からジェンダーの平等を判断することに疑義を呈し，「平等」や「成功」の基準そのものを見直す必要があると主張しています。けれども，先述したような語り方には，こうした主張とは相容れない部分があるようにも感じられます。そうした語り方は，自身を優秀だとは感じていない女性たちが声をあげることを抑圧し，人々の間に新たな分断を生むことに繋がるかもしれません。それは，ジェンダー間の不平等を問題にしつつ，能力主義に基づく偏見や不平等については，むしろ強化してしまっているのです。また，同様の事象が，ジェンダーに限らず，さまざまな論争問題で生じていないでしょうか。ある不平等を解消しようとする時，それが別の不平等を強化することになっていないか，改めて問い直す視点が必要だといえます。　　　　　　　　　（村松　灯）

第7章
エンターテインメント，スポーツ，メディア

本章では，以下の3点を探っていきます。

- 人が自分自身をどう定義するか，どのようなロールモデルやヒーローを心に抱くか，という点に及ぼされるエンターテインメントの影響
- 教育の要素としてのスポーツと，エンターテインメントとヒーローづくりのためのスポーツという対照的な二つの役割
- 人がどのような娯楽に触れ，どのように情報を集め，どのように説得されるのか，そしてどのように他者とコミュニケーションを取るのか，という点において，メディアのデジタル革命が現在果たしている役割

「アメリカのビジネス（本分）はビジネスである」という，1920年代にカルビン・クーリッジ〔第30代アメリカ大統領〕が公言（あるいは予言）した言葉がある一方で，クーリッジと同時代を生きたジョン・デューイは，アメリカの真のビジネス（本分）は民主主義であるべきだという考え方を示しました。こうした対照的な考え方の間にある論争を見ていくことで，上記三つの領域を探究しましょう。デューイは，民主主義における「個性（individuality）」という概念を作りました。企業化が進む中で，アメリカが強く掲げてきた個人主義（individualism）が覆され，経済的関係を表すだけのものへと陳腐化された新しい個人主義の概念の広まりに対抗するために，この概念を作りました。これは，ケリー・バーチが2012年の著書，*Democratic Transformations: Eight Conflicts in the Negotiation of American Identity*（民主主義の変容：アメリカのアイデンティティにまつわる八つの対立）の中で示した枠組みに則っています。この

枠組みは，教育的価値も高いものです。1930年のデューイの文献を引用しながら，バーチはアメリカが「個人主義」を讃えることの背景に，根本的な服従性があることを見出します。

　　娯楽やスポーツといった余暇の生活ほど，昔ながらの個人と個人主義の衰退がよく表れている分野はない。大学が運動競技を組織的なビジネスにして，純粋な集団主義の精神のもと，雇われた監督に駆り立てられ指揮されるビジネスを作っているのも，現代の動きを追随しているに過ぎない。映画館チェーンの誕生も，これまで各家庭で行われていた昔ながらの独立した余暇の過ごし方を破壊する原因となると同時に，まさにそのような破壊の結果ともいえる。(中略)マスコミは，慌ただしく求められる余暇の時間に適した娯楽を支える要であり，大衆化された方法で形成された精神的な集団主義を表すとともに，それをより強化する働きを持つ。犯罪もまた，新しい形態に移行しつつある。組織的になり，企業化が進んでいるのである。
　　　　　　　　　　　　　　　(Burch, 2012, pp.103-104にてデューイを引用)

エンターテインメント

　サイコロの代わりに骨を転がしたり，洞窟の中で焚いたキャンプファイヤーの周りでマンモス狩りの話を仲間に聞かされたりと，エンターテインメントは人類の歴史の当初から私たちの経験の一部でした。エンターテインメントは一般的に，試合に参加する選手たちやパフォーマンスを観たり聴いたりする観客の存在を想定します。したがって，エンターテインメントとは必然的に，人々を集まらせ結びつけるような社会活動を伴います。読書やテレビゲームといった一人で行うエンターテインメント活動についても，ブック・クラブや読書会，あるいはプレイヤー同士のオンライン・コミュニティなどといった社交的な側面が存在しています。しかし，少なくとも二つのかなり顕著な形で，エンターテインメントは時とともに変化してきたといえます。一つ目は，エンターテイ

ンメントが活字の資料と音楽，および視覚的なパフォーマンスの大量生産と大量流通を行うことで，一つの産業に発達したということです。とりわけアメリカにおいては，「アメリカのビジネス（本分）はビジネスである」という考え方の権化のようになっています。もう一つは，この大量流通の技術によって，商品を売るだけでなく考え方をも植え付ける手段としてエンターテインメントを使う余地が生まれたということです。それと同時に，デジタル化により機器が個人の趣向に合わせて最適化された選択を人の代わりにしてくれるようになったことで，人は自分とは異なる視点からの考えを遮断することができるようになりました。本章の最後の節で，商品と考え方の売り込みについてより深く議論します。

　私たち〔筆者の二人〕は最近，天気のよいとある日の午後を，エンターテインメントがそれぞれの人生の中でどのように変化してきたかについて話して過ごしました。ノディングスからその曾孫（とりわけ，ブルックスの孫）に至るまでの期間で考えてみると，いくつかの相違点と類似点がありました。ライブ・パフォーマンスを観劇する形で見ていた演劇がラジオ・ドラマへと進化し，それがまた映画へ，テレビ・ドラマへと変わってきました。4世代すべてにおいて，読書は重要であることがわかりました。読書はエンターテインメントを得る一つの形であるとともに，他者に共感する機会にもなり得て，情報や知識を獲得する情報源でもあります。野球盤のようなボード・ゲーム，カード・ゲームや，紙と鉛筆を用いるような遊びは，今日ではオンライン環境に組み入れられています。〔子どもや若者は〕「そういうことなら・ア・プ・リ・でできるはずだ」と言って，スマートフォンで遊ぶ方法を調べます。上述の二つの変化も，私たちの議論の中に登場しました。すなわち，エンターテインメントのあらゆる側面がどんどんと商業化されたということと，デジタル革命の結果として対面での社会的交流の機会が減ったということの2点です。

　私，ブルックスが子どもの頃は，方眼紙と鉛筆で海戦ゲームをして遊びました。海戦ゲームは，格子状の座標上に自分の艦隊の位置を書いて相手にそれが見えないように隠し，順に座標上の位置を言いながら，相手の船を探して沈没

させようとする遊びです。私の子どもたちは，同じゲームを，組み立て式のプラスチックのボード・ゲームを買って遊びました。船は，プラスチックのピンで表しました。現在，私の孫たちは，この同じゲームを iPhone を使って一人で，あるいは世界のどこにいてもおかしくないプレイヤーたちと遊ぶことができます。この例にも，上述の二つの変化の両方が表れています。紙と鉛筆で遊んでいた時もプラスチックのボード・ゲームで遊んでいた時も，物理的にも精神的にもその場にいなければ遊ぶことはできませんでした。ボード・ゲーム版には，他のゲームの広告が箱の中に同封されていることがありました。一方で，デジタル版においては，対戦相手と同じ物理的位置で遊ぶということはほぼあり得ません。また，精神的にも遊びに集中している必要はありません。おそらく，ゲームをしているデバイスを使って，同時に他のこともマルチタスクしているはずだからです。さらに，自分の番が終わる度に，広告攻めに遭います。こうした変化は，私たちのアイデンティティ形成に影響を及ぼしてきたでしょうか。近年の研究には，そうであると示すものがあります。現代では，年上の，より経験の多い子どもが年下の子どもにヒントを出したり肯定的な言葉がけをしたりする機会がなくなっています。例えば，年下の子どもがよい手を打った時に「そうそう，もうわかったね」といった言葉をかけたり，潜水艦と駆逐艦の違いを教えたりするような機会がないのです。デジタルな遊びでは，プレイヤーが他のプレイヤーを観察して，気が散っているとか，調子がよくないとか，あるいはすっかり機嫌が悪くなってしまって楽しく対戦できる状態ではないといったことに気づくことができません。このことを実感してもらうために，例えば海戦ゲームやチェッカーズなどの二人で対戦する遊びをオンライン版で遊ぶ二つのチームを作り，自ら観察してみるように言ってもよいかもしれません。一回目は，別室にいる誰かわからない相手と対戦してもらい，二回目は二つのチームを同室に戻して対面しながら遊んでもらいます。そして，それぞれの回でどのような種類の社会的交流が何回起きたのかを数えてもらい，二回の経験がどのように異なって感じられたかをグループで話し合ってもらうとよいでしょう。子どもたちはどちらの遊び方を好むでしょうか。また，それはなぜでし

ようか。

　年齢の高い生徒たちにこの実験を行う際には，デジタル・メディアがアイデンティティ形成に及ぼす影響について書かれた課題文献に基づくディスカッションと組み合わせてもよいでしょう。臨床心理士であり社会学者でもある，マサチューセッツ工科大学のシェリー・タークルの研究はためになります。

　　　タークルは著書『つながっているのに孤独』（2011年）の中で，デバイスに夢中になっている若者が自立した自己を十分に発達させられない問題を取り上げ，その根源が何かを導き出した。同書でタークルは，ロボットのおもちゃとの交流や，「常にスイッチが入った状態」で他者と繋がっていることが青年期の発達に及ぼす影響について検証した。電話や〔スマートフォンや携帯電話の〕メールが，若者の親離れする能力を阻害し，その他にも若者が成人期に進むプロセスにいくつかの障害を生じさせることを論じた。フェイスブックに掲載するプロフィール写真を選ぶことも，自己の提示の仕方を様変わりさせる。アバターを使うゲームに夢中になると，現実生活の困難からの逃避先になりやすい。プライバシーを失うことと，オンラインデータは半永久的に残ることなどから，若者は新しい種類の不安に直面する。
　　　　　　　　　　　　　　　　　　　　　　　　　（Weisberg, 2016, p.6）

　生徒には，デジタル上の交流やソーシャル・メディアがいかに自分たちのものの見方や社会交流を形づくってきたかを振り返って考えるように働きかけるとよいでしょう。デジタル世界での活動は，自分とは異なる視点の考え方に触れる機会を拡大したでしょうか。それとも，むしろデジタル世界での活動を通してとても狭い「インターセクショナリティ（交差性）[1]」に押し込められるよ

1　人種，ジェンダー，国籍，セクシュアリティなど，個人のアイデンティティを形成する属性が複数組み合わさることによって起こる，特有の差別や抑圧（あるいは特権）を理解するための枠組みのこと。ここでは，そうした属性が自分と同様な重なりを見せている人同士でのコミュニティを指す。

うになったでしょうか。すなわち，ジェンダー，人種と階級が同じ人とばかり
繋がっていないでしょうか。こうした考え方については第9章の「お金，階級，
貧困」でも触れますので，ここでは以下のことだけ指摘しておきます。

> デューイの枠組みにおいて，民主主義を担う真正な個人には，その人が持
> つ数多くの性格的な特性が表れるという。そうした特性は，社会の構成員
> として活動している際に最もよく育まれる。問いを出したり，対話する能
> 力を有したり，傾聴したり，即興したり，共通善やその他社会正義の原理
> についてケアしたりできることをはじめ，他にもたくさんある人間の特性
> は，人間個人の潜在能力に由来する。しかし，こうした力を潜在的に有し
> ているからといって，必ずしも周囲の社会環境と接する際にそれらの潜在
> 能力を発揮するように掻き立てられるとは限らない。　（Burch, 2012, p.107）

　デジタル環境下での社会交流は，民主主義を担う真正な個人になる道を強化
してくれるでしょうか。あるいは，消し去ってしまうでしょうか。
　あらゆる形態のエンターテインメントは，私たちの心を動かすようなロール
モデルや，心のヒーローとなり得るキャラクターなどを提示してくれます。し
かし，人種，ジェンダーや階級といった視点で考えてみると，これまでに提示
されてきたロールモデルのあり方は概して以下の二つの要素に左右されてきた
といえます。一つ目は，第5章で議論した通り，誰が歴史を書いているのか，
という点です。二つ目は，第6章のジェンダーに関する章で議論した通り，誰
がお金，権力と影響力を持っているのか，という点です。本書ではすでに，映
画業界において高給の職に就くことができている女性がいかに少ないか，そし
て，いわゆるAリストに載っている〔ハリウッドにおいて最高ランクの〕女性俳
優でも，元々は男性だった役柄を女性に書き換えた役を演じていることを紹介
しました。興行収益が最も高かった映画のうち，女性の脚本家が手がけたもの
はたった11％しかありません。より多くの女性が脚本家や監督にならなければ，
男性俳優に断られた役を女性に変えるといったやり方はなくならないでしょう。

一方で，女性の物語はどうでしょうか。女性のキャラクターが登場するディズニー映画はたくさんありますが，『アナと雪の女王』が上映されるまで，すべての女性キャラクターが男性によって救われてきたことに気を留めてみてください。その男性キャラクターは，王子である場合もあれば，野獣である場合もありました。『アナと雪の女王』でようやく，主役の女性が自身を，そして姉妹のことも，救うことができたのです。

　『ニューヨーク・タイムズ・マガジン』誌に掲載された記事「青信号を待って（Waiting for the Green Light）」の中で，モーリーン・ダウドはハリウッドの映画業界でさまざまな役職で働く100名以上の男女をインタビューしています。ハリウッドがいかに女性の成功物語を例外として扱っているかについて話す中で，テレビドラマ『グレイズ・アナトミー』の筆頭脚本家でエグゼクティブ・プロデューサーも務めるションダ・ライムズは以下のように話しました。

　　「映画の世界って本当に面白いと私は思うんです。だって，いつも皆記憶喪失になっているでしょう」とライムズは言った。「女性がトップのプロジェクトができて成功する度に，どういうわけかまぐれだったということになるんですよ。『ハンガー・ゲーム』は若い女性の間で人気だね，と言うのではなくて，ジェニファー・ローレンスが輝いていて素晴らしかったからお金になっただけだって言うんです。ほんと，話にならないですよ，まったく。でも真剣な話，馬鹿げてますよ。映画を観たくて飢えている若い女性はたくさんいるんです。その人たちは『タイタニック』や『トワイライト』も観にきましたよ。14歳の女の子たちも，毎日のようにそういう映画を観てますよ。なのに，こうした層の観客には敬意が払われないことは本当に不思議です。水がなければ，人は砂だって飲むでしょう。それって悲しいことですよ。平等に関心がある人は多いけど，現状は平等になっていないということを受け入れるには一苦労するんですよね」。

（Dowd, 2015, p.45）

ここで登場するジェニファー・ローレンスは，映画『アメリカン・ハッスル』で共演した男性俳優たちよりも自分の給料が少なかったことを，ソニー社のメールのハッキング事件の最中で知りました。ローレンスはこの時の出来事についてエッセイを書いていますが，その中でうまく交渉できなかった自分を最も責めています。「〔女性の〕ハリウッド・スターたちがもう数百万ドルほしいとか，もう数行台詞がほしいとか，もっと裸のシーンを減らしてほしいといったことを交渉していることは，ほとんどの人からしたらどうでもよいことだと思う。でも，この人たちが〔その交渉に〕成功するかどうかによって，今ポップコーンを食べているプリティーン〔小学校高学年くらい〕の女の子たちが自分を男性の眼の肥やしとして見るようになるか，FBIの捜査官，宇宙飛行士や政治コンサルタントにもなれる存在だと思ってそうした役に感情移入するようになるかが決まる」のだと，冗談まじりに語ります (Dockterman, 2015, p.47)。

　私（ブルックス）は幸運でした。私が1960年代に中学生だった頃，海洋生物学者になりたいと思っていました。すると，尊敬すべき人として，ジャック＝イヴ・クストーもレイチェル・カーソンもいたのです。もし宇宙飛行士になりたいと思っていたら，少なくともアメリカでは，女性のロールモデルを見つけることはできませんでした。私の一年前に生まれた，サリー・ライドというアメリカ人女性が初めて宇宙に行ったのは1983年になってからのことでした。それは，ソ連人女性が初めて宇宙に行った20年後，アメリカ人男性が行った22年後，そして私が数学の学位をもらって大学を卒業した8年後でした。ぜひ，数学の分野で女性のロールモデルを探そうとしてみてください！　私にとっては，これも幸運なことに，高校の数学教師である母の存在がありました。

　私たち〔筆者の二人〕は，ある日の午後，私たちが子どもの頃に読んだ本を通してどのような女性のロールモデルを知ることができたかを話し合いました。女性の作家でもよいし，女性の物語でもよいとして。誰もが知っているジェーン・オースティンやブロンテ姉妹以外で言うと，私たちが揃って読んだのはルイーザ・メイ・オルコットの本しか思い出せませんでした。二人とも，オルコットの本は高校に入学する遥か前に読んでいました。オルコットの本は，現代

でも中学生のための推薦図書になっています。ここで留意してほしいのは，今挙げた女性作家の全員が18世紀から19世紀にかけての作家で，今はもう21世紀だということです。

　これが特異な例だと思ったり，私たちが忘れているだけなのではないかと思ったりする人のために，第11学年以上[2]を対象とした推薦文献の例が，国語科および教科リテラシーに関する共通基礎スタンダード（The Common Core State Standards for English Language Arts & Literacy in History/Social Studies, Science, and Technical Subjects）の付録Bに掲載されていますので，ご覧ください。その中には「物語」というセクションがありますが，19点挙げられている文献の中で女性が書いたものは7点しかありません。予想通り，そこにはオースティンとブロンテ（19世紀）が入っていて，同じく19世紀に出版されたセアラ・オーン・ジュエットの著作もありますが，白人女性の作品はこの3作だけです。多様性の必要性に関する認識が広がったおかげで，7名の女性作家の中には2名の黒人女性が入っています。ゾラ・ニール・ハーストンとトニ・モリスンです。キューバ人女性も一人，クリスティーナ・ガルシアが入っていて，ロンドン生まれのインド人女性でピューリッツァー賞を受賞しているジュンパ・ラヒリもいます。有色人種の作家を含めていることは称賛に値するとともに望ましいことでもありますが，このスタンダードを作成した人たちはこのリストに載せるべき20世紀や21世紀の白人女性は全くいないと思っていたのでしょうか。近年ピューリッツァー賞を受賞したり候補者になったりした人として，ジョイス・キャロル・オーツ，ドナ・タート，ジェラルディン・ブルックスや，バーバラ・キングソルヴァーが挙げられます。なかでもキングソルヴァーは，ごく普通の女性が主役となって女性の物語を紡ぐような数多くの物語と，一編の小説を書いています（物語については *Homeland and Other Stories*（ホームランド他　短編集），小説は *Flight Behavior*（飛ぶ行動）を参照）。推薦される19点の「物語」の例のうち，女性が主要な登場人物となって女性の物語を描いて

2　一般的に，日本の高校2年生以上に該当。

いるものは7点しかありません。その中には，ナサニエル・ホーソーンの『緋文字』も含まれます。このホーソーンは，1850年代に「自分よりも多くの本の売り上げを出している「いたずら書きをしている忌まわしい女性たち」について出版社に文句を言った」とされる人物です（Zeisler, 2016, p.38）。

　第11学年〔高校2年〕以上を対象とした推薦文献として，他のカテゴリーに挙げられている例を見ていくと，さらにひどいバイアスがあることがわかります。著者が男性で，書かれている内容も男性の関心に沿ったものが多いのです。ドラマのカテゴリーにある女性作家の作品は7作品中1点だけ，詩では15作品中5点だけ，言語技術では13文献中1点だけ，歴史／社会科では11個中2点だけ，そして科学，数学と技術研究のカテゴリーでは10文献中0.5点（女性が共著者になっている文献）だけです。ここで登場する9名の女性のうち，黒人は3名，ヒスパニックが1名，中国系も1名です。気になっている方のために述べると，女性が執筆した10点の作品の中でおそらく最も女性にとって重要であるのは，複数の女性によって執筆された「感情宣言」です。これは，1848年にニューヨーク州セネカ・フォールズ市にて開かれた初めての女性の権利集会の出席者たちによって書かれたものです。

　成長する過程で，私（ブルックス）も私の娘たちも，少女探偵ナンシーや，看護師でありながら探偵でもあるチェリーエイムズといったキャラクターに恵まれました。これらのシリーズはともに，女の子たちのために女性が書いたものでしたが，他のミステリー小説と同様，高尚な文学としては認められず，公立学校での推薦図書にも選定されませんでした（ミステリー小説は，アガサ・クリスティ，ルース・レンデル，ドロシー・L. セイヤーズやP. D. ジェイムズといったとても優れた女性作家によって書かれてきました）。本書の他の箇所でも書きましたが，サイエンス・フィクションやファンタジー小説と同様に，ミステリーにもまた，批判的思考を促すような情報量豊かで，論争的で，道徳的な問題を含んでいる作品が多くあります。しかし，多くの若者がこうしたジャンルの本を好んでいるにもかかわらず，これらのジャンルの作品が推薦図書になることは滅多にないのです。サイエンス・フィクションとファンタジーのジャンルにも数多くの

素晴らしい女性作家がいます。例えば，アーシュラ・K. ル＝グウィン，ジェイムズ・ティプトリー・ジュニア，C. J. チェリイ，マリオン・ジマー・ブラッドリー，マーガレット・アトウッドやメアリ・ドリア・ラッセルが挙げられます。今挙げた女性のミステリー作家やサイエンス・フィクション作家は私たちが特に好きで，この文章を書きながらすぐに思い浮かんだ作家たちです。つまり，素晴らしい女性作家はもっとたくさんいます。教師は，共通基礎スタンダードその他で挙げられている推薦文献例に縛られてはなりません。生徒たちが楽しんで読んでいるものを知り，そこから生徒たちの年齢と読解力に適していて，自己や他者の理解を深めてくれるような作品を探す手伝いをするのが望ましいでしょう。

　女性によって書かれた，あるいは女性や女性の経験に関する物語を探して読むことだけでは，十分ではありません。共通基礎スタンダードに欠けているもう一つの要素として，教室で読む文章の中身には，生徒とともに議論すべき感情を揺さぶられるような道徳的な教訓が含まれているのだという視点が挙げられます。試験で高得点を取れるようにするためだとして，教師はますます複雑な，上品で情報量に富んだ文献や本ばかりを取り上げるように指示されるようになってきています。複雑という言葉を，ここでは高度に定量化可能な概念として使っています。つまり，ATOS[3] の読みやすさの指標などを用いて，一文の長さの平均値，語の長さの平均値，語の難易度や，本あるいはその中で取り上げる一節に含まれる語の総数などを見ることができます。ATOS を用いて2010 年から 2011 年にかけての年度に最も多くの高校生が読んだ 25 冊の本を分析した結果，ルネッサンス・ラーニング社は高校生が 5 年生相当のレベルの本を読んでいると発表しました。『アラバマ物語』の ATOS の点数は 5.5，『ライ麦畑でつかまえて』は 4.7，そして最近人気の『ハンガー・ゲーム』の書籍版は 5.3 でした。ATOS の点数が 10 を超えるフィクションの本のほとんどは

3　Advantage TASA Open Standard の略称。Renaissance 社が開発した文章の難易度を示す指標。TASA は，Renaissance 社が指標を共同開発した別の組織名。

19世紀かそれ以前に書かれたもので，ホメーロス，ウィリアム・シェイクスピア，チャールズ・ディケンズやエドガー・アラン・ポーなどが含まれました（「アメリカの高校生は5年生レベルの本を読んでいる（American High School Students Are Reading Books at 5th-Grade-Appropriate Levels: Report）」，2012年より）。

　ここで，私たち自身はATOSの点数が10を超える作品として挙げた作品のほとんどを高校時代に読んでいたことを白状しなければなりません。しかし，それはただ読むことが好きだったから読んだだけです。なぜ読むことが好きだったかといえば，教師やその他の読書好きなロールモデルがいて，読んでいる本に描かれている情緒的で道徳的な内容を理解することを手助けしてくれたからです。

> この話は膨らんで，英語教育[4]の意義といった，より大きな議論へと発展する。英語教師は，少なくとも私が知っている教師たちは，言語を通して力を操ることができるような思想家を量産したいと考えている。本を大好きになってもらいたいと同時に，この世を生き抜いてほしいとも思っている。10年後に賃貸契約書を読んで自分が何をしようとしているのかを理解できるようになってほしい。また，学校で道徳的であるとか善であると理解したことを道端や職場で実践することができ，不正をしたり，他者を騙したり，他者に暴言を吐いたり，他者のことを不公平に判断したりしない，善良な市民に育ってほしいと願う。思うに，英語教師はカリキュラムに情緒的で道徳的な厳しさをある程度加えるにはよい立場なのかもしれない。
>
> （Simmons, 2016, pp.6-7）

　シモンズは「文学による情緒教育（Literature's Emotional Lessons）」と題されたこの記事を，以下の文章で締めくくります。「結局のところ，私たちは暴力的で窮地に陥った惑星で生きており，ニュースを見れば大変な状況におかれ

4　筆者にとっては国語教育。

ていることにすぐに気づく。また，フィクションさえ読めば，そうした問題の解決策は論理だけでなく，愛や共感からも等しく生まれ得るということを知る」(p.7)。愛や共感から生まれる解決策を探すのに，『アラバマ物語』のような女性によって書かれた物語や，『若草物語』のような女性の経験を描いた物語以上によい探し場所はあるでしょうか。

■ スポーツ

スポーツが「アメリカのビジネス（本分）」の一部となったのは，「狂騒の20年代」と「クーリッジの繁栄」[5] の時代のことです。アメリカのナショナル・フットボール・リーグ（以下，NFL）が設立されたのは1920年で，当時力をつけていたメジャー・リーグ・ベースボール（以下，MLB）のコミッショナーが全国委員会を代替することになったのと同じ年です。1921年になると，当初ルールを決定する委員会として設立されていた全米大学スポーツ協会（以下，NCAA；National Collegiate Athletic Association）が，初めての全国選手権を開催しました。スポーツをはじめとして，余暇の生活や娯楽に関するあらゆる側面に「ビジネス思考」が入り込んでくる新しい個人主義において，「個性」が喪失されていることを嘆いたデューイの言葉を本章の冒頭で引用したことを思い出してください。「アメリカ合衆国のスポーツ」というウィキペディアの記事には，以下のことが書かれています。

・アメリカにおいて，スポーツは国の文化の重要な一部である。
・四つのメジャーなスポーツ・リーグ，MLB（野球），NFL（アメリカン・フットボール），NBA（バスケットボール）とNHL（アイスホッケー）は，世界の中でも最も経済的に儲かっているスポーツ・リーグで，何百億ド

5　クーリッジとは，アメリカが目まぐるしい経済発展を遂げた1920年代に大統領を務めたカルビン・クーリッジのこと。税金を引き下げ，国の債務も縮小させたことで有名である一方で，1924年移民法を制定させ，日本人をはじめとする移民を排斥したことでも有名。

ルもの収益を上げている。

・上記の四つのリーグはすべて国内で幅広いメディアに取り上げられている。

・スポーツはアメリカにおいて，教育と特に密接に関わっている。

　ここで，二つの相互に絡まった論争問題を取り上げます。教育におけるスポーツの役割と，現代のプロアスリートが大衆向けのマーケティングの一環でヒーローのように崇拝されるようになっている問題です。体育は身体と心を育むものですが，おそらく教育の歴史の初めから存在していたのだと考えられます。プラトンの『国家』に書かれた下記の文章を見てみましょう。

　　ソクラテス：君は思い当たらないかね。一生涯をもっぱら体育に捧げ，音
　　　　　　　　楽・文芸には触れようともしない人がいたら，そういう人の
　　　　　　　　心はどのような状態になるか。また他方，それと全く別の過
　　　　　　　　ごし方をした人の状態はどうだろうか。(中略) 一方は野蛮で
　　　　　　　　無骨になり，もう一方は弱くて過敏になってしまう。

　　グラウコン：はい (中略) 体育に専念させすぎると極端に粗暴な種類の人
　　　　　　　　間が生まれ，音楽・文芸ばかりさせてしまうとあまりにも弱
　　　　　　　　い人間が生まれます (後略)。

　　ソクラテス：したがって，私はこの2種類の教育は，私たちにある二つの
　　　　　　　　素質を鍛えるようにと神が授けてくれたものだと考える。一
　　　　　　　　つは知を愛する素質の訓練で，もう一つは気概的な要素の訓
　　　　　　　　練だ。ある人は身体を鍛え，ある人は心を鍛えるといったこ
　　　　　　　　とは，偶然的にそうなる可能性はあるとしても，神の意図と
　　　　　　　　は異なる。むしろ，一方に活力と自発力を正しく調和させて
　　　　　　　　持ち，もう一方に理性を持ち，両者を適切に調律させること
　　　　　　　　が求められている。

　　　　　　(Plato, 1987, book 3, part 2, 410c-412a = 邦訳 1979, pp.240-244)

1852 年のマサチューセッツ州に始まり，1917 年に最後のミシシッピ州も加わったのですが，この間に，アメリカの諸州は学校教育を義務化しました。こうして子どもの時間は学校の時間と自由時間に二分されたのです。1900 年代初期には，多くの州で児童労働を規制する（禁止まではしていませんが）法律が制定されていたので，本当に子どもにとって自由な時間といえるものが少しはありました。では，その時間をどう過ごせばよいのでしょうか。フリードマンが一つの答えを提示しています。

　　1903 年にニューヨーク市では男子のための公立学校競技連盟が設立され，大人によって運営される子ども同士の公式試合が開かれるようになった。こうして，男子はアクティビティやクラブ，学校に通うようになった。公式な大会があることで，男子は所属チームの記録や名誉を守りたいと思い，継続的にこうした活動に参加するようになった。　　（Friedman, 2013, p.3）

　こうした活動は，進歩主義的な改革派の人たちに激しく称賛されましたが，子どもたちを産業界で肉体労働に従事できるようにするためのものであると考えられていたため，大抵は貧困層の子どもに提供されました。集まった子の多くは大都市に住む移民の家庭の子どもでした。1910 年には，ニューヨーク市と同様のプログラムを 17 の市が導入していました。競技スポーツは子どもたちに協調性，勤労，そして権威への敬意という「アメリカの」価値観を教える方法の一つだと見なされていたのです。不景気になり，無料で参加できるようにしていたクラブやリーグを維持する資金がなくなってくると，こうした活動は中流階級の家庭の子どもにも提供されるようになりました。そして，それと同時期に，幼い子どもにとって競技はよくない可能性があるため，リーグでの競技はすべての子どもを対象とするのではなく，一部の最も優れたアスリートだけを対象とするべきだと体育の専門家たちが論じ始めました。1930 年代に小学校段階における組織的な子どもの競技大会が学校制度から排除されると，YMCA などの有料のプログラムや，少年野球（リトル・リーグ・ベースボール）

や少年アメリカン・フットボール（ポップ・ワーナー・フットボール）といったスポーツ・プログラムが参入しました。しかし，貧困家庭の子どもはこれらのプログラムに手が出せませんでした（Friedman, 2013）。以上のことからいえるのは，1920年代から1930年代の間に，ほぼすべての年齢層と習熟度の子どもを対象とした競技スポーツが商業化されたということ，そしてその結果として貧困層の子どもには手が出せないものとなり，「遊ぶためにお金を払う（pay to play）」ことのできる，すなわち参加費用を支払える人たちは，それを新しいステータスと捉えるようになったということです。公立学校は継続して高校段階のチーム・スポーツを支援しましたが，大学のスカラシップ[6]を取得するための競争が生じ，プロ・アスリートという一握りの人しか入れない世界に入るための競争が激しくなる中で，この分野も商業化の波を受けることになりました。（メジャー・リーグで活躍する野球選手のほとんどは高校卒業後すぐにマイナー・リーグやファーム・チーム〔いわゆる二軍，三軍〕に入ります。一方で，NFLで活躍するアメリカン・フットボールの選手は大抵，大学チームに在籍してから雇用されます。）ここで取り上げたい論争問題は以下の通りです。

- 公教育は競技としてのチーム・スポーツを促進する（また，そのための予算をつける）べきでしょうか？
- とりわけアメリカン・フットボールはその危険性について知られていますが，それでも公立学校はアメリカン・フットボールを支援すべきでしょうか？
- 競技としてのチーム・スポーツのスポンサーに学校がなることが認められていることは，アメリカの生徒・学生たちのためになっているでしょうか？　もしなっているとしたら，どういう形でためになっているのでしょう？

6　スポーツ推薦のような形で入学し，大学でもそのスポーツを続けて試合等に出場することで学費が免除されるなどの制度。

2013年10月にアトランティック紙に掲載された「高校スポーツへの疑義（The Case Against High-School Sports)」という記事を，ぜひ教師には読んでほしいと思います。この記事の中で，アマンダ・リップリーはアメリカの学校が学科の科目を犠牲にするほどに競技スポーツに予算をつけ過ぎていることを批判しています。

> 責任者を含めて誰も実際にかかっている費用を把握していない学校が多い現状は，スポーツの世界が〔アメリカの学校の中で〕固く守られていることを物語っている。*Educational Economics*（教育経済学）の著者であるマルグリート・ローザが同僚とともに西海岸の北西部にある一つの公立学校の財務を分析したところ，数学指導には生徒一人当たり328ドル使用していた一方で，チアリーディングにはその4倍以上の金額を充てていた。生徒一人当たり1,348ドルもの金額を支出していたのである。ローザは「しかも，この学区は特にチアリーディングに力を入れているわけでもない」と付記している。「むしろ，この学区の過去3年間の「戦略計画」では第一に数学を強化すると書いてある」と。　　　　　（Ripley, 2013, p.10）

　リップリーは，学生アスリートに関する研究にはさまざまありつつも，一般的にはスポーツが選手たちにマイナスよりも多くのプラスの影響を及ぼしていることを示していることを認めます。前章で，タイトル・ナインが可決された後に女性の競技スポーツへの資金が増えたことがもたらした女性へのメリットについて議論したことを思い出してください。「しかし，11年生のうち，高校スポーツに参加しているのはわずか40％しかいない。そしてより分析が難しいのは，競技をしない大勢の生徒たちに対して，スポーツに圧倒的な力点を置く教育が及ぼす影響だ」（2013, p.13）。
　高校に通う年齢層の生徒にとっては，遅い時間帯に授業を開始した方がパフォーマンスを向上させやすいことが実証されているにもかかわらず，多くの学校では非常に早い時間帯から授業を開始しています（朝8時より前に開始する学

校もあります）。日が出ている時間帯にスポーツの練習時間を最大限確保するためです。学科の勉強に集中できなくさせてしまうことの弊害として他に挙げられるのは，疲れ切ってしまうほど長い時間をチーム練習やチアリーティングの練習に費やすことだけではありません。試合前の激励会，〔チームを応援する〕バンドの練習，そして試合に参加する際の往復の移動にも時間がかかります。保護者やコミュニティの人たちも多大な時間を費やしています。

　同じ記事の中で，リップリーはアトランタ市にある歴史的に黒人が多い女子大学，スペルマン大学の改革の事例を取り上げます。2012 年に入学した 530 名程度の学生のうち，おおよそ半数が肥満で，高血圧や 2 型糖尿病，あるいはそれ以外の，運動によって軽減することができるような慢性の症状を抱えていました。スペルマン大学は，スポーツに参加しているわずか 4 ％の学生のために，競技に毎年ほぼ 100 万ドル支出していました。

　　スペルマン大学の学長，ビバリー・ダニエル・テイタムはこの不均衡は正当化することができないと考えた。テイタムは昨年，スペルマン大学のチームが出場しているバスケットボールの試合を観戦しながら私（リップリー）にこう言った。「ここにいる女性たちは，誰一人として卒業後にバスケットボールを続ける人はいないことにふと気づいたんです。プロにならないという意味ではありませんよ。遊びでもバスケットボールをしないんです。私が知っている大勢の黒人女性を思い浮かべてみましたが，皆，休み時間にバスケットボールをして過ごさないんですよ。ですから，私の頭の中で小さな声がこう言ったんです。じ・ゃ・あ・，ひ・っ・く・り・返・そ・う・よ・って」。

（Ripley, 2013, p.14）

　こうして，80 名のアスリートが大学対抗試合に出場するために支出されていた 90 万ドルを，2013 年の春以降は全学的な健康とフィットネス促進のためのプログラムに使用することが 2012 年に提案されました〔高等教育に関する情報サイト〕。「インサイド・ハイアー・エデュ」に掲載されたレポートには，そ

の後の動きが書かれています。

> スペルマン大学が「ウェルネス革命」と呼ぶこの構想は，同大学のテニス
> チームが最後の公式戦に出場してから1年以上が経った今，土台を築きつ
> つあるとテイタムは語る。2012年に同大学のウェルネス・センターでフ
> ィットネスのクラスに登録した学生は278名。それが，今では1,300名を
> 超えているという。スペルマン大学の学部段階の学生総数は2,100名だ。
>
> (New, 2014, p.1)

　生徒，保護者，教師，そして学校管理職は皆，協力的なチームプレイを通し
て得られる学びをスポーツ以外で達成する方法を探るとよいでしょう。リーダー
シップのスキルについて学んだり，スポーツマンシップにも繋がるような性格
特性を育んだりすることもできるでしょう。校内，あるいは課外活動として行
われるシヴィック・リーグ[7]は，スポーツの代替役になって，子どもたちに才
能を発揮する場を提供することができるでしょうか。最後に，アメリカン・フッ
トボールについてみてみましょう。

　私（ブルックス）が現在住んでいるフロリダ州では，他の地域と同様に，高校
アメリカン・フットボールは住民の大きな関心事です。フロリダ州の地元雑誌
『キーズ・ライフ』は昨年，この地域の高校のアメリカン・フットボールのチー
ムに所属する11年生の双子の兄弟にインタビューを行っていました。アメリ
カン・フットボールから学んだ最も大事なことは何かと聞かれて，兄弟はこう
答えています。

> ヘンリー：たくさんのことを教えてくれますよね。責任を持つこと，常に
> 　　　　　隣人を助けなければならないこと。本当にアメリカン・フット

7　公正で豊かなコミュニティを形成することを目的とした活動を行う，地域コミュニティに根ざ
　した集団。全米に数多くのリーグが存在している。

ボールのおかげで，素晴らしい，尊敬に値する，信頼できる若
　　　者になれたと思っています。チームがあるというのも最高です
　　　よね。話したり共感したりし合える仲間がたくさんいますから。
ジョージ：規律について学びました。コミュニティの中でよりよい市民と
　　　して生きられるようになると思います。誰であろうが，すべて
　　　の人を尊敬することを学びました。アメリカン・フットボール
　　　は素晴らしい人格を作ってくれます。　　　　　（Hixon, 2015, p.14）

　この二人は，そこらへんにいる平凡な高校アメリカン・フットボールの選手
ではありません。素晴らしい将来が約束されているのです。11 年生の時には，
優等クラスの物理の授業を履修し，3 つの AP 科目[8] も履修しています。現在
ではウィスコンシン州にあるベロイト・カレッジに通い，ディーンズ・リスト[9]
に名をなし，アメリカン・フットボールも続けています。最近この兄弟の母親
と話す機会があったので，アメリカン・フットボールの安全面について不安に
思わないか尋ねたところ，もちろん今でも不安だと言われました。アメリカン・
フットボールは危険なスポーツですが，息子たちはそのリスクを理解したうえ
で続けています，と言います。5 年生の頃からアメリカン・フットボールをし
ていて，二人ともこのスポーツが大好きなんです，と。本章には，この問題に
ついては二つの考え方があり，その両方を考慮するべきであることを示すため
に，あえてこの家族のコメントを掲載しています。
　スポーツにおける安全性に関する議論は決して最近になって始まったもので
はないということも述べておくべきでしょう。NCAA[10] が設立されたのは，
1905 年に当時のセオドア・ルーズベルト大統領が招集した 2 回に渡るホワイト・
ハウスでの会議を経てからでした。この会議の中で大統領は，繰り返し怪我や

8　AP は，アドバンスド・プレイスメントの略。高大接続を図る早期履修プログラムで，成績優秀
　な高校生が高校にいながらにして大学の初級レベルの科目を履修できるようにするもの。
9　学期ごとの成績優秀者のみが掲載される名簿。
10　National Collegiate Athletic Association の略称。全米大学体育協会。

死亡事故が起きていることを受け，大学のアメリカン・フットボールの練習を
改善するように要請しています。

> 当時のアメリカン・フットボールは特に危険で暴力的だった。1905年の1
> 年間だけでも，アメリカン・フットボールをしている中で少なくとも18
> 名が死亡して，150名以上が怪我をした。ワシントン・ポスト紙の記事に
> よれば，1900年から1905年の10月にかけて，少なくとも45名の選手が
> 死亡したという。その原因の多くは，内臓損傷，首の骨折，脳震とう，あ
> るいは背骨の骨折だった。　　　　　　　　　　　　　　（Zezima, 2014, p.1）

　その後ルールが改定され，前方にパスを出すことが認められたため，フィー
ルド中に選手が広がりやすくなりました。しかしヘルメットの着用は，NCAA
では1939年，NFLでは1943年まで義務付けられませんでした。過去のNFL
選手たちの剖検調査を通して，慢性外傷性脳症に関する新たなエビデンスが出
てきているにもかかわらず，「脳震とうを引き起こすような打撃からより確実
に保護してくれることが実証されているヘルメットモデル」（Zezima, 2014, p.5）
の着用を，未だにリーグは義務化していません。とはいえ，NFLはこの問題
の解決策を探るために予算を使っています。
　生徒には，2015年に公開された映画『コンカッション』を観て議論するよ
うに促すとよいかもしれません。同映画ではウィル・スミスが，慢性外傷性脳
症を発見したナイジェリア生まれのベネット・オマル医師を演じています。あ
るいは，ジーン・マリー・ラスカスが書いた同じ題名の本を読んでもよいでし
ょう。この議論は，科学の授業（物理が適切でしょう）の中でしてみてもよいは
ずです。例えば，NFLがGE（ジェネラル・エレクトロニクス社）とアンダー・アー
マー社とそれぞれが2千万ドルもの金額を出す形で共同出資して進めているヘ
ルメットの技術革新の可能性について議論することができます（Roberts, 2015）。
しかし，アメリカン・フットボール選手の安全について懸念されるのは頭部外
傷だけではありません。最初のスーパー・ボウルに出場し，ナショナル・リー

グで三度に渡って MVP[11] に選ばれ,「金の腕（ゴールデン・アーム）」との愛称で親しまれたジョニー・ユナイタス選手は，部分的に肢体不自由になり，常に大きな痛みを感じる状態で引退しました。「他の多くの選手と同様に，ユナイタスはアメリカン・フットボールによる身体への激しい負荷に耐え続けた結果，両膝の手術を余儀なくされた。1968 年のシーズン開幕前のダラス戦で，ユナイタスの右腕は完全に負傷し，その後長らく経っても右手でフォークを持って食べることができなかったという」(Litsky, 2002, p.2)。

　ここで，数十億ドルのスポーツ産業が作り上げるヒーローたちに目を向けてみましょう。私（ブルックス）は夫のドンに，高校時代に憧れていたヒーローは誰か尋ねました。ドンは私がその時スポーツについて執筆していることを知っていたので，即座にロベルト・クレメンテとジョニー・ユナイタスを挙げました。ドンはピッツバーグ市で育ち，高校時代まで過ごしました。ピッツバーグ市は，パイレーツ〔野球チーム〕，スティーラーズ〔アメリカン・フットボールのチーム〕，とペンギンズ〔アイスホッケーのチーム〕の本拠地です。私はドンに，どうしてその人たちがヒーローだったのかを尋ねました。すると，それぞれのスポーツで抜群にうまかったからという理由だけではないことがわかりました（人によっては，これら 2 人の選手は史上最高の選手だったと言うでしょう）。クレメンテについていえば，よい選手であると同時にとてもよい人間だったから，ということでした。クレメンテはあまりに善人であるため，聖人に認定することが提案されるほどだったそうです。1971 年のワールド・シリーズの MVPであるクレメンテは，1972 年にニカラグアで起きた地震の被災者に自ら支援物資を届けるために乗っていた飛行機が事故に遭って死亡しました。ジョニー・ユナイタスは，地元ピッツバーグ市の労働者階級の家庭に生まれ，自身の才能を最大限に活かして，自分に似た境遇の人たちに夢を与えました。スポーツ界のヒーローへの崇拝というのは，このようなものであるべきではないでしょうか。あるいは，メディアへの露出が増え，プロアスリートが大量に売り出され

11　Most Valuable Player の略。最も活躍した選手に贈られる賞。

る現代においては，ヒーローのあり方も変わっているのでしょうか。

　現代の若者たちにとってのスポーツ界のヒーローとは誰で，どうしてその人たちに憧れているのでしょうか。どうしてこんなにも多くの若者がスポーツ選手の名前や，背番号，チームカラーのTシャツやスウェットを着るのでしょうか。自分が着ている服に書かれた名前の選手について，実際どの程度のことを知っているのでしょう。スポーツジャーナリストのマット・ビアドモアは『サイコロジー・トゥデイ』誌のブログ「タイムアウト！」の中で，子ども時代の自身の寝室はマイケル・ジョーダンを祀る聖地だったと打ち明けています。2013年に公開されたエッセイ「アスリート崇拝は健全か (Is it Safe to Worship Athletes?)」では，マーケティングを専門とする二人の教授，ジェラミー・シエラ博士とマイケル・ハイマン博士の研究を引用しています。

　　ハイマンとシエラは「マスメディアによってセレブリティの情報に晒された」ファンが，いかに「本物の社会から人工的な経験で形づくられる世界へと精神的に落ちていってしまう可能性がある」かを論じ，「高レベルのセレブリティ崇拝は不安，うつ，不健全なメンタル・ヘルス，そしてマイナスの感情に繋がりやすい。低レベルのセレブリティ崇拝ですら，社会的機能不全やうつに繋がる可能性がある」(Maltby et al., 2004) ことを論じる研究を引用している。また，「セレブリティ崇拝は，愚かな行動や，責任感の欠如，従順さといった特徴を生む一方で，自己理解と対人関係の構築を妨げる」(McCutcheon & Maltby, 2002) とも論じられている。

　　もしこれらのことが真実だとすれば，ヒーロー信仰はまさに自身のアイデンティティを失わせており，是正すべき重大な問題だ。では，解決策はなんだろうか。リーグそのものよりも選手の方が市場価値は高いので，各リーグはスポーツを売り出す際にスター選手を市場化し続けるであろうことを考えると，なおさら重大だ。子どもたちもまた，子どもなので，お気に入りのスポーツ界のスターたちを偶像化し続けるだろう。

(Beardmore, 2013, p.2)

明らかに，これは学校で話し合うべきテーマです。体育の授業や社会科の授業，あるいは数学の授業でもよいでしょう。数学の授業では，スポーツ統計学の話をすることで，統計学一般に関心を引き寄せることができます。ヒーローとは何でしょうか，そして，それはロールモデルと同義でしょうか。

　　　かの賢明なバスケットボール界の哲学者，チャールズ・バークレーはかつて「私はロールモデルではない」と言ったことがある。当時フェニックス・サンズに所属していたバークレーは，有名なアスリートはその名声ゆえに徳の模範のように振る舞うべきだと主張する大多数のニュース・メディアに猛烈に批判された。実際には徳の模範などではないのだが。

(Rhoden, 2012, p.1)

　ニューヨーク・タイムズ紙のスポーツ・コラムニストであるウィリアム・ローデンは「スポーツ界のヒーローという幻想から目を覚ます (Seeing Through the Illusions of the Sports Hero)」という文章の中で，スポーツ・ヒロイズムを構成する要素を以下のものだと分析しています。感情，プロパガンダ，偽善，そして悲劇です。まず，身体能力が明らかに秀でている人物を目にした際に抱く感情があり，次に，その人が併せ持っているリアルな人間としての弱さは無視し，一分野の才能だけに焦点を当ててその人物を偶像化するプロパガンダが働きます。偽善についていえば，不祥事で人気が低迷したヒーローのうち，ランス・アームストロングのような選手のことは見捨てる一方で，同じような境遇を経験しているものの，収益を上げ続けているタイガー・ウッズやコービー・ブライアントのことは見捨てないスポンサー企業ほど偽善的なものはないのではないでしょうか。最後に，悲劇があります。私たちには許すことができないことや，善と悪を切り分けられないことがあるという意味での悲劇です。ジョー・パターノは，ジェリー・サンダスキーの恐怖 [12] と結び付けられて永遠に記憶されるべきでしょうか。あるいは，パターノは学生たちの性格を理解し，卒業するまで面倒を見ていたコーチとして，愛情を持って記憶されるべきでしょうか。

しかし，もし後者の道を歩むとしても，人種差別主義者だった政治的ヒーローについて論じた際に提言したように，パターノの道徳的な失敗を忘れることなく記憶しなければなりません。

> スポーツは，より高尚な価値に結び付けられなければ，それ自体何ら不朽の価値を持たない。
> バークレーがロールモデルについてのコメントをした数年後，ニックス〔プロバスケットボールのチーム〕の元選手で上院議員も務めたビル・ブラッドリーは *Values of the Game*（試合の価値）という素晴らしい本を書いた。この本はバスケットボールに焦点を当てているが，ここでブラッドリーが提示する価値はあらゆるスポーツの土台となる。その価値とは，情熱，規律，利他性，尊重，勇気，リーダーシップ，責任感，そしてレジリエンスだ。
> ソーシャル・メディアの現実を見る限り，許しとレジリエンスはヒロイズムより遥かに価値があるだろう。 (Rhoden, 2012, p.4)

この文章は，フロリダの双子のアメリカン・フットボール選手が提示した，チームスポーツに参加することで生じたよい特性のリストを思い起こさせてくれます。これらのリストを思い出しながら，メディアが私たちの考えや価値観を規定するうえで果たしている役割に話を進めます。

▌メディア

本章の内容を最初に構想していた時，私（ブルックス）はすぐに大学の学部段階で読んだ2冊の本を思い出しました。マーシャル・マクルーハンの『メディ

12　パターノがペンシルベニア州立大学のアメリカン・フットボールチームのヘッド・コーチを務めていた際にアシスタント・コーチを務めていたサンダスキーは，数多くの性犯罪を起こしていたとして2008年に逮捕された。立件された52件もの性犯罪の被害者には当時未成年でサンダスキーの指導を受けていた少年たちも多く，大きく報道された。

アはマッサージである：影響の目録』[13]と，アルビン・トフラーの『未来の衝撃』です。二つとも当時（1960年代後半から1970年初めにかけて）人気だった未来学者の著書で，当時と同程度に現代の読者にも示唆を与えてくれます。とりわけ，マクルーハンの本はそうだといえるでしょう。なぜなら，インターネットが開発される30年も前にそれが与える衝撃について予期していたのですから。マクルーハンは初期の文献の中で「メディアはメッセージである」という言い回しをつくり，情報の内容（メッセージ）そのものと同程度に，その情報の伝えられ方（メディア）も重要であることを論じました。居間のテレビで流していたゴールデンタイムの番組の中で，ベトナム戦争の視覚的な映像がリアルタイムで映された時の様子を想像してみてください（現代でいえば，イラクとシリアの戦争の映像が映るようなものでしょうか）。メッセージという言葉を1967年の著作のタイトルでマッサージに変えたのは，意図的な判断でした。今日のメディアは私たちのあらゆる感覚に「触れて（マッサージして）」いるのですから。

> 私たちは完全にあらゆるメディアにやられっぱなしだ。メディアは，個人的なことにしても，政治や経済，美学や心理学，道徳，倫理，あるいは社会的なことにしても，その結論をあまりに説得的に提示してくるので，私たちにはメディアに触れられていない，影響されていない，変えられていない部分がない状態になっている。メディアはマッサージだ。社会的で文化的な変化に関するいかなる理解も，メディアが私たちを取り巻く環境としてどう作用しているのかに関する知識なしには獲得し得ない。すべてのメディアは，何かしらの人間の能力（精神的あるいは身体的なもの）の拡張である。
> (McLuhan, 1967, p.26)

トフラーは，情報やプロパガンダ，そしてメディアを通した広告が爆発的に

13　タイトル（The Medium is the Massage）は「メディアはメッセージである（The medium is the message）」というマクルーハン自身が作った言い回しのパロディ。

溢れることによって社会的で文化的な変革が加速したことで，人類は進むべき方向を見失い，儚さに身を置くような状態に陥った／陥っていると論じています。この状態を，「未来の衝撃」と呼びます。トフラーは人間の学び方と，現代のコンピューターを比較します。コンピューターはデータを分析・操作する際に，数多く提供されている補助的なプログラムの中からどれを選択するかをマスター・プログラムによって決定します。比較を通してトフラーは，「いかに学び，知識を捨て去り，学び直すか」(Toffler, 1970, p.414) を生徒たちに教えることで，急速な変化に対応する人間の能力を強化するような未来型の教育が必要だと論じます。トフラーはこのように続けます。

> 人間資源研究所の心理学者ハーバート・ガージョイは端的にこう表現する。「新しい教育は，個人に，いかに情報を分類し，また，再分類するか，その正確性をいかに評価するか，必要な際にいかにカテゴリーを修正するかを教えなければならない。また，具体から抽象へ，抽象から具体へと頭を切り替える方法，新しい視点から問題を見る方法を教えなければならない。つまり，自分自身を教育する方法だ。明日の文盲は，文字が読めない人ではない。それは，学び方を学んでいない人間だ」。
>
> (Toffler, 1970, p. 414 ＝邦訳 1971, p.487)

これはまさに，批判的思考のことです。メディアは，私たちが批判的思考を用いなければならない数多くの論争問題を提示します。批判的思考を用いなければ，私たちがこうした論争問題に関して道徳的な判断をし，道徳的責務を全うしようする際に用いる価値観は，メディアに支配されます。したがって，「環境」としてのメディアを理解しなければならないと主張したマクルーハンと，本章の前半で述べた，問いを立てたり，即興で行動したりする人間の特性を発揮する生に関する個人主義的な哲学が失われていることへの懸念を示したデューイの考えはともに，ますます進む標準化と，社会における心と習慣が企業化されることで生じる大衆の画一化への警鐘であるといえます。では，生徒たちが

情報を分類・再分類し，カテゴリーを作り変え，正当性を点検できるように支援するためには，私たちは現代のメディアについて何を知っておくべきでしょうか。

　トーマス・マンとノーマン・オーンスタインは，著書 *It's Even Worse Than It Looks*（見た目よりひどい，2012 年）の中の「機能不全の種」と題された章の一節で「新しいメディアと新しい文化」について記しています。マンとオーンスタインは，アメリカで当時有力だった三つのテレビ局で放送される夜のニュース番組を主な情報源とすることに疑問も抱かない（チャンネルを変えようともしない）人が過半数を占めていた 1950 年代以降に生じた変化について語ります。当時もほとんどの都市部には複数の新聞紙があり，社説の部分にはその新聞紙の政治的姿勢の違いが表れていました。しかし，報道の紙面は基本的に客観的に書くことが目指されていたので，何回も事実確認を行った情報だけが掲載されていました。現代と比べてみましょう。

> プログレス・アンド・フリーダム社[14] のアダム・ティエラーは 2010 年，600 近いケーブル・テレビのチャンネルがあり，2,200 以上のテレビ局があり，1 万 3 千以上の無線ラジオ局があり，2 万種類以上の雑誌があり，毎年 27 万 6 千冊以上の書籍が出版されていると述べる。2010 年 12 月現在，ウェブサイトは 2 億 5 千 5 百万以上あり，.com，.net，あるいは .org で終わるドメインだけでも 1.1 億存在し，北米大陸だけでも 2 億 6 千 6 百万人のインターネット・ユーザーがいる。　　　（Mann & Ornstein, 2012, p.59）

　著者らはさらに同じ資料をもとにより多くの統計を紹介しています。2 千 6 百万ものブログがあり，毎日 YouTube には 10 億もの動画が公開されており，アップル社製の端末（iPhone，iPod と iPad）で使用可能なアプリは 14 万個あるといいます。その結果として，これらのメディアを利用する人たちは枝分かれ

14　アメリカにあるシンクタンク

し，それぞれのメディアを集中して利用する時間も短くなりました。そのため，ビジネスモデルも修正されます。より多くの広告が表示されるようになり，事実の確認や分析にかける時間は減りました。

　まず，視聴者が分裂し，集中して視聴する時間が短くなることの影響について考えてみましょう。ケーブルニュース局の中で現代のアメリカで最も大きな力を持つ3つのテレビ局，FOX，MSNBC および CNN で放送されているニュースを見てみると，その視聴者の分断は明らかです。FOX は保守派の視聴者を獲得していて，MSNBC は左派の視聴者を得ています。CNN は激しく苦労しながらも，両側の論者を招いて互いに戦わせることで，時に両側の視聴者に問題を提示することに成功しています。満足のいく程度に深く調べられた情報が提供されることは，いずれの局に関してもほとんどなく，放送されている内容の多くが嫌になるほど使い回された情報です。「そもそも，今時誰がテレビのニュース番組なんて観るのか？」ということを問えば，視聴者はさらに細分化されます。ピュー研究所[15] は，視聴者の分裂に関する以下の調査結果を発表しています。

- ・18歳から29歳までの人口のうち，日常的にケーブルニュース局の番組を視聴しているのは，たった23%。30歳から64歳の人では33-34%，65歳以上の人では51%であるのに対して，かなり低い。
- ・CNN は超党派を目指しているものの，視聴率は2002年の25%から2012年には16%まで下がった。一方で，MSNBC を普段から観る視聴者と FOX を観る視聴者は，それぞれ15%から11%，22%から21%への減少と減少幅は小さく，同じ期間にも一定の視聴者数を維持していた。
- ・アメリカ人の51%が読書はとても好きだと回答しているにもかかわらず，活字を読む頻度も下がり，とりわけ新聞を読む人が減った。前日に新聞を読んだかという調査で「はい」と回答した人は2002年には41%だっ

15　アメリカにある別のシンクタンク

たが，2012年には23％にまで下がっている。対照的に，本に関しては2002年に34％だったのが2012年には30％に下がっているだけで，減少幅は小さい。

・2010年から2012年までのたった2年間の間に，SNSを利用している人は19％から36％まで増大した。「昨日，SNSでニュースを目にした」と回答した人は9％から19％へと増大した。SNSを通してニュースを見ている人の割合の増加率は，特に18歳から24歳の人口で大きく，12％が34％まで増大した。

・ニュースとして視聴したり読んだりする内容は，年齢，性別，教育水準，収入，そして政治姿勢に依存する（すなわち，統計学的に有意な差が生じる）。

　もし私たちに共通の評価基準が一つもないとしたら，私たちはどのようにして民主主義というビジネス（本分）に携わることができるのでしょうか。デューイが薦めるように対話をし，傾聴し，共通善その他社会正義に関わる原理を気にかけるには，どうすればよいのでしょうか。あるいはトフラーやガージョイの言うように，「知識を捨て去って」カテゴリーを作り変えるには，どうすればよいのでしょうか。こうした会話の溝については，第9章の「お金，階級，貧困」でまた議論します。

　生徒には一晩，さまざまなニュース番組を，チャンネルを変えながら視聴してみて，見たことを教室で報告し，何日間かかけて以下の問いを議論するように指示してみてもよいでしょう。いくつものテレビ局で報道されていたストーリーとして，どのようなものがありましたか。テレビ局によって同じ話を報道していても，報道の仕方に違いはありましたか。それは，どのような違いでしたか。報道の中で，一次資料は使われていたり引用されたりしましたか。もしされていたとしたら，どのような一次資料でしたか（生徒たちは一次資料とは何かを知っているでしょうか）。生徒たちが他のメディアも見ていれば，同じ，あるいは類似した内容の報道が，新聞や雑誌，あるいはSNSではどのように報じられ，論じられていたかという議論にも発展するかもしれません。インター

ネットに掲載されている情報については，一般的に，その妥当性を慎重に吟味する必要があります。このことから，事実に即した情報はどこでどうやって取得できるのか，そしてジャーナリストが報道内容の事実確認の作業において果たすべき役割について議論するのもよいでしょう。マンとオーンスタインは，素晴らしい例として，軍人年金や議員の特権などに関するさまざまな憶測を飛び交わせた1通のメールの例を挙げています。このメールをもとに，FOXはニュース報道を行ってしまったのですが，そこで報道された内容を含め，そのメールに関する一切の「事実」が誤りであることが判明しました（Mann & Ornstein, 2012, pp.63-66）。報道のソースや検証に関する学習モジュールの冒頭，あるいは締めくくりには，ボストン市周辺地域で活動していたローマ・カトリック教会の神父たちが児童虐待を行っていた事件をボストン・グローブ紙が報じた様子を描き，いくつもの賞を受賞した映画『スポットライト』を視聴してもよいでしょう。この映画の内容自体，非常に論争的な問題です。

　最後に，広告について考えながら，「アメリカのビジネス（本分）はビジネスである」という考えに立ち戻りましょう。アメリカにおける広告業界は「狂騒の20年代」に起こった「クーリッジの繁栄」の中で大きく発展しました。1926年に，カルビン・クーリッジは広告業界の集会で以下のように話しています。

> 現代の生産的な生活における広告の役割について立ち止まって考えてみると，基本的に教育と同じ役割を果たしていることがわかります。広告は新しい考え，新しい欲求，そして新しい行為を生み出します。大衆の行為や，公衆の感情，あるいは世論の土台をつくり，そして変えます。生活習慣や生活様式を取り入れたり変えたりさせるための最も強い影響力を持ち，私たちが何を食べ，何を着て，国中の人間がどう働いてどう遊ぶかといったことを左右するのだから。
>
> （Burch, 2012, p.101 より引用）

　大量消費の文化や習慣があった時代を過ぎた現代は，もはや広告が個人に向けられているという意味で，より分断された偽物の個人主義の時代だといえま

す。「リベラルな階層が大好きなインターネット会社，グーグル社に話を戻そう。グーグルは利用者にものを買わせるために検索履歴をトラッキングしている。さらにものを買わせるために，メールの内容もスキャンしている」(Frank, 2016, p.204)。今では，最新のファッションを着ているかどうか不安に思う必要もありません。なぜなら，最新のファッションはあなただけのために（そしてあなたと同じ趣味の人たちのために）カスタムメイドで作られているのですから。こうしたことのためのアプリも存在していて，元ゲーム・デザイナーで現在スタンフォード大学にて「応用消費者技術」の教授をしているニール・エヤルによれば，こうしたアプリはニーズを誘発させ，そのための解決策を提示するような行動的ループ，あるいは「永続的なルーティン」を生み出すようにデザインされているのです (Weisberg, 2016)。マクルーハンは，デジタル情報の油断ならない収集と永続性を予測しました。トフラーは，そのことがもたらす衝撃を予想しました。「超産業革命は，私たちが民主主義と人間の選択の未来について現在信じていることのほとんどを，無知のアーカイブに消し去ってしまうだろう」(Toffler, 1970, p.263)。トフラーは，新しい技術が「均質化したアートや，大量生産された教育，そして「大衆」文化」を遠ざけ，「個性を規制するのではなく，私たちの選択肢，そしてすなわち自由を，指数関数的に倍増させていくだろう」と信じていました (p.282)。しかし，トフラーは以下のように忠告しています。

しかし人間が，手に入れることのできる物質的，あるいは文化的な商品の選択肢が拡大していくことに耐え得るかどうかは，全く別問題である。選択することがあまりにも複雑で難しく，手間がかかるような時代になると，選択は個人を解放する代わりに，むしろ逆の働きをするようになる。端的に言えば，選択が過剰選択となり，自由が非自由に変わる時が来る。

(Toffler, pp.282-283＝邦訳 1971, p.329)

物質的な選択が持つ意味に関する例を挙げるとすれば，大きな市場を有する

国で消費者に対して直接働きかける形の薬品広告を規制なく認めているのはアメリカとニュージーランドしかありません。これは善いことでしょうか。悪いことでしょうか。ここにも，科学や社会の授業で生徒たちが調べて議論できる問題が含まれています。利点と欠点を挙げながら議論してみてもよいでしょう。消費者は自身の健康に責任を持って，自分の助けになる薬品についての情報を獲得するべきでしょうか。広告することで，薬品の値段は上がるでしょうか。アメリカ医師会は，この問題についてどのような姿勢をとっているでしょうか。また，それはなぜでしょう。

　文化的な商品については，以下のような問いを投げかけるとよいかもしれません。広告によって，社会運動や政治運動に対する私たちの見方はどのように影響されたでしょうか。アンディ・ザイスラーは2016年の著書 *We Were Feminists Once*（私たちもかつてはフェミニストだった）の中で，政治運動としてのフェミニズムは広大な市場の中で行われる消費者選択の一つに過ぎないものとして売買されるようになったことを説得的に論じています。ある章は，出だしが「おばあちゃんパンツが今の新しいフェミニズムだ」という文章で始まります。これは，ニューヨーク・タイムズ紙のファッション面に2015年6月に掲載された記事「若い女性はTバックを履かない（Young Women Say No to Thongs）」の文章への応答になっています（Zeisler, 2016, p.59）。同じページに，ザイスラーは〔黒人活動家でアフロヘアが特徴的な〕アンジェラ・デイビスの1994年の文章を引用しています。「私はこの髪型で人に覚えられている。屈辱的なことだ。解放のための政治がファッションのための政治に矮小化されてしまうのだから」。広告によって文化や考え方が転覆されてしまうということは，生徒には理解しにくいことかもしれません。しかし，教師にはぜひ挑戦してみてほしいのです。

　私（ブルックス）は，プロパガンダを見せられることについては6年生でさえもかなり意識することができていることに驚き，嬉しく思いました。6年生の環境科学の授業では，二つの動画を流しました。一つは環境問題に取り組むNPOが製作したアニメーションの動画で，多くの事実に基づく情報を提示して，生徒たちがペットボトルに入った水を買わないように説得するものでした。も

う一つは，プラスチックに溢れた太平洋の渦の真ん中でボートに乗っている科学者を映した短い動画で，プラスチックが海洋生物や鳥に及ぼす影響を直接見せるものでした。それらの動画を流した後，私は無邪気に，二つの動画を見てどう思ったか子どもたちに尋ねました。その後に展開される素晴らしい議論を，私は全く予期できていなかったのです。子どもたちは一つ目のペットボトル反対の動画が情報量豊かで，おそらく真実を伝えているのであろうことは認めつつも，バイアスがかかっていて，自分たちの目論見（ペットボトルの水を買うのをやめさせようというアジェンダ）に従わせようという意図が明確にあることを理由に，その動画を嫌がりました。もう一つの科学者の動画については，自分たちの目でプラスチック汚染がもたらす損害を見て，水のペットボトルの生産や廃棄についても自分自身で道徳的責務の意識を形成することができたと感じていました。

　広告とプロパガンダに関する議論は，この後に続く二つの章，すなわちアメリカにおける資本主義，社会主義や階級に関連する論争にも関わってきます。

第8章
資本主義と社会主義

　本章では，資本主義と社会主義について教えるとはどういうことかを考察します。考察の観点として，参加民主主義を目指す市民教育，そして，その目標達成に中心的役割を果たす会話，という二つの主要なテーマを念頭に置きます。

資本主義

　簡潔に定義すると，資本主義とは富の生産・流通・交換に関わる手段と所有権が個人ないし民間企業に帰属する経済システムです。資本主義は計画経済を必要としないし，それを支えもしません。つまり，商売の組織や商品の生産は市場の手に委ねられます。市場は需要と供給の密接な関係から成り立っています。資本主義は19世紀の産業革命の成功と緊密に結びつけて考えられています。当時，機械の発明と普及が進んだことで，人々は自らの所有地における仕事や小規模事業を離れ，都市部の組立ラインでの労働へと移っていきました。そのおかげで，新製品の製造販売で上手くいった事業主，つまり成功した資本家は，自分の資産を増やすことができるようになりました。この種の物語はアメリカ史の授業で長らく幅を利かせていて，その物語を教わるアメリカの生徒たちが自国民の発明の才や資本主義への献身ぶりに大きな誇りを感じるようになるのも珍しいことではありません。

　労働者が必要になったことで学校教育も拡大されました。20世紀はじめには，高校に通うアメリカの子どもは10%にも及びませんでした。それが20世紀半ばまでには半数以上が高校を卒業するようになり，さらに1960年代までにはその数が70%を超えるまでに増加しました。総合制高校（アカデミック・プロ

グラム，職業訓練プログラム，普通教育プログラムのすべてを提供する学校）がこの目覚ましい進学率上昇の大きな要因となりました。しかし，総合制高校は資本主義そのものと同じく，厳しい批判にさらされました。この批判については後で詳しく検討しましょう。

　資本主義は宗教と並んで巨大なテーマで，資本主義について書かれた文献は山ほどあります。ここでは，すべての高校生に考えてもらいたい基本的な論点をいくつか示唆するに留めます。まず，現在最も注目されていて長年の課題ともなっている経済的不平等，すなわち今日ますます拡大している貧富の格差の問題が挙げられます。資本主義はすべての人の利益になる，いわばすべての船を持ちあげる上げ潮のようなものだと言われてきました。もちろん，この主張は無闇にしりぞけるべきものではありません。おそらく人々の一般的生活は資本主義社会の方が産業革命前よりもさまざまな点で向上しているでしょう。しかし，だからといって，多くの人々にとって資本主義よりも望ましい生活があり得なかったということにはなりませんし，金持ちとそれ以外の人々の格差が大きく広がり，今も拡大しているという事実は否定できません。景気の後退や停滞が生じるたびに資本主義への批判は強まり，資本主義を改良したりその代案を求める活発な議論が起こります。社会主義を論じる次節で示すように，そのような時にこそ，資本主義の代案が勢いを増すことになります。

　今日，かつての大恐慌の時のように，中産階級が縮小しその賃金の伸び悩みが広くみられる状況にアメリカ国民は大きな不安を感じています。誰もが経済的に成功する可能性を持っており，資本主義のルールに忠実な国民は豊かさで世界をリードするといった資本主義の大いなる約束は，ますます疑いの目で見られるようになっています。たしかに，国民の10％に満たない人々が国の富の90％以上を所有する状況にはなにかおかしな点があるに違いありません。

　資本主義の批判者は資本主義の現在の動向にいくつかの懸念を表明していますが，その他にも昔から懸念されてきたことがあります。一つは，ジョン・デューイや他の社会理論家が指摘してきた点で，資本主義の理論の記述方法に関わるものです。宗教と同様に，資本主義は最初から確実性を備えたものとして

語られます。すなわち「自然法則」を備えたものとして語られるのです。

> 経済の「法則」——労働は自然な欲求から生じて富の創造につながるという法則，将来の楽しみのための現在の禁欲はさらなる富の蓄積に役立つ資本の創出につながるという法則，競争的取引の自由な活動に見いだせるいわゆる需要と供給の法則など——は「自然の」法則とされた。
>
> （Dewey, 1927, p.90 = 邦訳 2014, p.116）

資本主義の理論がこのように記述されると，それに異議を唱えるのはまるで法を犯す罪深い行為のように受けとめられてしまいます。「個人」は競争の自由，自らの過酷な労働の報酬を手に入れる自由を行使すべきだとされました。聡明，勤勉，倹約，先見の明といった「資本主義の美徳」は称賛し育成すべきものとされました。誰もが成功の可能性をもっているとされ，成功しないのは性格の貧しさの証として受けとめられました。

デューイは資本主義の観点から個人を定義することにも懸念を抱いていました。デューイはたしかに，個人について成長，喜び，思想の自由，自己の発達といったものがあると確信していました。しかし，個人は神によってあらかじめ形づくられた被造物ではなく，むしろ社会的に形づくられていくものだと確信してもいました。「個人はつねに経験の中心かつ極致だが，個人がその人生経験において実際に何者であるかは，共同生活の性質と働きにかかっている」（Dewey, 1939, p.91）。このように，個人の生活の質は共同生活の諸関係の質にかかっています。私たちは個人として生まれるのではなく，個人になるのです。

資本主義の批判者の多くが，資本主義における個人の扱いには明らかな矛盾があると指摘してきました。資本主義は個人の徳を大いに強調するにもかかわらず，効率的な新産業組立ライン作業が引き起こす個性の喪失については黙ったままです。勤勉な労働者をまるで神聖な存在のようにみなした哲学も，労働者が長時間，反復的で機械同然の仕事に従事するのを許しました。チャーリー・チャップリンの映画『モダン・タイムス』は1920年代における組立ライン労

働者の全面的な個性喪失を描いています。この映画は，当時の社会不安を思い起こさせる作品として，また人類の多数にこれから到来するだろう未来を予言した作品として，今なお参照されています。

　このように資本主義の理想と現実をみると，そのまったくの矛盾に驚かされます。理想の面では，賢く懸命に働けば誰でも金持ちになれると告げられました。これはもちろん，長らく尊重にされてきたアメリカン・ドリームの考えです。その証拠は私たちの身の回りに溢れ，アメリカ経済は世界一に向かっているのだと言われました。しかし，現実の面では，多くの人々が低賃金の退屈な仕事を強いられ，成功できないのは自分自身のせいだと責められました。これらの人々はアメリカン・ドリームを逃しました。とはいえ，勤勉な労働者には夢はまだ残されていました。資本主義に代わる重要な経済的・政治的代案は議論されていましたが，平均的な一般労働者は，たとえその代案を真面目に検討したとしても，そこに報われなさを感じざるをえず，愛国心に欠けるものだという印象を抱きました。

　生涯，社会主義を貫いたスコット・ニアリングは，これらの矛盾を指摘しつつ，20世紀について次のように語りました。

　　20世紀に入り，アメリカ合衆国は野心的で貪欲で権力欲のある少数者にとって絶好の場となった。しかし，その過程で，北アメリカの大衆文化は科学技術の発展と経済的生産性の全体に顕著な貢献を果たした。(中略) 私は技術的に発展した途方もなく裕福な国に暮らしているが，この国は権力に酔いしれた独裁的少数者によって動かされている。彼らは自分自身もその手先や犠牲者も，出口のない袋小路に追い込んでいる。もしそこに留まるなら，これから先の時代，彼らもその仲間もおそらくは地球全体も破滅を迎え，生命は失われてしまうだろう。　　　　　　　(Nearing, 2000, p.299)

　ニアリングは「大地へ帰れ」運動[1]の有名な提唱者でもあるため，生徒たちはニアリング夫妻が取り組んだ農業や住宅建築の説明を楽しんで読めるでしょ

う（Nearing & Nearing, 1970, 1979）。自然環境を大切にし地球を保全すべきだというニアリング夫妻の訴えは，今日多くの環境活動家に受け入れられています。しかしながら，この文脈で討論するなら，「大地へ帰れ」と唱える環境保護運動の実践における現実性と，自然からの分離（デカップリング）を唱える「エコ近代主義宣言 [2]（Ecomodernist Manifesto）」（Asafu-Adjaye et al., 2015）の哲学との対照的性格をトピックとして取り上げるとよいかもしれません。2015年4月に公表されたこの宣言は，人間と自然界の相互作用について新しい見方を提示しています。多くの科学者によれば，地球は人類とその活動が形づくる新しい地質年代（人新世）[3] にすでに入っています。「エコ近代主義宣言」は，その点を踏まえたうえで，ある哲学を描き出しています。宣言の提唱者たちによれば，それは「よい」人新世，あるいは「偉大」でさえある人新世を創り出そうとする哲学です。

　　よい人新世のためには，人類が自らの増大する社会的・経済的・技術的な力を活かして，人々の生活を改善し，気候を安定させ，自然界を保護する必要がある。
　　この点で，私たちは自然環境に関する昔からある一つの理念に賛同する。それは，人類が環境に及ぼす影響を小さくし，自然にもっと場所を譲るべきだという理念である。他方，私たちは別の理念を退ける。それは，経済と生態系の崩壊を避けるために人間社会は自然と調和しなければならない

1　「大地へ帰れ」運動とは"back to the land"をスローガンに，都会を離れて田舎に移り住み，自給自足型の生活を試みた文化運動。アメリカで1960年代から70年代にかけてカウンターカルチャー運動の一つとして展開した。
2　「エコ近代主義宣言」（現代的環境主義宣言とも訳される）はアメリカのブレークスルー研究所が同所の基本理念として公表した文書。そこでキーワードになっている「分離」とは経済成長と環境保護の両立を目指して，人間の経済活動をそれに伴う環境負荷から技術的に切り離すことを意味する。本文書はインターネット上で公開されていて，以下のURLから邦訳を読むこともできる：http://www.ecomodernism.org/nihongo
3　人新世（Anthropocene）はノーベル化学賞受賞者のパウル・クルッツェンが提唱した現代を含む新しい地質時代区分。人類の活動が地球を覆いつくし，地球環境に大きな影響を与えるようになった時代とされている。

という理念である。これら二つの理念はもはや調停できない。原則として，自然のシステムは，人類が自らの存続と幸福のために自然への依存度を高めたところで，保護も強化もされない。

（Asafu-Adjaye et al., 2015, pp.2-3）

　ここで言及されている，経済と生態系の崩壊を避けるために自然との調和を図ろうとする理念は，エコ近代主義者にとって，過去の「より質素な」生活様式に戻ろうとするさまざまな試みを表しているようです。エコ近代主義者にしてみれば，そのような生活様式は自然のシステムや資源に直接寄りかかることで，実際には自然資源により大きな負荷をかけることになります。「人類の繁栄を環境への影響から切り離すためには，技術の進歩を求める持続的な取り組みと，その変化に伴う社会的・経済的・政治的制度の継続的発展が必要になるだろう」と考えられています（Asafu-Adjaye et al., 2015, p.29）。

　おそらく今日の学校教育に資本主義が与えた最も顕著な影響は，教育の経済的利益が絶えず，それどころかますます，強調されるようになったことにあります。私たちは就学前教育から子どもたちをレールの上に乗せるよう急き立てられています。そのレールとは，よい高校を経て，よい大学を卒業し，高収入の仕事へと繋がっていく道です。よい仕事を得ることが望ましい成果の一つだという点には同意できますが，よい教育に期待すべきものは他にないのでしょうか。

　教育者，政策立案者，保護者が過去一世紀に渡って解決しようと取り組んできた諸矛盾について話を聞き，考えを巡らすことは生徒の役に立つかもしれません。総合制高校の導入によって，中等教育は幅広い層の家庭を取り込むことができるようになりました。アメリカの経済的・産業的成功をもたらした資本主義の功績が少なくないことを認めるべきであるのと全く同様に，アメリカの大多数の子どもを教育するうえで総合制高校が果たした功績もまた，正当に評価すべきです。しかし，だからといって，総合制高校がそのまま維持すべき完璧なモデルだということにはなりません。総合制高校が設立されたのは，学問

に関心のある子どもだけでなくすべての子どもの教育が必要だと認識されたからです。理屈の上では，総合制高校は人間のあらゆる才能や関心の存在を認めています。それが総合制高校の素晴らしい強みです。しかしながら，実際のところ，新設の総合制高校は資本主義のなかば宗教的ともいえる考え方のせいでその強みを失っていきました。その考え方というのは，「個人」は特定の資質を持って生まれてくるということ，そして資本主義社会での成功に繋がる美徳が奨励され報酬を与えられるべきだというものです。厳密にいえば，どのような背景を持ったどのような子どもであっても，優遇されたアカデミック・コースの席を「勝ち取り」，将来の経済的安定を手にし得ることを意味しました。

　これとは別の考え方に立つなら，何よりもまず，本当に必要な才能の存在を〔一部ではなく〕すべて認め，それらの成長を促し，それらに見合った報酬を与えることになるでしょう。なぜ機械に強い生徒に対して機器の操作よりも中世史の勉強をした方がよいなどと言えるのでしょうか。トラッキング，つまり異なる適性や興味を持った生徒たちに多様な教育プログラムを提供する仕組みは，それ自体素晴らしい発想ですが，私たちはそれを実行に移すに当たって破滅的な決定を下してきました。第一に，そのような決定の一つは，アカデミックな勉強を最上位に置き，その種の課題に向いていない生徒には，その生徒本来の能力を伸ばすために特別に設けられたプログラムではなく，低い成績に見合った〔低学力向けの〕プログラムを受けさせるというものです。第二に，「下位」層向けのコースを設計するに当たって，それらのコースをその形容通り，あらゆる面でアカデミック・コースよりも質の低いものにしてしまいました。第三に，すべての生徒に害を及ぼしているのは，学校教育のもたらす経済的利益をあまりに強調しすぎたことです。その結果として，教育には高収入の仕事に向けた準備以外にもそれよりも大事な役割があるということがほとんど忘れられてしまっています。

　すべての層に対して優れたコースを設計し，実施することはできたはずです。しかし実際には，「最も優秀な」人間はいずれにせよ自然と最上位まで登りつめるとか，生徒が将来有望か否かは多くの場合，高校までに判明するなどとい

った資本主義的発想に大きく影響された結果，大学準備プログラムに力が注がれ，できない生徒には劣悪なコースを提供するということがあまりに頻繁に行われています（Oakes & Rogers, 2006）。さらに悪いのは，すべての生徒の成長を同一のテストで測り続けてきたことです。当然予想される通り，「下位」クラスの生徒たちはそれらのテストで低い成績を収め続けてきました。

　もしも私たちが，人間のあらゆる才能と，産業社会やポスト産業社会に必要不可欠な仕事に十分な敬意を表していたなら，何が起こったでしょうか。そのような敬意があったなら，学問以外の才能をもった生徒たちは，自分の関心に最も合ったプログラムを選ぶように勧められたでしょうし，生徒たちは誇りをもってそれを選択できたでしょう。しかし，実際にはそのようにはなりませんでした。総合制高校の抱える危険や不公平の一部は自覚されていましたが，それらを修正する試みはいくつかの点で事態をさらに悪化させてしまいました。次節では，どうしてその努力が実を結ばなかったのかについて議論しましょう。

　その議論に移る前に，教育プログラムの策定に関わる三つ目の残念な決定に触れておくべきでしょう。トラック間の順位づけに偏見が潜んでいただけではなく，すべてのトラックで，経済的目標がますます強調されるようになりました。大学教育がより収入の高い仕事を保証してくれることを理由に，子どもたちは大学進学の準備をするよう勧められました（それは現在も変わっていません）。学校が経済的成果ばかり気にかけることに対しては，20世紀前半から懸念が示されてきましたが，当初の反対意見の多くは職業訓練と変わらない矮小化された職業教育に向けられていました。デューイは，普通教育と職業教育の分離に激しく反対しました。デューイによれば，職業教育推進者の最大の関心は「産業社会」の振興にあり，個人の教育的ニーズや，個人が市民として参加する民主主義社会にはなかったからです（Kliebard, 1999, p.127参照）。もちろん，そのような批判に対して，産業社会はアメリカを経済的繁栄に導いた原動力であり，それゆえ産業社会の継続的繁栄を教育の主な目標とすることは何ら問題ないと反論する人もいるかもしれません。

　「中等教育の基本原理」（1918）[4] は，人間のあらゆる関心（健康，読み・書き・

計算などの基本能力，職業，余暇の有意義な活用，立派な家族関係，市民性，倫理的人格）を踏まえてカリキュラムを拡張するのに活かせたかもしれません。しかし，実際にはこの提言さえも社会効率運動[5]の枠内で解釈され，資本主義国家ないし産業国家の円滑な働きを促すためのものだと理解されました（「中等教育の基本原理」の別の活用方法についてはNoddings (2013) を参照）。確かに「中等教育の基本原理」に列挙されたすべての目標は注目に値するものですが，レシピのようにただ特定の目標を羅列したものとみるのであれば，それらの目標に備わった教育的な効力のほとんどが失われてしまいます。社会効率運動に対しては批判もありましたが，批判者たちは従来の古典的な教育目標が削られているように見えることに批判を集中させ，より広くより深い教育目標のための原理を探究しなかったため，事態を悪化させてしまった可能性があります。批判者の主張によれば，ある意味，社会効率運動は教育全体を一種の職業訓練に還元しました。ハーバート・クリーバードはそのような懸念を次のように説得的にまとめています。

> 職業教育がその象徴的成功をもとに，万人のための教育を再生させるとともに，就学人口の一部の見捨てられた子どもたちに対する不正義をなくすのに貢献すべきだとすれば，未来のどこかの時点で得られる報酬に執着したり，職業教育を他の教育から孤立させたり，ましてや教育システム全体を経済的利益という狭い目的に転換してはならない。それは，職業教育が遠い将来の金銭的利益の約束を越えて，その射程範囲を押し広げることによってはじめて達成できる。　　　　　　　　　（Kliebard, 1999, p.235）

4　「中等教育の基本原理（Cardinal Principles of Secondary Education）」は全米教育協会（NEA）の中等教育改造委員会が1918年に提出した報告書。総合制高校を推奨し，中等教育に職業教育を位置づけるうえで一定の役割を果たした。上記7つの項目は本報告書で示された基本原理にあたる。

5　社会効率は20世紀初頭の米国カリキュラム改造運動のキーワードの一つ。社会の産業化と中等教育の大衆化を背景に学校教育の効率化や科学化が目指された。

まさにこの原稿を執筆している最中に，いくつもの悩ましい調査報告が報道されています。過去15年間で，明らかに白人中年男性の死亡率が顕著に上がっているそうです。その要因として，自殺，薬物の過剰服用，アルコールの過剰摂取などがあります。この憂慮すべき死亡率上昇の原因を突き止めようと，研究が進められています。現時点では決定的な回答を持ち合わせていませんが，一種の実存的絶望が少なくともその原因の一部をなしているように思われます。実存的絶望は複数の期待が裏切られた結果として生じます。ポール・クルーグマンは次のように推測しています。「私たちが目にしているのは，アメリカン・ドリームを信じるように育てられたが，その夢が叶わない現実に直面してうまく折り合いをつけられないでいる人々である」(Krugman, 2015, p.A23)。

　人々の実存的絶望を示す〔死亡率上昇という〕証拠を目の前にした教育者は，今や教育の世界で支配的となってしまった，経済的利益ばかりを強調する考え方から自分たちの仕事を引き離したいと願うはずです。お金を稼ぐこと以外にも大切なことが人生にはあります。断っておきますが，私たちはアメリカン・ドリームを称賛しているのでも非難しているのでもありません。繰り返していえば，私たちは考えを植え付ける洗脳行為に対して警鐘を鳴らしているのです。とはいえ，教育者は〔子どもたちに何も教えないのではなく，〕生徒を知的・社会的・道徳的・芸術的な可能性に溢れた世界へと導く一定の責任を負うべきです。〔そのために〕私たち教育者は，学校における自らの行動を通じて，お金がすべてではないということを身をもって示さなければならないのです。

▌社会主義

　簡潔にいえば，社会主義とは生産に関わる所有と統制の権限をコミュニティに帰属させる社会システムです。共産主義とは違います。共産主義は，所有と統制の権限を国家に与えます。それに対し，現在のほとんどの社会主義は国有制度を支持していません。とはいえ，ここで「コミュニティ」が何を意味するのかについて議論する必要があるのは明らかです。共産主義を批判する人たち

が誤って無神論と共産主義を同一視したのと同じように，社会主義は共産主義の一形態であるとか，社会主義は確実に共産主義に行き着くなどと主張する人々がいます。生徒に最初に念を押すべきことは，今日，世界で最も繁栄している国々の多くは社会主義的だといえるでしょうし，その国々は共産主義ではないということです。社会主義経済は計画経済で，ある事業に利害関係のある全員（関連するコミュニティ）がその事業計画を立てるに当たって一定の役割を果たします。政府（国家）も事業主ではなく参加者として一つの役割を果たします。社会主義経済では，経済の統制は市場原理に委ねられません。

　20世紀前半のアメリカでは，社会主義に大きな関心が寄せられていました。その最初の引き金になったのは金ぴか時代 6 に続いて生じた極端な経済的不平等でした。当然のことですが，社会主義への関心が最高潮に達したのは大恐慌の時代です。しかし，その関心は，冷戦が起こり，社会主義が共産主義と同一視されたこともあって，1950 年代には次第に弱まっていきました。今では，かつてアメリカに有力な社会主義政党があったことを知る人は多くありません。事実，まさにその「社会主義」という名称が世間の不評を招いたのです。ところが今日，私たちは社会主義に対する新たな関心の高まりを目撃しています。というのも，民主社会主義者を自称するバーニー・サンダースが，2016 年の民主党の大統領予備選挙で活発な運動を始めたからです。ここでも，大金持ちとそれ以外の人々との巨大な格差の広がりに対して現在多くの人々が抱えている不満が，社会主義への関心の復活を後押ししているのかもしれません。

　社会主義の支持者は，社会主義が人口全体にわたる経済格差を縮小し，コミュニティに参加しているという感覚やコミュニティの今後の方向性に対する責任感を回復させると主張しています。これから見ていくように，その「コミュニティ」を定義することが社会主義者にとって重大な理論的課題になってきましたし，今も課題のまま残されています。国家レベルでは，私たちはデューイ

6　金ぴか時代（金メッキ時代，Gilded Age）は南北戦争後の 19 世紀後半，アメリカで産業革命が進行した時代。当時の金銭崇拝の風潮が揶揄されている。小説家のマーク・トウエインには同名の作品（邦訳『金メッキ時代』）がある。

が「大きなコミュニティ」と呼んだものを未だに建設できていません。デューイ自身が認めていたように，これはとても難しい知的課題です。それは「大きな社会が大きなコミュニティとなり得る条件の探求」(Dewey, 1927, p.147＝邦訳2014, p.184) を意味しています。社会主義者にとっての本質的課題は，資本主義を社会主義に置き換えること，あるいは少なくとも資本主義を修正するために社会主義の基本原則を採用することですが，このことを実現するためには，社会主義者がもっと綿密に「コミュニティ」を定義する必要があります。

　コミュニティでは，人々は互いの面倒を見ます。「落伍者をそのまま放置する」ことはなく，成功者だけが栄えるのを看過するわけでもありません。すなわち，コミュニティの全員に衣食住・安全・医療といった生活必需品を保障するのです。基本的水準の生活はコミュニティの全員に保障されるため，施し物（一方的に誰かが与えて別の誰かが受け取るもの）とは見なされません。生徒はこの点について批判的に考える機会を与えられるべきです。コミュニティによる全員の生存保障という考えに対し，徹底した資本主義者はどのような反応を示すでしょうか。資本主義者はそれに対抗してどのような主張を提示するでしょうか。そのような生存保障の仕組みの財源はどうすれば確保できるでしょうか。

　民主的コミュニティの成員は，コミュニティに参加します。デューイはこの点を明確に述べています。

> 民主主義は，個人の観点からみると，所属集団の活動を形成し方向づける過程に個人がその能力に応じて責任を持って参加すること，および集団の保持する諸価値の分配に個人がその必要に応じて与ることを意味する。また民主主義は，集団の観点からみると，共通利益や共通善との調和を保ちつつ，集団成員の潜在能力を開花させることを要求する。
>
> 　　　　　　　　　　　　　　　　　　　(Dewey, 1927, p.147＝邦訳 2014, p.184)

　この最後の文から見てとれるように，社会主義者は産業資本主義の最も厄介な特徴の一つ（人間を工業生産の歯車に変えてしまうこと）の改善を望んでいます。

ここでのデューイの考えは，すべての労働者が，自分たちの事業がいかに行われそれが誰の利益になるのかということに関して何らかの発言権を持つべきだというものです。例えば，自動車製造に関わる全員が，事業がいかに組織されるか，製品がいかに生産されるか，事業に関わる人間がいかに処遇されるか，事業が世界全体といかに関わるかといったことに何らかの発言権を持つべきです。周知の通り，労働組合の拡大は社会主義によって強く後押しされました。しかし，今日，労働組合は解体されるか，無力化されつつあります。それは伝統的な資本主義に対する熱狂が再び高まりをみせているからでしょうか，それとも労働組合側の行動に過ちや弱みがあるからでしょうか。この議論には後ほど戻りましょう。

　社会主義は資本主義に比べて，経済主体としての個人をほとんど重視しませんが，より広い意味での個人は資本主義よりもずっと重視しています。先ほどその著作を紹介したニアリングは，この点について次のように述べています。

　　自分を誰か別の人間や集団（家族やコミュニティ）の関心に同一化させたり，ある目的・大義・観念に同一化させることによって，人生は広がるし，大いに深まりをみせるだろう。「あれかこれ」の二者択一の選択肢から選ぶ必要はない。私たちはあらゆる方向に手を伸ばすことができる。重要なのは，自己を超えた何か（一つでも複数でも）に自身のアイデンティティを見出すことだ。実のところ，個は全体の部分をなしているのである。

（Nearing, 2000, p.301）

　他者と繋がった人生がここで強調されていることから思い出されるのは，デューイがかつて指摘したように，個人主義さえも他者との繋がりや関わりの結果として生じるということです。しかし，個人と同様，集団は他の集団と交流を持たなければなりませんし，集団の力や幸福も集団間の交流が健全かどうかにかかっています。コミュニティとは，そこに参加する複数の集団の目的や活動がお互いに共有されることによって形成されます。もしある集団が他の集団

から距離をとって自分たちのニーズや利害だけを考えたなら，その集団が属しているはずのコミュニティは分裂してしまいます。実際，そのコミュニティはコミュニティとして存在しなくなるかもしれません。この点で，最近の労働組合の衰退は検討に値します。労働組合が衰退している理由はもしかすると，再び盛り上がりをみせる資本主義的関心に覆われた社会の風当たりが強すぎることにあるのかもしれません。あるいは，まさに自分たちが批判して乗り越えようとしていた体制（階層の序列化が激しく，過度にお金に執着し，他の集団の幸福にほとんど関心をもたない体制）そのもののようになってしまったことが，衰退の理由かもしれません。あるいは，それら二つの可能性の両方に，労働組合の失敗の原因があるのかもしれません。いずれにしても，「大きなコミュニティの探求」は今でも社会主義者にとって課題となっています。〔大きなコミュニティにおいては〕個人や集団は，あらゆるレベルで関心や利益，仕事を積極的に共有しなければなりません。

　一般的に，資本主義と社会主義の間には矛盾があるように考えられますが，その矛盾と思われている事柄について時間を割いて検討すべきです。資本主義は徹底した個人主義（個人が自分以外のすべての人と競いながら懸命かつ誠実に働く社会）としばしば結びつけられます。しかし，資本主義は生産，市場の独占，金銭に関心を傾けることで，多数の個人を巨大な機械装置の似通った部品として扱ってきました。〔一方で〕社会主義は，集団統制を重視して，全うな人間にとってお金が唯一ないし最大の関心事ではないことを人々に思い起こさせてきました。社会主義の最大の目標の一つは，人々が自由にお金以外のさまざまな関心を追求できるようにすること，そして各自の固有の才能を伸ばせるようにすることにあります。

　資本主義と社会主義のいずれの思想体系も平等性を重視しています。資本主義者は，誰もが成功する機会を持つべきだと主張します。ただし，ここでいう成功とはやはり，何よりも金銭的な観点から定義されています。平等性はスタート地点において公平で平等であるという観点から説明されますが，ゴール地点での富の極端な格差は許容されるばかりでなく，むしろ大いに称賛されます。

アメリカ社会で長らく語り継がれてきた，無一文から大金持ちになるホレイショ・アルジャー[7]のような成功物語を思い浮かべてみてください。社会主義はこれとは対照的に，すべての人間を経済的平等に近づける平準化のシステムだと受けとめられがちです。しかし，社会主義が関心を寄せるのは経済的平等についてだけではありません。社会主義は，経済的苦境に陥るのではないかという身がすくむような恐れなしに，各個人が幅広い関心を追求できる自由を主張するのです。

学校にできること

　アメリカの学校は一貫して平等の概念に関心を払ってきました。学校関係者は，ほとんどのアメリカ人と同様に，アメリカ独立宣言にある「すべての人は平等に造られ」たという信念を軽薄に口にします。しかし，私たちアメリカ人のほとんどは人間が平等な適性や能力をもって生まれてくるとは信じていません。法の前の平等や機会の平等を信じているということは表明してきましたが，結果の平等性については語ってきませんでした。総合制高校が構想され実現された際，その背景には，子どもはそれぞれ異なる能力を持っていて，それゆえ将来の経済生活に向けてそれぞれ異なる準備をするべきだという考え方がありました。「自然な」違いは教育的処遇の違いを正当化します。この考え方は資本主義者だけでなく社会主義者も同意するかもしれませんが，資本主義者はこれらの〔生来的な能力の〕違いがもたらす「自然な」帰結をより大きく強調します。学術的な才能に恵まれた子どものための教育を，誰もが活かせるわけではありません。総合制高校の導入当初から，表立って言われなくても，そこで提供される各種プログラムには序列があると広く理解されました。アカデミックな教育プログラムは，そのプログラムの修了者が最も多くの経済的成果を生

7　ホレイショ・アルジャーは19世紀後半に活躍したアメリカの小説家。その作品は「無一文から大金持ちへ（rags-to-riches）」のアメリカン・ドリームを描いた物語として有名。邦訳に『ぼろ着のディック』など。

み出すだろうという理由で，最上位のプログラムと捉えられ，続いて職業教育プログラムが，底辺に普通教育プログラムが位置づけられました。

　思慮深い人々は，このような教育のアプローチに異議を唱えてきました。過去半世紀に渡って力を増してきた最も一般的な反論は，「自然な」違いと呼ばれるものも実際には，〔生来的な能力差ではなく〕生まれ落ちた家庭，地域，そして所属する学校の設備における経済格差に由来することが多い，というものです。そのため，学校はこうした経済格差を解消するために最善を尽くし，ロバート・メイナード・ハッチンズの次の格言に従って行動すべきだと考えられます。「最善の者のための最善の教育とは，万人にとって最善の教育のことである」（Adler, 1982, p.6 からの引用）。教育界には「すべての子どもが学ぶ力を持っている」という標語が広く浸透し，トラッキングを廃止すべきだという主張が繰り返されてきました（Oakes & Rogers, 2006）。正義〔公平性〕を追求するこの運動に称賛すべき点は多々ありますが，懸念すべき点も多く含まれています。

　第一に，すべての子どもが大学に進学できるようにと大学準備教育を強調したとしても，アカデミックな教育プログラムとそれに付随する職業やキャリアを上位に位置づける（その価値を高く評価する）根強い習慣を捨てきれていません。かつての総合制高校における序列では，アカデミック・プログラムが最上位に位置づけられ，職業教育プログラムや普通教育プログラムは下位に置かれました。今では，非常に多くの生徒が大学準備プログラムに在籍していて，アカデミック・コースの一覧で上位に位置づくものは「発展」コースや「優等」コースと呼ばれ，底辺にあるものは「補習」コースと呼ばれます。評点平均や試験成績はかつてないほど重視されています。生徒たちは単に大学進学を勧められるだけではなく，「一流」大学に進学するよう勧められます。裕福な家庭の子どもはより上位の高校に通うだけでなく，その多くは正課外の個別指導や試験対策も受けています。従来の資本主義者は競争やお金を重視してきましたが，その傾向は今もこのようなかたちで続いています。

　トラッキングの廃止に関わる第二の問題は，真の形でのトラッキングが一度

も実現されないまま廃止されてしまうことにあります。生徒たちは学業成績に基づいて単純にいくつかのトラックに割り振られてきました。〔そのプロセスで〕生徒が自分の興味関心を尋ねられることなど滅多になく，学力以外のさまざまな才能はほとんど考慮されてきませんでした。先ほど，職業教育そのもの，および職業教育が直接的な職業訓練以外の事柄を排除してきたことを非難したクリーバードの力強い批判を紹介しました。職業教育が，人文系の豊富なテーマ（労働を描いた文学，家事，労働組合の歴史，労働に関わる美術や音楽，発明家の伝記，コミュニティにおける労働の役割，市民参加，幸福，善い生の意味など）を扱ってはならない理由などありません（Grubb, 1955；Kliebard, 1999；Nearing, 2000 を参照）。最良の職業教育は単に生計の立て方を教えるものではないのです。マシュー・クロフォードは次のように述べています。

　　金やその金で買えるもののことばかり考えていなくても，金をどうにか稼ぐことはできる。人が〔自分の仕事への〕興味を保つには，卓越性を磨く余地が仕事に残されていなければならない。最良の場合，その卓越性は仕事以外の事柄へも拡がっていくだろう。要するに，その卓越性は善き生とはどのようなものかについてより幅広い理解を示したり，その理解を深めるのに役立ったりするのである。　　　　　　　　　（Crawford, 2009, p.196）

　なぜ，優れた職業教育の開発にもっと意識が向けられてこなかったのでしょうか。資本主義の伝統にありがちな，いくつかの理由を列挙することができます。すなわち，肉体労働への敬意の欠如，肉体労働における賃金の低さ，勉強ができない人々を見下す態度，労働者をますます機械に置き換えていく傾向などです。しかし，もう一つ別の理由があります。それは偽善を孕んだ理由であるため，コミュニティの構成員としての私たちの面目を失わせるものです。その理由とは，優れた職業教育にはお金がかかるというものです。すべての子どもが大学に行くべきだと信じるふりをして，子どもたちが実際に持っている真の興味関心や才能を無視してしまった方が，遥かに費用はかかりません。人間

が持つ幅広い才能をすべて尊重するなら提供すべき多様なコースを設置するより，全員に代数を教える方が安く済みます。すべての子どもを大学進学に向けて平等に教育しているかのように振る舞うことで，私たちは金銭の節約をしているのです。

　もしも高校段階の優れた職業教育プログラムの開発という課題に真剣に取り組むつもりなら，社会主義者が指摘したある問題に今なお向き合う必要があります。デューイが注意を促したように，大きなコミュニティにおいては，集団も個人も相互活動を行い，少なくともいくつかの共通目的を分かち合わなければなりません。学校はその民主的な相互活動に向けて生徒が準備するのを手助けできます。職業教育コースとアカデミック・コースの生徒同士が社会的かつ政治的な相互活動を行う機会が提供されてしかるべきです。人文系のテーマは先に提案した4年間のセミナーで扱われるでしょう。このセミナーでは，文学・美術・音楽・公民の教材も扱われます。セミナーは複数のトラックに分けられることなく，学校のすべてのプログラムに所属する生徒を受け入れます。そこでは，共通の学びを保証するために教科を跨いだ協同が必要というだけではありません。それに加えて，異なるプログラムから参加してくる生徒たちがそれぞれ異なる独自の関心を共有しあうために，よく練られた学習機会が提供されます。このセミナーで展開される議論は，生徒や教師の提起する社会的・道徳的・政治的な問題関心を中心に置きます（Noddings, 2015a）。入念に計画されれば，このセミナーでの経験は，今日多くの社会評論家を悩ませている，会話の溝が生じることを防ぐのに役立つはずです（Anderson, 2007；Putnam, 2015）。会話の溝に悩む評論家の中には，アメリカ人が社会階級の分断を超えて話し合う能力を失いつつあることへの危機感を表明している人が何人もいます。私たちは広がりつつある富の格差だけでなく，同じくらい厄介な会話の溝にも対処しなければならないのです。

　先述の通り，社会主義は，個人が社会的・政治的集団と職業集団の両方に参加することを求めます。学校は，生徒たちに学ぶテーマやプロジェクトを選択する機会をより多く与えることで，このような参加重視の考えを支持すること

192

ができるかもしれません。プロジェクト学習がカリキュラムの中心になるように
にカリキュラム全体を再編成するまでのことはしなくても，自らが参加することによって自身の受ける学校教育の舵取りを自分の手で行っているのだと，これまで以上に生徒たちが実感できるようになる方法はたくさんあります。例えば，数学の発展／標準／基礎のどのコースに登録するかを，生徒の選択に任せる方法が考えられます。もちろん，そうした場合，教師や親からの惜しみない助言が欠かせませんが，そうした教師や親からの助言がまた，参加や協同を促すための努力をより一層大きなものにしてくれます。生徒たちは，将来の学習や仕事において自分たちがどのように数学を活用する可能性があるか，自身の能力をいかに評価するか，どの分野の学習に最も熱心に取り組みたいか，といったことを自分で考えるよう推奨されます。発展コースを修了したとしても，基礎コースを修了した場合に比べて，高い成績や多くの単位が与えられるといったことはありません。このような案は激しい成績争いを抑制することにも繋がります。例えば，発展コースを選ぶ生徒はその教科をより深く学べることを期待して，あるいは単にその教科が好きだから発展コースを選ぶのであって，自分が他人よりも優れていることを示さなければならないといった気持ちからそうするのではありません。

　平等な教育とは，全員に同一の教育（同一のカリキュラム内容）を提供することだという考えを仮に捨てたとしても，すべての教育プログラムにおいて，どのようなテーマ・争点・スキルを扱うべきかを真剣に問わなければならない点に変わりはありません。先ほど，職業コースは人文系のさまざまな教材を扱うべきだと提案しましたが，それらの教材はアカデミック・コースの教材と全く同一である必要はありません。また，確率や統計の分野の基礎的な数学スキルは，環境や技術に関わる複雑な問題を批判的に検討するうえで，すべての生徒に不可欠なスキルだということも付け加えておきます。この点を考えると，カリキュラムの構成に教師がもっと参加する必要があることに気づかされます。私たちは，その参加を支持します。教師同士の教科横断的な授業準備や，テーマ・方法・成果に関する絶え間ない議論を通じて，教育という営みにともに参

加しているという生き生きとした感覚が育まれるべきです。

　本章で私たちが行ってきた提案のほとんどは，社会主義の基本的関心と一致しています。社会主義が重視しているのは，人間のあらゆる才能に敬意を示すこと，諸個人が自分たちの属する営みに積極的に参加すること，集団同士が共通の関心のもとに交流を行うことです。しかし，それと同様に私たちは，資本主義的態度を特徴づけてきた発明・勤勉・活力の精神も維持するよう努めなければなりません。デイヴィッド・シプラーは私たちに次のことを思い起こさせてくれます。

　　ウィンストン・チャーチルはかつて次のように述べた。民主主義はこれまでに考案された中で最悪の体制である，ただし，これまで試みられてきたその他のすべての体制を除けばの話だ，と。同じことが資本主義の自由市場にもいえるだろう。自由市場も，その他のすべてを除けば，最悪である。資本主義の自由市場にはある種の冷酷さがある。すなわち，適者生存と弱者の苦痛を奨励する，冷たく競争的な精神である。しかし，それはまた，共産主義や社会主義，それにこれまで試みられてきた類似した体制には例を見ないほど，豊かな機会を切り開いてもくれるのだ。

（Shipler, 2004, p.88）

　資本主義と社会主義の二つのアプローチを妥協不可能な敵同士として対立させる必要はありません。私たちはお互いに学び合うことができます。私たちの目標は民主主義を鍛えることです。13世紀のスーフィー教徒の詩人ジャラール・ウッディーン・ルーミーは語っています。「正しい行いや間違った行いといった考えを超えたところに開けた場所がある。私は，そこであなたを待とう」（Cravens, 2007, p.133からの引用）。ここでもデューイが巧みな言葉で次のことを思い出させてくれます。

　　ひとつの観念としてみれば，民主主義は共同生活の他の原則に取って代わ

るものではない。民主主義の観念はコミュニティそれ自体を指している。（中略）協同活動に参加した一人ひとりが皆その活動の結果を善きものと評価するところにはどこでも，コミュニティが存在している。また，善きものを実現した結果として，その善さが今や全員に分かち合われているというだけの理由で，それを今後も維持しようとする活発な欲求と努力が生じるところには，コミュニティが存在している。

（Dewey, 1927, p.149＝邦訳 2014, pp.185-186）

第9章
お金，階級，貧困

　前章では，生産の所有権と「徹底した個人主義」の強調という二つの観点か
ら資本主義と社会主義の違いを論じました。「徹底した個人主義」とは資本主
義社会で成功するために必要なもので，デューイのいう民主的個性とは対照的
な概念です。デューイのいう民主的個性では，コミュニティ内の社会的相互活
動を通じたアイデンティティの形成に強調点が置かれています。それは明らか
に社会主義的な関心によるものです。第7章「エンターテインメント，スポー
ツとメディア」では，あらゆるエンターテインメントやメディアが「アメリカ
のビジネス（本分）はビジネスである」という考えにいかに囚われているのか
をみました。それがあまりにも行き過ぎているため，私たちは皆一歩引いて，
日々読み，聞き，見るものすべてについて，その出典や妥当性，それらの中に
含まれる暗黙の価値命題を吟味すべきです。これまでの章では，宗教，人種，
ジェンダーに目を向けながら，人々を分断する論争問題を検討してきました。
本章では，それらを踏まえたうえでさらに，最も深刻な分断を招いているかも
しれない，社会的な分類方法に目を向けます。ここで扱う分類は，私たちが持
っている他者と話し合い，理解し合う力を今日揺るがしているものであり，民
主的諸制度の存続を左右するもの——すなわち，階級です。

　　実際のところ，アメリカ人のほとんどは階級に比較的無自覚である。建前
　　上階級がないとされる社会の中で示唆されている，〔個人の〕社会的地位
　　上昇の可能性を，信じている。階級について話題にすることはタブーであ
　　るため，政治家が公共の場で触れることはない。そもそも，政治家は自身
　　の支持層を見る際に，〔階級ではなく，〕ジェンダー，年齢，人種，〔居住し

196

ているのが〕レッド・ステイト〔共和党支持者が多い州〕かブルー・ステイ
ト〔民主党支持者が多い州〕か，あるいはその他の一般的に取り上げられ，
社会的にも受け入れられているようなアイデンティティのレンズを通して
みた方が，当選確率が圧倒的に高まるのである。それでもなお，階級は，
国民にとっていわば気の狂った叔母のような存在として居座っている。す
なわち，歴史の記録保管所にそっとしまい込んである，私たちの厄介な過
去のようなものだ。 (Sacks, 2007, p.289)

　社会構造の中でお金が果たす役割を論じることは，その社会構造そのものや
階級の差異を論じることに繋がります。本章と，平等について論じる次章を通
して，経済状況の差異が「思想の差異」にいかに関連するのかを考察します。
「思想の差異」は，これまでの章で触れたように，会話の溝を生みます。経済
格差を減らす方法を探究するだけでなく，どうすれば階級を超えた会話の成立
可能性を高めることができるかも探究することを推奨します。先述のように，
学校は，誰もが標準英語を習得し，正式な言語使用域を使えるようになること
により注力すべきなのでしょうか。あるいは学校は，教育における経済的目標
を重視しすぎているのでしょうか。

お　金

　学校で少しでも階級や貧困に関する有意義な議論がなされるためには，生徒
はまずお金の役割やお金と財産の違いについて理解しなければなりません。ご
く簡単にいえば，お金は価値を測る手段であり，財産は価値を有する事物の集
合を指します（例えば，自動車，住宅，家電，株式，債券など）。私たちは数学の
基礎的な授業や〔誰もが履修するような数学の〕最低限の授業の中で，ビジネス
用語で財務三表（損益計算書，貸借対照表，収支計算書）と呼ばれるものを生徒に
教えるべきです。財務三表のそれぞれが持つ時間的性質やそれらが示す内容を
理解することは，予算の立て方や蓄財の方法を理解する第一歩となります。こ

れはあらゆる生徒にとって代数よりも役に立つでしょうし，これらの財務諸表を詳しく調べる活動を取り入れれば，基本的な計算スキルをあわせて教えることもできます。それはまた，クイーンズ・カレッジで政治科学と数学を教えるアンドリュー・ハッカーが勧めていることとも一致します。ハッカーは次のように述べています。

> 微積分や高等数学はもちろん役に立つが，それは多くの人の日常生活においてではない。市民が必要としているのはむしろ，苦労せずに図表を読めて，頭の中で簡単な数の計算をこなせることだ。私たちの生きる21世紀は数字に溢れた時代となった。だからこそ，その言語を習得しなければならない。小数や比は今や，名詞や動詞と同じくらい欠かせないものである。(中略) だが実際には，企業利益を読み解いたり，健康保険の費用を計算したりして，数字を使って現実世界を理解することはそれほど簡単なことではない。
> (Hacker, 2016, p.2)

　収支計算書は小切手帳のようなものです。それは，一定期間 (1ヵ月，四半期，1年) にお金の出入りが会計上生じた際の，その出所と用途を記録します。損益計算書は基本予算のようなものです。収支計算書と同様，損益計算書も期間の定まった財務表で，一定期間の収入・支出の金額と出所を記録します。生徒たちは自分自身の，あるいは家族の収入・支出を見積もった簡単な予算を作成し，一定期間，実際のお金の出入りを追跡してみてもよいでしょう。最後に，財産の理解に最も重要なのが貸借対照表です。貸借対照表はある一時点に特化して，その時点の純資産，すなわち資産から負債を差し引いた額を報告します。財産を増やすためには，貸借対照表の最終収益を時間の経過とともに増加させなければなりません。
　一度これらの基本原則やお金と財産の違いを理解すれば，生徒たちは下記の内容をもっとよく理解できるようになります。

・中間所得世帯（4人家族で年間所得が44,000ドルから132,000ドル）の純資産の中央値は1983年（94,300ドル）から2013年（96,500ドル）の30年間で2％しか上昇しなかった。この金額は世帯の「貯蓄」を表すが，これではわずか1〜2年分の所得に相当する貯蓄しかできていないことになる。しかも，おそらくその貯蓄の大部分は住宅の資産価値を計上したものであり，すぐに使える現金ではない。

・年間所得44,000ドル以下の世帯の場合，純資産の中央値は上記の期間に実に11,400ドルから9,300ドルへと下がっている。

・それとは対照的に，ピュー研究所のデータによれば，年間所得132,000ドル以上の世帯を見ると，純資産の中央値は同期間に2倍以上の639,400ドルに跳ね上がった（Cohen, 2014にその報告がある）。

・アメリカの上位0.1％が所有する財産の割合は，1970年代末の7％から2012年には22％へと増大した（データはSaez and Zucmanによる。Matthews, 2014にその報告がある）。

　前章で触れたように，これらの統計はバーニー・サンダースが大統領候補として人気を博した理由や現在の政治の混乱を説明するうえで役立ちます。「残酷な不平等をなんとかするのではなく，私たちはただ国家的イデオロギーにしがみつく。そのイデオロギーとは，宗教やお金を別とすれば，能力主義（メリトクラシー）を意味する」（Sacks, 2007, p.288）。

　著書 *A Framework for Understanding Poverty*（貧困を理解する枠組み，1996年）で，ルビー・ペインは異なる社会階級がそれぞれお金についてどのように考えているのかを語っています。貧困層はお金を使うものと捉えているのに対し，中間層は管理しようとし，富裕層は節約して投資しようとします。財務諸表の観点から考えると，貧困層は収支計算書だけを使っているといえるでしょう。貧困層のお金は出入りを繰り返すだけで，銀行口座にすら入金されないこともよくあります。中間層や富裕層はキャッシュ・フローと安定収入の両方を手にしているため，計画を立て，予算を組み，財務三表のすべてを使いこなす

ことができます。しかし〔中間層と違って〕、富裕層は貸借対照表の純資産を増やすことを重視しています。ただしここで、鶏と卵を混同しないようによく注意しなければなりません。貧困層が貧しいのは、お金をただ使うものと捉えているからではないのです。

　財産には、容易に収益化できる価値を備えた資源以外にも、さまざまな資源が含まれます。富裕層、そしてある程度は中間層も、さまざまな資源にアクセスできる状況にあります。例えば、教育資源、金融・政治・社会生活に関わる人脈、失業・病気・その他を理由に一時的に金銭的危機に陥っても切り抜けられるだけの財源などがあります。私たちが「知の財産」といったものを語る時には、財産が持つまた別の一面をも含んでいます。それはすなわち、スキル、才能、自信、大胆さといった、これまでに伸ばされ高められてきた個人的資源です。こうした個人的資源は出身階級に関係なく誰でも持っているものだと思われがちですが、近年の研究は異なる事実を示しています。

　ジェニファー・キシュ＝ゲパートとジョアンナ・トクマン・キャンベル（Kish-Gephart & Campbell, 2015）は、企業のCEOが幼少期に自覚していた社会階級上の地位が、その後の人生において戦略的リスクを積極的に負う態度（大胆さ）に確実な影響を与えていることを発見しました。中流階級出身のCEOに比べて、上流階級出身のCEOの方が、リスクを好機と捉え、戦略的なリスクを負う傾向が遥かに強くみられます。下層階級出身のCEOも中流階級出身と比べてリスクを負いやすい傾向にありますが、上流階級出身ほどではありませんでした。これらの実証結果に対して、著者らはこれまでの社会学的研究の知見に基づき説明を加えています。つまり、上流階級の幼児期の体験は自尊心や安心感を高め、下流階級の幼児期の体験は、失うものは何もなくリスクを負えば上にあがれるかもしれないという感覚を子どものうちに生み出すという知見です。対照的に、中流階級出身者にとって、リスクは「二重の脅威」をもたらします。現在の地位と将来の機会の両方を失うかもしれないという脅威です。著者たちは次のように結論づけています。

「無一文から大金持ちになる」成功物語がアメリカにおいて魅力を放ってきたにもかかわらず，社会階級上の出自が職場での昇進にどのような長期的影響を与えるのかはこれまで明らかにされてこなかった（とりわけCEOなど社会経済的階層の頂点に到達した人々の場合）。私たちは，社会階級，刷り込み，上位階層理論に関する研究成果を統合することで，戦略リーダーの社会階級的背景が企業レベルの業績に与える影響を把握するための最初の重要な一歩を踏み出したといえる。本調査結果は全体として，幼少の人間形成期における社会階級が重要であることを実証している。それゆえ，社会的地位の向上についての研究や社会階級が職場〔での活躍や昇進〕に果たす役割に関する研究が今後さらに進むことを切望している。

（Kish-Gephart & Campbell, 2015, pp.1631-1632）

本節では，お金が財産や社会階級といかに関係しているか，そして社会階級が〔人に〕長期にわたる影響を与えること（組織の最上位に登りつめた人々の場合であってもそうであること）を示してきました。次はいよいよ階級そのものを検討しましょう。

階　級

前節で紹介したリスクに対する態度に関する研究において，社会階級は「経済の階層構造の中でその人が占めていると認識されている地位」と定義されています（Kish-Gephart & Campbell, 2015, p.1615）。ここで経済の階層構造と呼ばれているのは，さまざまな資源に手が届くかどうかの違いや，他者と比較した際の相対的な社会的立場を意味しています。第8章で議論したように，ひと財産を築くことは長らくアメリカン・ドリームとして語られてきました。「ベンジャミン・フランクリンは成功した。ヘンリー・フォードも成功した。だから他の人々も同様に成功する可能性がある——アメリカ人の暮らしは，こうした信念のうえに築かれている。すなわち，貧しい生まれから裕福さの頂点まで登

りつめることができると。ジョージ・ジェファーソン流の「Movin' on up（出世）」[1] は，単なるホームコメディの主題歌であるだけでなく，アメリカ人の市民宗教〔の表れ〕でもあるのだ」（DeParle, 2012, p.1）。しかし，上へと向かう社会移動について語るためには，「上」が何を意味するのかを定義しなければなりません。それが意味するのは教育水準，社会的地位，所得，財産，それともその全部とはいわないまでも，そのいくつかを組み合わせたものでしょうか。「ダウントン・アビー」のような第二次世界大戦前のイングランドの生活を描いたドラマを観ると，階級の区別は一目瞭然です。そのような階級の区別は南北戦争やそれに続く金ぴか時代以前のアメリカでも同じくらい明白だったのでしょうか。アメリカ独立宣言の起草者たちが「すべての人（men）は平等に造られ」たという言葉を記した時，階級を生まれながらの権利だとする貴族社会の考えから解放された無階級社会が思い描かれていたのでしょうか。有色人種についてはどう考えていたのでしょうか。現代のアメリカでは階級がどのように定義されると生徒たちは考えるでしょうか。

　生徒たちが階級の概念やアメリカ社会におけるその機能を理解するための手助けとして，その他の国の階級制度について学ぶのは有意義かもしれません。生産活動との関わりに基づいたマルクス主義の伝統的理論では，奴隷は政治的な地位やイデオロギーを備えた階級の一員とは見なされませんでした。むしろ，奴隷は馬や道具と同じ固定資産とみなされました。マルクス自身は奴隷制を認めていませんでしたが，それでもなお奴隷は労働者階級（プロレタリア）に関する議論の枠から外されました。インドのカースト制度は極めて複雑ですが，職業にいくぶん関連した階級を提示していました。興味深いことに，最高位のカーストであるバラモンが就くべき職業には司祭や僧侶と並んで教師が含まれています。スペイン・ポルトガルの植民地だった地域の，人種と土地の両方に基づく伝統を考察しても，非常に興味深いことがわかります。社会的地位の高い家庭に生まれたとしても，生まれがメキシコやブラジルといった植民地であれば，

1　アメリカで 1975-1985 年に放送された連続テレビドラマ「ザ・ジェファーソンズ」の主題歌。

地位は自動的に下がってクレオールになります。メスティーソやムラートと呼ばれる混血人種の場合も，階級が下がる原因となりました。混血といっても何の血がどれだけ含まれるかによって，さらに異なる名称や身分が割り当てられました（アメリカ桂冠詩人ナターシャ・トレザウェイの著書『奴隷』(Trethewey, 2012)の詩を参照)。

　植民地住民が受けたこのような侮蔑的扱いは，スペインとポルトガルの植民地解放を引き起こす大きな引き金となりました。「解放者」と呼ばれるシモン・ボリバルは，ベネズエラの最も裕福なクレオールの家庭の一つに生まれました。ベネズエラをスペインから解放するには，奴隷，牛飼い（ラネロス）やインディアンなど，ボリバル自身が属する階級にかつて抑圧されていた諸階級の多くの利害を一つにまとめる必要があると気づきます。そこで，ボリバルは自身の奴隷を兵役と引き換えに解放し，1826年のボリバル憲法をもって奴隷制を廃止したのです。「トーマス・ジェファソンやジェームズ・マディソンなどの明らかに当時は啓蒙的であったアメリカの政治家でさえも数百の奴隷を所有し自身のプランテーションで働かせていた時代において，これは大胆な行動だった」(Wulf, 2015, p.154)。「頑強で荒々しい」ラネロスやインディアンの支持を得るため，ボリバルは乗馬の技術も磨いたといいます。

> 都会育ちのクレオールだったボリバルは，民衆が指導者として選ぶようなタイプの人物ではなかったにもかかわらず，民衆の尊敬を勝ち取った。ひどく痩せていて，5フィート6インチ〔約167cm〕の身長に体重はわずか130パウンド〔約59kg〕しかなかったが，馬に乗ったボリバルは忍耐力と力強さを発揮し，「鉄の尻」という異名をとった。　　　　(Wulf, 2015, p.155)

　トーマス・ジェファソンはボリバルの親しい友人のアレクサンダー・フォン・フンボルトに宛てた書簡で，中南米の革命について熱心に書き綴り，「フンボルトを質問攻めにした。革命家たちが勝利したら，どのような政府を樹立するのか。革命後の社会はどれだけ平等なものになるのか。それとも専制政治が蔓

延するのだろうか」(Wulf, 2015, p.148)。

　クレオールやメスティーソがスペインとポルトガルの帝国領で受けた酷い仕打ちに似ているのが、認識されていないことが多いものの、アメリカにおける有色人種への扱いです。これは過去だけでなく、今も続く問題です。「一般的に、10万ドルを稼ぐ黒人家庭が住むのは、収入3万ドルの白人家庭の居住地区である」とタハナシ・コーツは指摘しています (Coates, 2014, p.60)。『アトランティック』誌の記事「補償の大義 (The Case for Reparations)」の中で、コーツは差別行為が今も続いている明確な証拠を提示しています。差別は、奴隷制が撤廃されて以降も、諸々の改革が失敗に終わり、黒人が社会の中で孤立し周縁に追いやられてからも、今なお私たちの社会の中で一貫して存在しています。生徒たちは、アメリカの黒人が今も〔歴史的に被ってきた害に対する〕補償を求めて格闘していることについて何か学びたいと思うかもしれません。ここで求められている補償と、ホロコースト後にイスラエルが西ドイツから受けた補償との比較も、興味を引くかもしれません。「アメリカが何世代ものアメリカ黒人に対して積み重ねてきた道徳的負債と、与えてきた実害を清算しない限り、アメリカは自らの理想を実現することはできない」(Coates, 2014, p.55) のです。国家レベルの補償に関して有意義な調査と議論を行うことは、たとえその結果として実際に賠償金が支払われることがなかったとしても、この問題に対する私たちの意識を高めるという意味で、大きな前進に繋がるだろう、とコーツは主張しています。

　エディ・グロードは *Democracy in Black*（黒人の民主主義）で同様の意見を述べています。

　　私たちはアメリカ例外主義の重荷から民主主義を解き放たなければならない。そのためには、アメリカ民主主義のより大きな構想を提示した人々の物語を語らなければならない。語り始めれば、アメリカ史の醜悪な面に向き合うこと、この国を築き上げるためにすべてを捧げた無数の男女のあり方を示す、その人たちの英雄的な奮闘を思い起こすこと、そして、私たち

国民は無実だと信じる居心地の良さに浸って故意に問題から目を背ける態度を捨て去ることに繋がるだろう。

　こうしたことには価値〔の優先順位〕の抜本的な組み替えが必要になる。自分たちの物語を変えるということは何が大切かを変えることだ。成功や自立といったこれまで大事にしてきた言葉そのものを捨て去るべきだと言っているのではない。だが，価値の革命は成功や個人の自主性という言葉が指す内容は変わるはずである。人間の価値は，利益を追い求めるためにも，何らかのイデオロギーの名のもとにも，決して蔑ろにされてはならない。

(Glaude, 2016, p.203)

　第8章で職業教育を改善する必要性について述べた際，現代のアメリカ社会が抱えるさらに大きな構造的問題にも触れました。すなわち，肉体労働者に対する敬意が欠けているという問題です。最後にこの問題を論じましょう。どれほど自動化や技術革新を進めたとしても，豊かさの副産物として生じる廃棄物を収集しリサイクルする人たちが必要です。住宅を清掃したり，塗装したり，保守整備したりする人たち（配管工，大工，電気技師，家電修理工）も必要です。洗濯物をドライ・クリーニングする人たちもそうです。庭師や造園士も同様でしょう。子ども・若者や年寄りの世話をする人たち（用務員，看護師，デイケア施設職員）も必要です。どれほど自動化してもなお製造業に残る仕事を行う人たち（溶接工や機械工）もそうです。これらの仕事に敬意を払うということは，その仕事を担う人々に生活賃金を保証することをも意味しなければなりません。

　現代技術が私たちに実際にもたらしてくれたものは何かを考えるに当たって，環境問題に詳しい経済学者 E. F. シューマッハーは次のように述べています。

　そこで，技術が実際に人間に何をもたらしてくれているのかを考えることには意味があるといえる。技術のおかげで，ある種の仕事が大幅に減るのはたしかであるが，別の種類の仕事は増える。現代技術によって減ったり，不要になったりした仕事というのは，いろいろな材料に人が手を触れて行

う種類の，技能的・生産的な仕事である。先進工業国では，このような仕事が大幅に減り，それでまともな暮らしを立てることはまず不可能になってしまった。現代の神経症の多くは，このことが原因かもしれない。トマス・アクィナスが頭と手を持つ存在と定義した人間は，この二つを使って創造的で有益かつ生産的な仕事をするのを何よりも好むからである。

(Schumacher, 1973/1989, p.158＝邦訳 1986, p.198)

　このようなブルーカラーの仕事を軽蔑する風潮は，どのようにしてアメリカに生まれたのでしょうか。トーマス・フランクは著書 *Listen, Liberal*（リベラルよ，聞け）で，「知識労働者」や専門家からなる専門職階級の台頭について整理したうえで，専門職階級の台頭によって民主党が労働者階級の利益を代弁できなくなったことを記しています。

　　専門性を重視することは，一つの政治的イデオロギーとして，厄介を引き起こす可能性が大いにある。まず，専門性重視は，専門家の見解を公衆のそれよりも優先させるという意味で，明白かつ本質的に非民主的である。もちろん，それはある程度は許容できる。例えば，訓練を受けたパイロットしかジェット旅客機を操縦できないと定めた規則に本気で反対する者はいない。しかし，ある分野の専門家たちが揃って，〔人々の信託による〕「社会の評議員」であるという自覚を失ったら，どうなってしまうだろうか。その専門家たちが，独占的な権力を濫用したら，どうなってしまうだろうか。また，その専門家が，自分たちの利害ばかり気にかけ，一つの階級のように振る舞い始めたとしたら，どうなってしまうだろうか。

(Frank, 2016, pp.24-25)

　これは，すでに民主党に起きていることだとフランクは告発しています。今や民主党は，高学歴の専門職階級という小さい集団の利害追求を第一に代弁しているというのです。この階級を構成する新自由主義の人々は，虐げられた人々

を「助ける」という願望を持っているにもかかわらず，周囲の人間の本当のニーズに耳を傾け理解しようとしなくなっているし，今では被害者を非難することさえあります。もっと頑張っていれば，もっと教育を受けていれば，〔虐げられることはなかったのに〕などと言うのです。専門家に対する全面的な不信は，直近の出来事でいえば，「ブレグジット（Brexit）」に示されています。イギリス国民の過半数はEU離脱に賛成票を投じましたが，その主な理由は「専門家」にうんざりしていたからです。

『ザ・ニューヨーカー』誌の記事「大いなる不安（The Big Uneasy）」は，リベラル・アーツ・カレッジを舞台とした現代の学生運動を取り上げています。著者のネイサン・ヘラーは，オハイオ州の進歩的でリベラルなオーバリン大学に通う学生たちにインタビューを行いました。インタビューの対象になったのは，〔社会の中で〕抑圧された集団のアイデンティティ・ポリティクス[2]に熱心に取り組んでいる活動家の学生たちです。そのうちの一人の学生は次のように語っています。「私は自分のコミュニティに戻るつもりです。中産階級の価値観に染まりたくありません。自分の家に帰るんです。「シカゴのフッド」[3]に帰って，オーバリンに来る前の昔のままの自分に戻ります」(Heller, 2016, pp.20-21)。この発言に含まれた矛盾に気づくかどうか，生徒たちに尋ねてみるとよいでしょう。この学生は本当に大学に入る前の昔のままの自分に戻れると考えているのでしょうか。中産階級の価値観に接することなくして，自分はその価値観に染まりたくないと思うことはできるのでしょうか。中産階級の価値観のどの部分が，他者に対して侮辱的だと思ったのでしょうか。もし変えられるとしたら，この学生は中産階級の価値観の何を変えるでしょうか。これらの問いへのこの学生自身の答えや，学生に代わって答えようとする生徒たちの回答に耳を傾けることは，問いを投げかけることよりも重要かもしれません。私たち教師も，課題を解決するための会話に積極的に参加しなければなりませんし，

2　人種，民族，ジェンダー，性的指向，障害などのアイデンティティに基づいてカテゴライズされる集団の利益を代弁する政治活動のこと。アイデンティティの政治とも呼ばれる。
3　フッドは，neighborhood の略称。低所得者層の居住地域を指すことが多い。

私たち「専門家」がすべての解決策を知っているという思い込みを捨てる必要があります。

ヘラーのエッセイに対して，コラムニストのデイヴィッド・ブルックスは次のようにコメントしています。

> 学生が作り出してきたアイデンティティ・ポリティクスは，能力主義の価値観を逆転させる。能力主義は卓越性に向けて努力するのに対して，アイデンティティ・ポリティクスはその根底において平等主義的である。能力主義は，これまでどれだけの業績を達成してきたかで人を測る。アイデンティティ・ポリティクスはこれまでどれだけ抑圧されてきたかで人を測る。能力主義において，耳を傾けてもらう権利は，長期にわたる学習と優れた知見を通じて勝ち取られる。アイデンティティ・ポリティクスにおいて，耳を傾けてもらう権利は，差別された経験によって発生する。能力主義は個人のエイジェンシー（行為主体性）を非常に強調するが，アイデンティティ・ポリティクスは抑圧の構造の中ではエイジェンシーが限定されることを論じる。
> (Brooks, 2016, p.2)

ブルックスは続いて次のように述べています。「能力主義は不道徳なものとなってしまった。私たちは学生にもっともっと努力しろと言いながら，どうすればその多大な努力に意味を見出せるのかについて学生にますます語れなくなっている」(ibid., p.3)。

　以上から，また二つの問いが生じます。十分な賃金が得られ，個人的なやりがいも感じられるような職を得るためには，全員が大学に行かなければならないのでしょうか。また，教育の唯一の目的は，経済的報酬を得やすくすることなのでしょうか。E. F. シューマッハーの言葉を再び引用すれば，「人生にはGDP（国内総生産）以外にも大切なものがある」(McCrum, 2011, p.1) のです。優れた職業教育というのは，一つ目の問いに対する完全な答えにはなりません。熟練労働に対する敬意を増すことで，不足部分を補う必要があります。ミネソ

タ州を本拠地とする職業教育プログラムが直面した苦難を見てみましょう。

　　過去数年間，ミネアポリス市西部の製造業者は溶接工を雇おうと必死で，
互いの会社から従業員を引き抜き合ってきた。これらの企業は，ダンウッ
ディ工科大学と共同で早期の職業訓練プログラムを始めた。一学期間のプ
ログラムで，年収3万2千ドル以上の仕事を得られるようにするものだ。
ラジオにはこのプログラムの広告が流れ，教会の会報には宣伝文が載り，
採用担当者は高校や地域のイベントを訪れた。しかし，多くの人たちから，
「〔職業訓練プログラムを受けるよりも〕大学に通った方がよい」という返答
を受けた。
　　ダンウッディのキャリア教育や技術教育は，職業教育に染み付いた古い
偏見を拭い去ることができなかった。あるいは，その偏見を強めたともい
えるかもしれない。すなわち，職業教育は恵まれない人のための二流の教
育，いわば残念賞に過ぎないという偏見である。ダンウッディ工科大学総
長のリッチ・ワーグナーは，「「うちの息子あるいは娘は，大学の成績が振
るわなかったので，ダンウッディに行かせました」という保護者の発言を
耳にする」と語っている。ワーグナーによれば，皮肉なことにも，非営利
の機関であるダンウッディ工科大学に入学する学生の多くは，すでに四年
制大学を卒業して学士号を取得しているものの，職に就けなかった学生た
ちだという。同大学の卒業生の就職率は99％に及び，就職1年目の平均
年収は4万ドルとなっている。「〔同大学を卒業することで就くことができる〕
これらの職業が，中産階級に登りあがるための確実性の高い道であること
を保護者に理解してもらうためには，どうすればよいのだろうか」とワー
グナーは首をかしげる。「最も大きな問題だと思うのは，どうやらこのこ
とについて国民のまとまった関心がなさそうだということだ。」

（Carlson, 2016, p.A24）

　職業教育とそれを土台とした就職について国民的な関心がなさそうにみえる

理由の一つとして，真実は見えにくく，しかも大抵の人が聞きたいと思っている内容とは異なりがちだということが挙げられます。第一に，年収4万ドルも4人家族にとっては大きな額ではありません。中産階級に登りあがるための筋道にはなりますが，決してすぐに中産階級になれるわけではありません。この金額は，連邦政府の定める2016年の貧困レベルのわずか165％に当たり，健康保険の支払いに関して税額控除の対象となる年収です。マルコ・ルビオが大統領選挙の演説で「溶接工は哲学者よりも稼いでいる。溶接工はもっと多く必要であり，哲学者はもっと少なくていい」(Sola, 2015, p.1) と語りました。この際，ルビオはアメリカの高学歴エリートからとてつもない怒りを買いました。

　メディアはルビオの発言が間違っていることを証明しようと，すぐに〔収入に関する〕事実確認を始めました。メディアはルビオの発言の趣旨を見誤っていたのです。アメリカがより多くの溶接工を必要としていることは確かです。「全国的に見て，哲学の学位を要件とする求人より，溶接工の求人の方が数多いのは明らか」(Richmond, 2015, p.3) です。しかし，それでもなお，アメリカでは溶接工は生活に必要最低限の年収を得ることができていません。ただし，この重要な点でさえ，私たちがここで注目したい論点ではないのです。

　『フォーブス』誌の記事「ルビオ，残念。哲学者は溶接工より78％も多く稼いでいる (Sorry, Rubio, But Philosophers Make 78% More Than Welders)」に，著者はペイ・スケールのデータを用いたグラフを掲載しました。そのグラフによれば，準学士号と20年以上の経験年数を持つ溶接工の平均年収は58,500ドルであるのに対し，哲学の学士号取得者の卒業後20年以上経った時点での平均年収は97,000ドルでした (Sola, 2015)。ただし，このグラフは，平均的な哲学専攻の学部学生が卒業後の20年間に何をして過ごしてきたのかということを示していません。私 (ブルックス) の最初の夫が医学大学院を受験した時，当時のベイラー大学の医学大学院の合格者に最も多い学部段階での専攻は哲学だ

4　アメリカにおいては，四年制大学を卒業して学士号を取得してから医学大学院 (メディカル・スクール) に進学する。

と言われたそうです[4]。前述のグラフには，卒業後20年以上経った時点で哲学の修士号取得者が平均年収81,900ドル稼いでいることも示されています。このことから，学部段階で哲学を専攻した学生たちが必ずしも哲学者になるわけではないという事実に気づくでしょう。このように考えていくと，博士号取得者の年収を著者が示さなかった理由が気になりませんか。このグラフが伝えていない情報はそれだけではありません。それぞれの学位を取得するのにかかった費用や，何年間か余分に大学や大学院に通うために労働市場から外れていた間に生じる〔機会〕費用についても伝えていないのです。しかし，このこともまた，重要ではあるものの，私たちが論じたい点ではありません。

　私たちがここで注目しようとしているのは，教育の目的が，有能で生産的で幸福な市民となるために必要な批判的思考スキルの育成にあるべきだという考え方です。ニューヨーク・タイムズ紙は，その政治ニュースレター「ファースト・ドラフト」に「哲学者（と溶接工）がマルコ・ルビオの討論会の発言について語る」という見出しの記事を掲載しました (Rappeport, 2015)。この記事にはアリゾナ州立大学の哲学の教授でアメリカ哲学会会長のチェシャー・カルフーンと，溶接工の哲学者マシュー・クロフォードの発言が引かれています。

　　現在の哲学は，トーガを着て長いあご髭をなでるような思想家たちのものではない，とカルフーンは語る。カルフーンによれば，むしろ哲学の学位が示すのは，その人が批判的に思考し批判的に書くスキルを有しているということであり，これらのスキルは給料のはずむさまざまな分野で役に立つという。(p.2)

　　マシュー・B. クロフォードはシカゴ大学で政治哲学の博士号を取得したが，大学教員の仕事に就くことができず，最終的にはシンクタンクに就職した。しかし，その仕事では幸せになれず辞職し，インターネットにある解説資料を使って溶接の方法やオートバイの部品の作り方を学んで，バージニア州で機械工になった。

　　クロフォードは執筆業も続け，自身の転職について記した著作を何冊も

出版している。そのうちの一冊 *Shop Class as Soulcraft*（魂を育てる技術の授業）は，手仕事は頭を使わないという考えを覆したいという思いで書かれている。「手先の熟練を要する仕事は非常に多くの思考を要するため，知識労働と手仕事の分割は曖昧だ」とクロフォードは語った。(p.3)

　この点こそ，私たちが追求しようとしているものです。経済的報酬を生み出すこと以外の教育目的とは何かという問いに対する部分的な回答にもなっています。教育は，そのいかなる段階にあっても，さまざまな物事を味わい，幸福や意味を感じ，充実した人生を送ることに繋がるべきではないでしょうか。例えば，自分や他人の目指すべき目的を得ること，うまくできた仕事から満足感を得ること（オートバイの修理であれ本の執筆であれ），自然やそこでの自分の立ち位置を正しく認識すること，花瓶や彩り豊かで美味しい食事が整然と並んだ食卓の美しさを鑑賞すること，などです。しかし，食べるものがなく，まして整えるべき食卓などそもそも持っていない人々はどうなるのでしょう。次に貧困について検討しましょう。

▌貧　困

　最近の研究によれば，アメリカにおいて過去半世紀，経済的地位の上向きの流動性は低下こそして・・・いないけれども，カナダや多くの西ヨーロッパ諸国に比べると，現時点でそれらの国よりも低い数字を示しています。また，1920年以前のアメリカと比べても，現在の方が低くなっています（DeParle, 2012; Leonhardt, 2014）。アメリカでは上向きの流動性が近年低下してきているという民主党と共和党双方の政治的主張は，数字だけを見た場合には誤っていますが，カナダなどの国と比較した場合には正しいといえます。例えばカナダでは，収入の最も少ない10分の1の人々がその境遇を抜け出せる可能性はアメリカよりも高くなっています。

これらの研究結果は，家庭環境の影響を強調することで，アメリカ国民の
アイデンティティに疑問を投げかけるばかりでなく，不平等に関する議論
にも一石を投じている。アメリカの所得格差は異常に大きいとリベラル派
はよく不満を漏らす。その一方で，流動性はとても高く誰もが階段を登れ
るようになっているのだからアメリカの社会システムは公正だと多くの保
守主義者は唱えている。しかしながら，アメリカ社会はたんに不平等だと
いうだけでなく，流動性も低いということを今やエビデンスが示している。
　　ジョン・ブリッジランドは，ジョージ・W．ブッシュ大統領の大統領補
佐官を務め，不平等の政策的解決を求めるオポチュニティ・ネーション[5]
のキャンペーンの立ち上げに一役買った人物である。ブリッジランドは，
国際比較のデータを見て「衝撃を受けた」と語った。「共和党員は，所得
の不平等について話し合わねばならないという切迫感は抱かないだろうが，
流動性の欠如，つまりアメリカン・ドリームを手にする可能性の欠如につ
いては話し合う必要性を感じるだろう」と語った。（DeParle, 2012, p.3 of 9）

　生徒は次のように尋ねてくるかもしれません。それでは貧困に対して私たち
には何ができるのでしょうか。とりわけルビー・ペインが「世代的貧困」と呼
ぶタイプの貧困について何ができるのでしょうか，と。失業・離婚・依存症・
重病など特定の出来事や問題によって「状況的貧困」に陥る人たちもいます。
そのうちの多くの場合，忍耐力と，今よりも高い社会的地位から人生を開始し
たことで得られたスキルや自信を備えてさえいれば，失業手当や医療費補助な
ど既存のセーフティーネットで十分に貧困を脱することができます。

　　世代的貧困は二世代以上にわたって貧困状態に置かれ続けていることと定
　義される。（中略）貧困が世代的か状況的かを分ける主な指標の一つは，そ

5　経済的機会の不平等を解消するために，複数の企業，非営利団体，教育機関などから組織され
　たアメリカの政治的キャンペーン。オポチュニティ指数を毎年公表し，議会への政策提言も行っ
　ている。

れぞれの場合に広く見られる態度の違いである。世代的貧困に置かれた人々はしばしば，社会は〔自分から機会などを奪ってきたのだから，その借りを返すために〕自分の生計を支えるべきだという態度をとる。状況的貧困の場合，人々はプライドを高く持ち，施しを拒む態度をとりやすい。

(Payne, 1996, p.49)

　ここでも被害者の側を非難する罠に落ちないように，世代的貧困の場合，社会に生計を支えてもらって当然だという権利意識がどこから生じるのかを理解する必要があります。実際，私たちの民主的な政治体制は，一部の集団を失望させてきました。これらの集団のいくつかについて語るとともに，その人々の声に耳を傾けてみましょう。

　出発点のひとつは，世代的貧困に置かれた人々が自分たちには何が必要だと語っているのかを聞くことです。本人こそ，誰よりもよくわかっているからです。アメリカ南北戦争の終結時に新たに解放された奴隷たちから話を始めましょう。

　シャーマン[6]の陸軍がジョージア州への進軍の際，あたり一面を焼き払った時，数千もの奴隷が北軍側の戦線に加わった。さらに，シャーマンがサバンナに到着した時点で，数万もの奴隷が北軍の隊列に加わっていた。その時点ですでに大きな難民問題が生じていた（その数およそ15万人）。難民危機が発生したことで，エドウィン・スタントン戦争長官はサバンナに向かいシャーマンとの会談を行った。重要な事実として，それに加えてスタントンは，新しい解放奴隷に「あなたたちは何を欲しているのか」と尋ねようと，黒人指導者の代表者たちとの会談を求めていた。1865年1月12日，サバンナの会談と呼ばれることになるこの会合に，地元の黒人教会から20名の代表者が集った。その派遣団が自分たちの長に指名したのが，奴

6　ウィリアム・T. シャーマン (1820-1891)。アメリカの軍人で南北戦争では北軍の指揮を執った。

隷から解放されて8年が過ぎていた67歳の牧師ギャリソン・フレイザーである。奴隷状態とはいかなるもので，リンカーン大統領の奴隷解放宣言は何を意味するのかと尋ねられ，フレイザーは次のように答えた。

「奴隷状態とは，自らの同意によってではなく抵抗不可能な力によって別の誰かの仕事を押し付けられることです。私の理解では，解放宣言で約束された自由とは，服従のくびきに繋がれた状態を脱して，自らの労働の果実を手にし，自分の世話は自分で行い，自分自身の自由を守るために政府に協力できる立場に移ることです。」

そこで，スタントンは尋ねた。「あなたたちはどのように「自分の世話を自ら行う」つもりなのか。そして，どのように自分たちの自由を守るつもりなのか」。フレイザーは次のように答えた。

「自分の世話を自分で行う最善の方法は，自分の土地を持ち，自らの労働を通じてその土地を耕すことです。(中略) 私たちは土地を任され，ゆくゆくはその土地を買い取って自分のものにすることを望んでいます。」

(Burch, 2012, pp.57-58)

解放奴隷は正式な市民権や投票権，土地の譲渡を要求していたのではありません。奴隷たちはやがて土地を買い取りたいと考えていました。サバンナの会談は第15土地特令に結実しました。それは解放奴隷に40エーカー〔16万平方メートル強〕の土地と軍放出のラバ1頭を与えると定めたものでした。1865年3月，連邦議会は奴隷解放の手続きを円滑に進めるために解放民局を設置しました。1865年6月までに，4万人の解放奴隷に約40万エーカーの土地が譲り渡されました。しかし，リンカーン暗殺に続き，1865年10月までにはすべてが台無しになりました。白人至上主義者を自認する当時の大統領アンドリュー・ジョンソンによって土地が再び取り上げられたのです (Burch, 2012)。こうして南北戦争後の再建は新たな解放奴隷を失望させ，将来の世代的貧困の可能性に繋がる道が敷かれることとなりました。解放奴隷だけでなく，アメリカ先住民もまた，政府の約束が反故にされたことが主な原因で，世代的貧困の遺産を

背負わされた集団です。

　奴隷だけでなく南部の多数の人々にとっても，再建はうまくいきませんでした。南部諸州の脱退宣言についての〔本書第5章における〕議論を思い出してください。南部の地主たちは，政府補助金やウォーカー関税[7]のような国際貿易上の介入が北部経済に有利に働くなか，奴隷制こそが競争に勝つための唯一の手段だと考えました。綿花は，メイソン＝ディクソン線[8]の南北両側でも，大西洋の向こう側でも，階級の分断を維持するのに大きな役割を果たしました。綿花は，本章の最後でグローバル化を論じる際に見るように，いまでも大きな役割を果たしています。イギリスの産業革命は，紡績工場や織布工場の建設が進み，織物工業が家庭や工房から工場へと移動して，新たな労働者階級が生まれたことによって促進されました。南北戦争までにアメリカ南部の綿花生産は世界全体の生産量の3分の2，アメリカの貿易輸出額の半分を占めるに至っていました。イギリスで生産原料としての綿花の需要があったために，アメリカ南部での綿花生産の継続が必要とされたのです（Rivoli, 2009/2015）。

　南北戦争後，奴隷制が撤廃されてから，アメリカ深南部（ディープ・サウス）は綿花栽培の労働市場問題を小作制度によって解決しましたが，また別の集団が世代的貧困の危険性にさらされることになりました。というのも，自由市場労働のリスクから綿花生産者を保護するための公的政策が実施されました。クロップ・リエン法は小作人の立場を，収穫物の一部を所有する借地人から，収穫物の現物給付で賃金が支払われる労働者へと変えました。綿花生産者は黒人や貧しい白人のための公教育制度にも反対しました。それによって，地主に有利なような権力の均衡が保たれました。

7　ウォーカー関税とは1846年に民主党から出された法案で，アメリカ史の中で最も低い関税の一つ。法案の名前はアメリカ合衆国財務長官を務めた政治家ロバート・ウォーカーに由来する。この減税によって貿易の増加が生じたとされている。

8　メイソン＝ディクソン線とは，ペンシルバニア州とメリーランド州，ウェスト・バージニア州との境界線。植民地時代のアメリカでイギリス人測量師のC. メーソンとJ. ディクソンによって引かれた。その後，南北戦争時の奴隷州と自由州，あるいは一般に南部と北部の境界線として知られるようになる。

さらに，地主との間で交わされた契約によって，小作農はぎりぎりの暮らしから這い上がる望みをほとんど絶たれた。土地を所有するという夢は，収穫の分け前が常にその年の負債をやっと返済できるだけの量にしかならない，という果てしない負債の連鎖によって打ち砕かれ，外部の資本市場に参加できないことがこれに追い打ちをかけた。フランスのルイ十四世のものとされる次の言葉はこの状況を表すのにふさわしい。「借金は農業を支える。ちょうどロープが絞首刑の罪人を支えるように。」

(Rivoli, 2009/2015, p.20＝邦訳 2007, pp.29-30)

　借金については，後ほど地球規模の貧困問題の解決策としてマイクロ・クレジットに注目する際に，再度取り上げます。文盲の白人小作農の窮状や無知はアースキン・コードウェルの『タバコ・ロード』に痛々しく，しかしユーモアを交えて描写されています。大恐慌時代のジョージア州の田舎を舞台にしたレスター家の物語は，何十年にもわたって世界中で繰り返し生じることになる境遇を描いています。つまり，十分な報酬もなく土地を耕す親を背に子どもたちが農場を離れ，ほんの少ししか暮らしむきがよくならないにもかかわらず，都会の織物工場に働きに出るという筋書きです。レスター家の娘たちの多くは，低賃金の工場で働くためオーガスタに移り住んだのです。

　しかしながら，1900年代初頭にワタミゾウムシが作物を食い荒らし始めた時，アメリカ深南部はそれまでの教育機会の欠如ゆえに，破滅に追いやられました。

　政府はワタミゾウムシの対処方法を農家に普及させようと啓蒙プログラムを展開した。ところが，大農場や教養のある農場主には駆除情報が行き渡ったものの，文字の読めない無学の小作農には，白人か黒人かにかかわらず，届かないことが多く，彼らは自力で切り抜けるしかなかった。1921年に栽培された綿のうち約30パーセントが虫の餌食になったが，そのほとんどが小規模小作農の生産したものだった。こうした小作農の多くが土地を追われた。

(Rivoli, 2009/2015, p.21＝邦訳 2007, p.31)

これに続けて，ピエトラ・リボリはその著書『あなたのTシャツはどこから来たのか』で，アメリカ国内の綿花生産において繰り返し貧困を引き起こしてきた要因をさらに二つ描いています。ひとつが，テキサス州における「企業城下町」の増加です。企業城下町はもともと北部に生まれたもので，これが南部でも模倣されました（「俺の魂は会社のもの」[9] という考え方）。もうひとつが，綿花などの収穫作業を目的としたメキシコ人労働者の受け入れです。これは第二次世界大戦時に農場の男性労働者が不足したことで始まりました。1942年に戦時の緊急措置として始められたブラセロ計画[10] は，農家からの強い要請を受け，1964年まで延長されました。1964年までには，綿花の収穫の90パーセントが完全に機械化され，それによってまたもや一部の労働者たちが職を失いました。今回，職を追われることになったのはメキシコ出身の労働者たちでした。

　肥沃な土地や稼ぎのよい仕事から人々が追われた原因はさまざまです。政府の約束が反故にされたため（解放奴隷に40エーカーの土地と1頭のラバを与えるという約束や，アメリカ先住民と交わしたほぼすべての協定が反故にされました）。意識的に行われる差別的慣行のため（コーツの「補償の大義（The Case for Reparations）」，マシュー・デスモンドの *Evicted*（立ち退かされた人々）を参照）。技術革新のため（刈り取り機，長壁式採炭法用の機材，ロボット式の組立ライン）。しかし，原因がそのいずれであろうと，世代的貧困に苦しむ人々が権利意識を抱くのは当たり前ではないでしょうか。生徒たちがこれらの問題を学ぶ目的は，その問題のあまりの大きさに絶望するためではありません（アメリカの児童の約20％は連邦政府の貧困ガイドラインの所得基準を下回る世帯で暮らしています）。あるいは，アメリカ史をより詳しく学ぶことで垣間見える深い闇に絶望するため

9　この台詞（I owe my soul to the company store）は炭鉱労働者の苦境を歌ったテネシー・アーニー・フォードの「16トン」の歌詞。日本でもフランク永井がカバー曲を出して人気を集めた。
10　ブラセロ計画（Bracero program）とはメキシコ人季節労働者をアメリカ国内に引き入れるためにアメリカとメキシコの間で結ばれた行政協定に基づく政策。ブラセロはスペイン語の「腕」「働き手」に由来する言葉で，メキシコ人季節労働者を指す名称として使われた。

でもありません。私たちが求めているのは，生徒たちがこれらの課題に批判的思考を適用し，道徳的責務を負うこと，そして教室の壁を超えてその課題を議論できるようになることです。そしてそれによって，生徒たちがすべての人の明るい未来へと繋がるさまざまな解決策の発見に貢献することです。

　何が必要かと尋ねられた際の貧困層の人々の答えには，これまでに見てきたところ，以下の二つがあります。肥沃な土地（解放奴隷）と，融資と教育（小作農）です。デスモンド（Desmond, 2016）はそれに都市貧困層のための安定した住まいを付け加えることでしょう。差別的ないし暴利をむさぼる商慣行や，政府の政策・構想の失敗のせいで，毎年，数百万人の都市貧困層が住居立ち退きの憂き目にあっています。

　　このような苦しみはすべて，恥ずべき不必要なものである。それが不必要だというところに希望が残されている。これらの問題は手に負えないものでも，永遠に続くものでもない。今とは別のタイプの社会をつくることは可能であり，有力な解決策は私たちの手の届く範囲にある。

　　しかし，その解決策は次のたった一つの問いに私たちがどのように答えるかにかかっている。すなわち，まともな住まいを持つ権利はアメリカ人なら誰しもが持つ当然の権利だと考えるか，という問いである。

　　アメリカ合衆国は，人間は「生命，自由，および幸福の追求を含む不可侵の権利」を持っているという気高い思想に基づいて建国された。これら三つの不可侵の権利（アメリカの国民性にとってあまりに本質的なものであるため，建国者たちはそれらを神に授けられた権利だと考えた）を一つでも満たそうとするなら，安定した住まいは必須である。　　（Desmond, 2016, p.299）

ニューヨーク・タイムズ紙の記事「アメリカ人の地位の上昇，ますます困難に（Harder for Americans to Rise from Lower Rungs）」で，著者のジェイソン・ディパーレは次のように書いています。「アメリカ社会の流動性に関する問題の原因が何かということが，論争の的となっている。貧困をめぐる議論がその

最初の一例である」(DeParle, 2012, p.5)。流動性低下の要因として，彼は以下の論争的な問題点を列挙しています。

・他の裕福な国々よりもセーフティネットが薄い。そのためより多くの子どもたちが脆弱な状態に置かれている。
・子どもがシングルマザーの家庭で育つ可能性が高い。
・受刑率が高い。
・所得格差がある。貧しいアメリカ人は低い地位から人生をスタートさせる。
・教育水準の高い労働者がより高い賃金を得る。そして，教育水準の高い裕福な家庭はより優れた学校に子どもを通わせ，学習準備がより整った状態で学校に向かわせる。
・他国に比べてアメリカの労働組合は労働者の利害を代表できておらず，単純労働者の賃金を潜在的に引き下げている。
・教育や雇用の機会を制限し得る肥満や糖尿病などの健康問題がある。
・「金持ちとそれ以外の人々の間に非常に大きな格差がある。このことに抗議したウォール街占拠運動[11]は，特権を持つ少数の人々が自分たちの利益を守るために用いる権力に目を向けさせた。平等でない国ほど一般的に流動性が低い。」(p.6 of 9)。

　上記の問題点の多くは本章で論じてきたテーマです。また，これらはすべて，私たちの推奨しているクラス横断的，カリキュラム横断的な社会科の討論会で扱えるテーマです。これらの問題点の多くは，その実際の改善を法的・社会的・政治的な場に求めるべき問題ですが，解決策を見出すための会話を始めるにあたっては，学校の教室よりも相応しい場所がどこにあるでしょうか。教室には，いずれ投票やさまざまな活動を通じて解決策を実行に移していかねばならなく

11　ウォール街占拠運動とは，2011 年 9 月 17 日からニューヨーク市のウォール街から発生した抗議運動。「ウォール街を占拠せよ（Occupy Wall Street）」や「私たちは 99 パーセントだ（We are the 99%）」などを合言葉に極端な経済格差の是正を求めた。

なる若者たちがいるのですから。とはいえ，アメリカ一国では解決できない問題についてはどうでしょうか。もし地球規模の問題だったとしたら，どうすればよいでしょうか。

▍グローバルな経済・環境問題

地球規模で考え，足元から行動し，地球規模の活動の呼びかけに備えよう

　所得格差や貧困はローカルとグローバルの両方の規模と観点から取り組まなければならない課題です。現代において，世界には二つの陣営があり，両者は互いに相容れない観点から，グローバル化した世界経済や増大する不平等の問題に対する解決策を提案しています。これらの課題に道徳的責務の念をもって批判的思考を適用し，それに直接関わる論争問題について活発に意見を交わせば，二者択一の選択をしている場合ではないこと，そしてむしろ，あらゆる解決策の最善の特徴を組み合わせなければならないことが浮き彫りになるはずです。ここでいう二つの陣営とは，資本主義者 対 社会主義者，共和党員 対 民主党員，保守主義者 対 自由主義者，そのほかいくつかの二項対立（世界を対立的な陣営に分断する二項対立）で表せます。この二項対立こそが厄介なのです。いわゆる分断のほとんどが表しているのは，実際には〔完全に乖離した思想と視点ではなく，〕思考と視点のスペクトラム（分布）にすぎません。したがって，議論や協力を通じて，いずれかの極端な立場に立つよりももっとよい解決策にともに達することが可能だといえます。

　しばらくの間，世界における悪の存在，つまり他人を犠牲にしてでもあらゆる機会に乗じて利益を得ようとする人間の欲深さについては脇に置いておきましょう。ここではその代わり，グローバル化の影響に関する全く異なる観点から生じたようにみえる二つの運動を検討します。この二つの運動は，いつも明確に区別できるわけではありませんが，資本主義者 対 社会主義者の構図で描けるでしょう。前者は「ダボス」会議に出席している人々です。この方々にと

ってグローバル化は，資本主義の上げ潮がすべての船を持ちあげてくれる，歓迎すべき変化を意味しています。後者は，社会主義者を公言しつつも柔軟な態度を保った経済学者 E. F. シューマッハーの支持者たちです。

ダボス陣営をなすのは，世界経済フォーラム（WEF：World Economic Forum）を構成する一流グローバル企業 1,000 社の専門家集団，第 6 章で論じたジェンダー・ギャップ指数の開発者たち，スイスのダボスで毎年開かれる WEF サミットの後援者たちです。WEF のウェブサイト（www.weforum.org）で「世界経済フォーラムは，官民両セクターの協力を通じて世界情勢の改善に取り組む国際機関です」というミッション・ステートメントを読むことができます。

WEF に懐疑的な人々にとって，アメリカの政治学者サミュエル・ハンチントンが使い始めた「ダボス人」という言葉は「世界中を駆け巡るエリートを端的に表現している。このエリートたちは空港のクラブクラス・ラウンジで時間を過ごしすぎて，もはや母国との繋がりを感じることがなくなっている。傍から見ると，まったく時間を無駄にしているのではないかと思える」(Rankin, 2015, p.1)。トランスナショナル研究所やウォール街占拠運動など WEF の主要な批判者たちが一番関心を持っているのは社会正義であり，また，世界の金持ちエリート（最上位 0.1 パーセント）が世界中の全員の最善の利益を代表することなどできるのかという疑問です。それに加え，透明性がもう一つの争点になっています。資本主義の目標をさらに前進させるための数多くの国際交渉がダボスの密室内で進められています。これらの有力な組織は何を支持しているのでしょうか。どうすれば，これらの組織は世界に増大する不平等への懸念に耳を貸そうとするでしょうか。これらの点について学習するのは，論争問題を議論するうえで最初の重要な一歩になるでしょう。

WEF と対照的なのが，ニュー・エコノミクス財団（NEF：New Economics Foundation）の活動です。NEF は『スモール イズ ビューティフル』(Schumacher, 1973/1989) の著者の思想や発想を普及するシューマッハー・サークルの所属団体の一つです。NEF が誕生したのは，G7 参加国の指導者に地球の経済的未来を代弁する権利などあるのかと異議申し立てをするために TOES（もう

一つの経済サミット）の第一回会合が1980年代に開かれて以降のことです。NEFは地球幸福度指数を提唱しています。この指数は一国の市民の幸福度をその国のカーボンフットプリント[12]と比較して測定したものです（国内総生産に一部基づく世界幸福度指数とは別物です。なお，世界幸福度指数については第6章で論じています）。地球資源の使用量が他国より少ないにもかかわらず，市民が幸せで長寿の場合，その国の地球幸福度指数は高くなります。地球幸福度指数を計算した過去二回，コスタリカが最も高い（最も良い）点数を獲得しました。科学や数学の授業で，生徒たちが自身のカーボンフットプリントと地球幸福度指数を計算してみるのもよいでしょう。

　ガーディアン紙のコラムニスト，ジョージ・モンビオはNEF主催のイベントで講演者を務めてきました。第8章で論じたエコ近代主義者の一人，マーク・ライナスは過去にWEFの「エネルギーの脱炭素化に関するグローバルアジェンダ委員会」の委員を務めていました。以下ではグローバルな環境問題を取り上げ，前述した二つの陣営をいくぶん代表するものとしてライナスとモンビオの考えを対照させてみましょう。しかしその前に，人々を貧困から救済する手段として，マイクロ・クレジットやピアツーピアの融資について一言だけ述べておきます。これはまた一つ別の論争問題で，地域規模と地球規模の両方の広がりや含意を含んでいます。そのような融資はうまくいくのでしょうか。それは女性をエンパワーしてきたのでしょうか。それとも，利益を追い求める企業が貪欲さからそれを好き勝手に利用してきたのでしょうか。新たな債務者をつくり出してきたのでしょうか。貧困を緩和するためのこの手段ひとつ調べるだけでも，まるまる一学期分のカリキュラム横断型活動になるかもしれません。

　「地球規模で考え，足元から行動する」という表現が最初に使われた，環境運動に話を戻しましょう。誰しもが，地球を救うという明らかにグローバルな課題のために個人として何ができるのか知りたいと望んでいます。それは自分

12　カーボンフットプリントとは，商品やサービスの原材料調達から生産・廃棄にいたるプロセス全体を通じて発生する温室効果ガスの総量をCO_2排出量に換算して表したもの。

たちが足元から行動できるようになるためです。ほとんどの人はグローバルな
レベルで行動を起こす機会に恵まれることはまずないでしょう。けれども，私
たちは誰もが投票したり，自分たちの意見や懸念を指導者に向けて表明するこ
とができます。それに対して指導者の側は，国際連合，NEF，WEF など多く
の組織を通じて協働し，海洋汚染や天然資源の保全・配分といったグローバル
な課題を解決するうえで適切かつ必要な行動を取るよう，グローバルな企業や
政策立案者に働きかけることができます。1970 年代から 80 年代にかけて世界
中の国々が，オゾン層の保護を目的にエアゾール・スプレー中のクロロフルオ
ロカーボン（CFC 類）の使用を減らそうと取った行動は，グローバルな行動が
効果を発揮した好例です。

　社会的・経済的正義と地球の救済は連携して進めなければなりません。モン
ビオとライナスは二人ともこの点には同意するでしょうが，同じ目標を達成す
るための解決策として相異なるものを提示しています。第 8 章で論じた『エコ
近代主義宣言』は，都市化と大規模農業の拡大によって，人間の環境負荷を減
少させると同時に人間の幸福一般を増進するために，技術を有効活用するよう
提言しています。「都市は，自然からの人間の分離を促進するとともにそれを
また象徴もしている。環境負荷を減らしつつ物質的欲求を効率的に満たすうえ
で，都市は地方経済より遥かにうまく機能している」(Monbiot, 2015, p.6 of 8,
『エコ近代主義宣言』からの引用)。E. O. ウィルソンも，エコ近代主義に部分的
に賛同するかもしれません。32 冊目の著書 *Half Earth: Our Planet's Fight
for Life*（ハーフ・アース：生命をかけた地球のたたかい）で，ウィルソンは世界
各国が地球表面の半分を自然保護区に割り当てるよう提唱しています (Wilson,
2016)。このことは簡単に実現できるのだと，ウィルソンはニューヨーク・タ
イムズ紙のインタビューでいくつもの理由を挙げながら説明しています (Dreifus,
2016)。彼の挙げる理由の多くは『エコ近代主義宣言』の声明を彷彿とさせます。

　先ほど，綿花栽培や，地方の南部の農場を離れて都会の織物工場に働きに出
る人々について論じた箇所で，都心への移動を社会的地位の上昇と捉える見方
に言及しました。その見方は今も残っていて，企業活動をするのに最も費用の

かからない場所（規制が少なく労働コストの低い場所）を探し求める企業の「底辺への競争」に見て取れます。このように移動した場合，移動した人々は利益を得るでしょうか。もし得るとすれば，その利益はどこから来るのでしょうか。さまざまな提案の中でも特に小規模農場の推奨を支持しているモンビオは，利益は必ずしも分配されないと警告しています。

> 他の発展途上国の多くでは，地方の人口が減少したからといってフォーマルな都市経済に円滑に移行しているわけではない。むしろ，経済の周縁部におけるかなり不安定な生活やインフォーマルな経済への依存をもたらしている。インフォーマルな経済としては，今なお田舎の家族経営事業などが挙げられる。エコ近代主義者が「生涯にわたる過酷な肉体労働から農業労働者を解放する」と語った夢は，不完全雇用や絶望的なまでに不安定な生活となって数百万もの人が経験するところとなっている。
>
> （Monbiot, 2015, p.5 of 8）

しかしながら，上海の衣料産業で働く若い女性について，リボリは次のように語っています。

> ハー・ユアンチーも昔の女工たちと同じ意見だ。ユアンチーは上海光明工場の裁断師として8年働いている。農村から来た女性にとってはいい仕事だったし，数回の賃上げで月給が300ドル近くにまで上がった2007年現在，さらによい仕事になったと思っている。ユアンチーは故郷の江西省の山村にいては将来の展望が開けないので上海に出てきたのだが，二つだけ村に心残りがあると話してくれた。一つはすばらしい景色，もう一つは父母に預けてきた息子のことだ。これらを除けば上海の暮らしは何もかも村よりいいと言う。「私の人生は今の方がいい」という言葉を，私は中国の衣料産業の数えきれないほどの労働者から聞いてきた。その誰もが農村の単調な重労働を過去に経験したことがあるようだった。（Rivoli, 2009/2015, p.111）

この短い場面は，ライナスとモンビオの両方の見解を支えます。衣料産業の労働者は，都市にやってきて自由を享受しているため，暮らし向きは良くなったと感じていると同時に，今なお実家からの支援（ユアンチーの場合，父母による子どもの世話）に依存しています。ここで重要なことは選択できるかどうかです。先ほど，貧しい人々が何を欲しているのかに耳を傾けた際に論じたように，人々は何よりも，自分の運命を自分自身で多少とも制御することを求めているのです。

　モンビオとライナスは地球をどのように救うかという点では意見が異なっているかもしれません。しかし，二人とも自分の意見を公表しながら積極的に議論に加わっています。そして何より重要なのは，自ら相手と対話しようとしている点にあります。両者ともに，時期は別にして，原子力発電に強硬に反対する組織に関わっていました。その後〔対話を経て〕，二人とも自説を修正しています。

　資本主義を信奉しようと社会主義を信奉しようと，いずれにしても私たちは経済思想の基本原理や，その原理が生まれた時代的背景を理解するように努めなければなりません。私（ブルックス）自身が諸々の原理やそれが生み出した論争を理解するうえで役立ったのは，まったく異なる三冊の本でした。そのうちの二冊は，すでに触れてきた本です。リボリの『あなたのTシャツはどこから来たのか』と，シューマッハーの『スモール　イズ　ビューティフル：人間中心の経済学』です。とりわけシューマッハーは，寛大な心を持つようにと読者に注意を促しています。オックスフォードの友人デイヴィッド・アスターに宛てた手紙で彼は次のように書いています。「社会主義に強い関心を抱くようになったことは，私自身の新しい出発点を意味します。（中略）私が最終的にどのような意見を持つようになるかは，自分にもわかりません。しかし，確実に言えるのは，私の性格からいって，いかなる政治的な信条や体制も，いかなる「主義」も，いかなる万能な処方箋も，「最終的なもの」として私が全面的に同意することなどありえないということです」（McCrum, 2011, p.4から引用）。私たちもシューマッハーと同じく，万能な処方箋とされているものを注意深く検討

するよう，本書で唱えてきました。

　三冊目の経済学の本はトッド・バックホルツの『テラスで読む 経済学物語』です。本章を閉じ，次章の「平等，正義，自由」へと議論を進めるに当たって，バックホルツの見解を少しだけ引用しておきます。

　　けれども，市場や小さい政府では解決のつかない問題が一つある。人間は，伝統的職業や役割を陳腐化してしまうような新しい発明のスピードについて行けるだろうか。人間は，コンピューター時代やポスト・コンピューター時代を巧みにさばけるほど素早く自分たちを教育していくことができるだろうか。おそらく大部分の人々はできるだろう。だが，社会が複雑になるほど，さまざまの救済策からこぼれ落ちてしまう者がますます増えるだろう。心理的，身体的，知的な面でハンディを背負った人々がつまずくことになろう。今日の世界は200年前と比べて，物の面では暮らしやすくなったが，心の面では生きにくくなった。20世紀の都市生活は，かつての農場生活に負けず劣らず人間の心に重くこたえるものだ。現代では，映画『モダン・タイムズ』のチャーリー・チャップリンのように，足をもつれさせて転落し，工場できりきりまいさせられたあげく家なしの放浪者として放り出されることは，いとも容易なことなのである。

　　　　　　　　（Buchholz, 1989/2007, pp.312-313＝邦訳 1991, pp.303-304)

対話をひらくクエスチョン：訳者から日本の先生へ④
努力と成功の関係／資本主義の先の構想

Q. 努力すれば報われるって本当？

　著者のノディングス＆ブルックスによれば「努力すれば誰にでも平等に成功のチャンスがある」というアメリカン・ドリームは現実と食い違っています。現実社会では富裕層と貧困層の間で経済格差が広がっているばかりか，社会的地位の異なる人間同士では会話も成立しない事態が生じています。

　格差や貧困をめぐる問題は日本でも生じています。教育格差や子どもの貧困についても議論が重ねられています（阿部彩『子どもの貧困』Ⅰ・Ⅱ，岩波書店，2008・2014; 松岡亮二『教育格差』筑摩書房，2019）。教育現場では対応策として反貧困学習などの取り組みも始まっています（大阪府立西成高等学校『反貧困学習』解放出版社，2009）。子どもが路上生活者に会いに行き直接会話する実践も行われています（ホームレス問題の授業づくり全国ネット『「ホームレス」と出会う子どもたち』DVD，2013）。

　2021 年 8 月にはある有名人が YouTube 上で「ホームレスの命はどうでもいい」と発言したことで議論を呼びました。同年 3 月には岐阜市ホームレス襲撃殺人事件の裁判で元少年二人に実刑判決が下ったばかりでした。初公判では事件当時 19 歳だった少年は被害者を「見下す意識があった」と証言しています。この一連の騒動を受け，子どもや若者にホームレス問題を考えてもらうために，二本のドキュメンタリーが YouTube 上で無料公開されました（前掲『「ホームレス」と出会う子どもたち』，飯田基晴『あしがらさん』DVD，2009）。

　果たして，貧困に陥るのは本人の努力不足のせいでしょうか。学校に行くのは「負け組」や「下級国民」にならないためでしょうか。社会で成功できるのは本人の「実力」のおかげでしょうか。アメリカの政治哲学者マイケル・サンデルにならって「能力主義は正義か」と問いかけることもできるでしょう（マイケル・サンデル『実力も運のうち？』早川書房，2021）。

Q. 資本主義よりもよい制度はないの？

　格差問題や環境問題の背景には資本主義という巨大な社会システムが存在していますが，私たち大人も子どもたちも資本主義の是非について正面から議論する機会はあまりありません。冷戦終結以降，社会主義や共産主義は対抗軸としての力を失ったように見えます。しかし，だからこそ，資本主義の修正案や代替案をいかに構想するかという問題は世界的争点になっています。

　著者のノディングス＆ブルックスは民主社会主義の可能性に注目し，一例としてアメリカ民主党の政治家サンダースに触れています。興味深いことにサンダースらの社会主義的政策を支持しているのはミレニアル世代やZ世代と呼ばれる若者たちです。日本の若者たちに同様の政治的盛り上がりを見出すことはできるでしょうか。

　著者らは民主社会主義の哲学を深めるためにデューイやシューマッハーの思想にも触れています。それに対し，私たちは日本の経済学者・宇沢弘文の思想に注目することもできるでしょう。宇沢は資本主義の課題を克服するため「社会的共通資本」という概念を唱えています。社会的共通資本は「一つの国ないし特定の地域に住むすべての人々が，ゆたかな経済生活を営み，すぐれた文化を展開し，人間的に魅力ある社会を持続的，安定的に維持することを可能にするような社会的装置」を意味します。具体的には，大気や森林などの自然環境，道路や上下水道などの社会インフラ，教育や医療などの制度資本を指します。宇沢は社会的共通資本を市場原理に委ねず，どうすれば私たちの共同責任のもと管理できるのか考えました（『社会的共通資本』岩波書店，2000）。その他，資本主義の成長路線を脱して豊かさを共有する共産主義の思想も国内で再評価が進んでいます（斎藤幸平『人新世の「資本論」』集英社，2020）。

　現在，気候変動に直面する地球環境は社会的共通資本そのものです。スウェーデンのグレタさんは当時15歳で，気候変動へのグローバルなアクションを呼びかけ始めました。そこから展開した「未来のための金曜日」運動には日本の若者も多く参加しています。資本主義よりもよい制度はあるのか。世界からの呼びかけに応えて，大人と子どもがともに対話すべきテーマではないでしょうか。
　　　　　　　　　　　　　　　　　　　　　　　　　　　　（木下　慎）

第 10 章
平等，正義，自由

　まだ取り上げていない重大な一連の概念に関する議論を始めるに当たり，読者には私たちの意図を心に留めておいてほしいと思います。論争的かもしれず生徒たちにはあまり理解されないかもしれないけれど，民主主義的な生活に効果的に参与するためには欠かせない概念を，学校で教師が取り上げられるように手助けしたい，というのが私たちの思いです。人間はどのような意味で「平等」なのでしょうか。平等に関する問題に対して，正義は何を要求するのでしょうか。そして，生徒たちが民主主義的な自由の概念を受け入れられるようになるために，私たちにできることは何でしょうか。

平　　等

　先述の通り，多くの人々（独立宣言の起草者たちでさえも）は，あらゆる人がすべての点で平等に造られているとは考えていません。すべての人が「神の目には平等」だという宗教的な信念を持っていることはあります。こうした信念は，すべての人が法の前では平等に扱われるべきだという，人間の承認にも反映されています。一方で，人々が平等に造られているといえる部分はあるのでしょうか。そして，こうした平等についての理解によって，私たちの教える内容や方法はどのように変わるべきでしょうか。

　確かに，あらゆる人類が共通のニーズをもって生まれてきます。それはしばしば人生航路のニーズと呼ばれるもので，食料や水，住処，十分な衣服，有害なものからの保護，（少なくとも乳児期における）愛着，他者との何らかの繋がりといったものが挙げられます（Braybrooke, 1987）。多くの社会がこうしたニー

ズの普遍性を認識し，自分自身ではニーズを満たすことができない人々に対して，対策を講じてきました。実際，多くの人が，そうした対策を講じることが正義だと信じています。時に，人間にはこれらのニーズを満たされる権利があるともいわれます。しかし，私たちはこのような権利を携えて生まれてくるのではありません。見識のある社会によって，与えられるしかないのです。

　現代においては，こうした人生航路のニーズに加えて，あらゆる人が何かしらの教育をも必要としているといえるかもしれません。では，一つの教育の形式で事足りるほど，人間は同質的でしょうか。才能や能力，興味関心に，どのくらいの違いを見てとれるでしょうか。今日，多くの思慮深い人々が，こうした多様性や違いを尊重することでこそ，参加民主主義の基礎が築かれるのだと主張しています (Callan, 1997; Fielding & Moss, 2011; J. W. Gardner, 1984)。もし生徒たちの間にある差異を十分に認識しようとするなら，教育に関する二つの根本的な問いを検討しなければなりません。一つは，教育はこうした違いをいかにして育めるかという問いであり，もう一つは，多様性に対応するように設計されたあらゆる形式の教育に，共通して見出されるべき特徴とは何かという問いです。

　本書では，高校における複合的プログラムという構想 (学術的な教育，職業教育，芸術教育，そして特別支援教育をつなぐもの) を提示してきました。理論的には，総合制高校はそれを実現する一つの卓越した方法だったといえます。しかし，先述のように，これを実際に運営する中で，あらゆる人間の素質を尊重するという，民主主義の基本的前提が切り崩されてしまいました。統合制高校においても，アカデミック・プログラムが最も価値あるものとして扱われ，その他のプログラムはすべて，興味関心が外れたところにある人のための二級の選択肢として扱われました。こうした裏切りを正すために過去30年ほど試行されていること (選択肢として複数のトラックを提示することをやめる動き) は，別の形の裏切りだと言えるかもしれません。個々人の適性や関心に合ったプログラムでどれほど能力を発揮できそうかによってではなく，アカデミック・プログラムでの成績のみで生徒たちをランク付けし続けているのですから。

この問題についての議論には，あらゆるプログラムの生徒たちが招かれるべきです。皆，学習しているプログラムを自ら選んだと考えているのでしょうか。それとも，アカデミック・プログラムには適格ではなかったために今のプログラムに割り当てられたと考えているのでしょうか。〔どのプログラムを選ぶかという進路選択に関して〕どの程度指導を受けたのでしょうか。職業訓練プログラムに在籍しているとすれば，スコット・ニアリングやマイルス・ホールトン，ローザ・パークス，ピート・シーガー，ジョン・L.ルイス，ユージン・デブス，あるいはパウロ・フレイレといった人物の名前を知っているでしょうか。アカデミック・プログラムの生徒たちは，今在籍しているセクションに自ら選んで入ったのでしょうか。それとも，誰かに割り振られたのでしょうか。生徒自らが希望するなら，上級コースを選択することも許されるべきだと考えるでしょうか。

　たとえ，「平等」な教育とは，必ずしもあらゆる人に全く同じカリキュラムを当てはめることではないという合意が得られたとしても，すべてのカリキュラムで共通して扱うべきトピックや方法，概念やスキルは何かという問いは残ります。エイミー・ガットマンは，政治教育を最重要の教育と位置づけることで，「トラッキング，性差別教育，人種差別，そして（狭い）職業教育」に反論できると主張しています（Gutmann, 1987, p.287＝邦訳 2004, p.319）。しかし，トラッキングや職業教育を廃止する必要もなければ，廃止するべきでもないと，私たちは繰り返し提言します。ガットマンが懸念するのは「これらの制度や教育を実施して生徒の学力的達成が改善される場合があるとしても，市民としての徳を疎かにするものである」という点です。そして，「市民の徳は，生徒たちが持つ人種，宗教，知性や性別による違いを尊重することを特徴とする共通教育によって涵養できるものである」と言います（Gutmann, 1987, p.287＝邦訳 p.318）。しかし，改善されれば，トラッキングはガットマンが提案する政治教育を推進することもできるでしょう。彼女が記す以下のことに，私たち筆者は心から賛同します。「政治教育が道徳的に最重要であるという理解に従えば，規律型の教育よりも参加型の教育を促すべきだという仮説を支持することにな

る」のです（Gutmann, 1987, p.287＝邦訳 p.318）。

　私たちが推奨するのは，真に優れたプログラムをさまざまに開発し，生徒たちが誇りをもってその中からプログラムを選択することができるようにすること，そしてそれらの複数のプログラムを横断して，生徒たちがともに重要な政治的・道徳的問題について（私たちが推奨している 4 年制の社会科セミナーなどを通じて）議論できるようにすることです。これは，先に言及した会話の溝を埋めていくために学校が取り得る方法の一つです。

　会話の溝は，それ自体が重要な議論のトピックとして扱われるべきです。生徒たちが社会階級や自分たち自身の差異をどう捉えているのかを聞くことは，興味深いはずですし，啓蒙的でさえあるかもしれません。生徒たちは，ある人が下層階級か中流階級か上流階級かを，どのように特定しているのでしょうか。「階級」という言葉は，通常，経済的な用語だと考えられています。そのため，私たちは時として下流階級を貧困層，中流階級を中間層，上流階級を富裕層と呼びますし，貧困層のうち最下層よりも上位に属する人々や，中流階級の最下層に属する人々を「労働者階級」と呼びます。しかし，社会階級は経済水準に限定されないより広い概念で，生活スタイルや居住地域，話し方にも関わります。率直に議論するには，これは非常に論争的なトピックになり得ます。また生徒たちは，自分はこうした〔他人を社会階級に当てはめる〕判断などしていないと主張したい誘惑に駆られるでしょう。

　しかしながら，教師が辛抱強く，穏やかな粘り強さを発揮すれば，生徒たちは言語の使用について議論し始める可能性があります。言語はおそらく，社会階層についての私たちの判断に最も大きな影響を与えます。誰かが「あいつ，なんも知んねえ（He don't know nothin'）」と話しているのを聞いたら，それが冗談として発せられた言葉でない限り，私たちの多くが発話者は下流階級に属する人であると結論づけるでしょう。誰しもにとって認めにくいことですが，私たちは確かにそうした結論を下しているのです。もし，さまざまな階級の生徒が集うセミナーで，一人の生徒が別の生徒に対して「あなたと同じように話さないっていうだけで，私のことを下流階級だっていうの?!」と怒ったら，教

師はどのように対応すればよいのでしょうか。私たちが日頃そうした〔言葉遣いから発話者の属する社会階級を推測するという〕判断を下していることを認めなければならない一方で，以下のことも指摘すべきでしょう。すなわち，ここでは，つまり，この教室では，私たちは協働していて，互いの考えを尊重し，意見が一致しない理由を互いに理解しようとしているのだということです。だからこそ，価値のある考えや提案は，標準的な言語でなくても表現され得るのだという点も，強調するべきです。

　まさにこうしたやりとりが生じる可能性があることを知ると，教育者はあまりにも日頃蔑ろにしている責任があることに気づかされるはずです。私たち教師は，子どもたちに読み書きを教えなければならないと大騒ぎしつつも，毎年決まって標準英語を習得していない生徒にも高校を卒業させています。標準英語の習得は基本的に，小学校で終わらせるべきです。ですが，広く現状を見れば，結果は必ずしもそうなっていないことがわかります。政治教育が最上位に置かれるべきだという議論の中で，ガットマンは生徒参加の重要性を強調して，次のように述べています。「たとえ生徒の参加が，学校内におけるある程度の無秩序を生み出す恐れがあるとしても，政治的スキルや社会に積極的に関与しようとする責務の意識（コミットメント）を涵養するという民主主義の立場からそれは擁護される」（Gutmann, 1987, p.287＝邦訳 p.318）。社会階級の違いを越えて学校での会話に参加することは，大人になった後の市民間の継続的なコミュニケーションに寄与するだけではありません。そうした会話が丁寧に指導されながら日常的に展開されることで，最も目に付きやすい階層の違いの印，すなわち標準語を使用するかどうかという違いをなくすことができると考えられます。

　生徒の中には，外国語と同じように，ストリートの話し方や黒人英語も尊重すべきだと論じる人がいるかもしれません。こうした発言への応じ方の一つに，黒人のエンターテイナーは黒人英語を日常的に使用している点を指摘することが挙げられます。黒人のエンターテイナーたちは言語コードを見事に巧みに切り替えることができるので，生徒たちもそうした例に続くように励まされる可

能性があります。ただし，コードの切り替えのためには発話者はどちらの言語にも堪能でなければならないという事実には，注意が向けられるべきです。教室での議論の中で，実際にコードの切り替えを行ってみると，生徒たちにとって楽しい活動になるかもしれません。標準英語の習得は，機会の平等をもたらすという教育目的の一部と見なされるべきです。熟慮のうえで標準英語を習得することを選択した場合，だからといって標準ではない英語を話す人々を蔑視していると捉えるのは間違いです。

　私たちはまだ，先述の困難な問いへの答えにたどり着いていません。その問いとは，標準英語の習得の問題も含まれますが，それを越えて，多様な複数のプログラムが共通して扱うべき要素は何かという問いです。この問いを提起すると，人はカリキュラムの必修部分で扱うべき内容として，特定の歴史上の出来事や偉人，科学的な概念や数学的な手続き，そして芸術性などを挙げ始めます。これは非常に大きな問題なので本書では扱うことはできませんが，それぞれの専門分野において中心的な議題とされるべきでしょう。分野ごとの議論の中でさえ，意見がまとまらず，すぐに手に負えなくなる可能性があります。例えば，とある数学教師たちの活発な会議でこの問題を議論したところ，関数や四則演算の基本的法則，一次方程式といった根本概念を真っ当に挙げるところから始まったものの，徐々に白熱して，ついには一人の教師が「大学卒業者の多くが積分と定積分の違いを知らないとは，なんとも嘆かわしい！」と叫びました。〔こうした白熱加減を考えると，〕こうした議論は，それぞれの分野の専門家たちだけに委ねない方がよいと思われます。

　ここで，あらゆる専門分野において，あるいは，専門分野を横断して決定を下す際に導きの糸となるような，一般的な考えをいくつか提示します。一つ目に，参加民主主義において真剣にシティズンシップを育む教育を行おうとするなら，すべてのコースで生徒が話す機会を提供するべきです。生徒がすべきはただ聞くことではなく，応答し，提案し，不思議がり，問うことです。また意見の共有は，クラス全体と小グループの両方で行われることが望ましいといえます。公共的な営みに効果的に参加できるようになるには，情報を集めて吟味

すること，真正の対話に参加すること，折り合いをつけることを厭わない態度，そして〔自分と他者の間に〕潜在的に哲学的立場の差異があり，それが根深いものである可能性があると自覚していることが必要です。

　二つ目に，学校レベルでは，プログラム横断的なプロジェクトが提供されるべきです。生徒たちを４年間，社会的，道徳的，政治的な問題に関するプログラム横断的なセミナーに参加させるべきだということは，すでに提言してきました。その他に，さまざまなコミュニティのプロジェクトに関わって協働する機会も用意されるべきです。

　三つ目に，あらゆる専門分野を持つ教師が，分野横断的なアプローチを取り入れることが重要です。英語や数学について，あらゆる生徒に全く同じカリキュラムを提供することはできないし，おそらくそうする・べ・き・でもありません。しかし，すべてのコースのカリキュラムで，教科間を結びつけるような教材を含めることはできます。例えば，伝記，哲学上の論争，政治的な議論，決定的に重要な歴史上の出来事，関連するフィクションや詩といった文学，〔各教科内容と〕芸術との関連性〔を示す教材〕，科学上の論争などが挙げられます。

　私たちが提案する高校のプログラムは，人間が持つ幅広い素質を同じように尊重し，すべての生徒が，個人としても市民としても意義のある生を送れるようにするという意味で，平・等・なものだといえます。以下の節では，正義と自由について扱いますが，これらの節の後に改めて平等に関する議論に戻り，さらに議論を深めることとします。

▌正　義

　正義もまた，複雑に込み入ったトピックです。通常，正義とは，正当あるいは合法と考えられる事柄を擁護するために権威を使用することと定義されます。ジョン・ロールズが述べるように，「真理が思想の体系にとって第一の徳であるように，正義は社会の諸制度がまずもって発揮すべき効能である」(Rawls, 1971, p.3＝邦訳 p.6) のです。あらゆる社会の諸制度 (政府，家族，企業，教会，

軍隊，学校）は，それが依拠しているこの徳・効能（virtue）に照らして吟味され，評価されます。しかし，ある制度がこの徳・効能によって判断される際の基準は，国家や制度の種類によって異なるだけでなく，時代によっても異なります。

　アメリカにおける奴隷制が長い間正義に適ったものと考えられてきたことを，生徒に気づかせるべきでしょう。奴隷制は，聖書や歴史的な説明，〔黒人は〕人種的に劣等であるという広く受け入れられていた先入観を根拠に擁護されてきました（Anderson, 2015）。奴隷制の慣習の中にも，「正義」のシステムが存在していました。すなわち，あまりに残虐な扱いは禁止するという非公式のルールです。エリザベス・アンダーソンは，長老派教会の総長で奴隷制を支持していたジェームズ・ソーンウェルを引用したうえで，以下のように記しています。

　　救世主である神は，私たちが他者に次のような行動をとるように導く。すなわち，もし相手の状況に置かれたとしたら，自分たちにこのような行動をとってほしいと期待することが正当で理に適っていると思われる行動である。（中略）この法則を奴隷制に当てはめるなら，私たち自身が奴隷だったとしたら，どのように扱われる権利があると感じるだろうかということに従って，奴隷を扱うという，ごく単純なことを求めているのだ。

（Anderson, 2015, p.29）

ここで注意すべきなのは，残虐行為を拒む禁止命令は奴隷に対して人道的な扱いをするように求めるものであって，奴隷制を廃止することを求めるものではなかったということです。

　現代の生徒にとって，その他の点では善良な人々が，実際に奴隷制を道徳的に正当なものとして擁護していた時代を想像することは困難かもしれません。しかし，そう遠くない昔，女性が投票したり，財産を私有したり，夫の性的要求を拒否したりすることを禁じる慣習を，大多数の市民が受け入れていた時代もありました。実際，1860年には，とある南部の上院議員は奴隷制を擁護する中で，次のように主張しています。

女性は人間であり，理性を備えた存在である。女性たちには多くの男性た
　　ちよりも優れた能力があるかもしれないし，政治的な特権を行使するのに
　　適格であるかもしれないし，社会的な栄誉を達成する能力をも有するかも
　　しれない。だからといって，女性たちを排除する社会的秩序に，誰が不満
　　を抱くというのか。　　　　　　　　　　　　　　　　　　（Anderson, 2015, p.30）

　もちろん，実際には女性たちは不満を訴えていました。しかし，女性に完全
な市民権を認めるべきだとアメリカ社会を説得するには長い時間を要し，女性
がついに投票権を獲得するまでには，黒人男性が投票権を得て以降も，さらに
長い年月が必要でした（Ward & Burns, 1999 を参照）。正義の概念を正当で妥当
な法のための権威の使用と捉える考え方は不変であるものの，何が正当で妥当
だと考えるかは，時代によって劇的に変化してきたのです。そうした変化は，
突如道徳的な目覚めが起きたことで生じてきたわけではありません。犠牲を強
いられてきた人々が声を上げ，支援者を集め，法を変えるために精力的に活動
したことで生じてきたのです。
　何が正しく正義に適ったことなのかについての自分の考えを変えることは，
実践的な営みだといえます。もちろん，道徳的な問題が関わりますし，時とし
て道徳的な異議申し立てが変化のきっかけになることもあります。しかし，大
抵の場合は，何かしらの法的措置がうまく機能していないことへの気づきに始
まって，その機能不全によって対立が生じてから，その後になって事態を進展
させるために道徳的な議論が組み込まれるという流れで起こります。例えば，
薬物犯罪に対する刑罰を軽くしようとする，近年の動きについて考えてみまし
ょう。この運動は，刑務所の過剰収容の問題がきっかけとなって起こりました。
この問題認識と合わせて，それほどにまで多くの数の収容者を養うコストへの
懸念が広がったことで，おそらくこれから変革がもたらされることになります。
また，各薬物犯罪者が下された刑罰の重さについて，人種間に正当化し得ない
ほどの差が生じていることは，道徳的な議論をこの運動に加えることとなり，〔刑
罰の見直しを訴える〕プロジェクトをさらに後押しすることになるでしょう。

同様に，死刑という道徳的に疑義のある制度を撤廃しようとする動きは，お
そらく果たされるか，少なくとも実務的な理由によって強力に支持されていく
でしょう。殺人犯を死刑にする方が，終身刑よりも多くのコストがかかるから
です。こうした経済的コストを知り，〔殺人という〕過ちは決して元には戻せな
いのだと認識すると，〔死刑という〕計画的な殺人は不正であるという基本的な
道徳警告へと導かれることになるでしょう。

　正義と実践道徳についての議論は，報復的正義に関する慎重な考察を含むべ
きです。報復的正義とは，処罰と刑罰について扱う正義の一分野で，その根底
にある考え方は，法によって統治される制度下では，制定された法に違反した
人には処罰が下されるべきだというものです。処罰を下すことで，法を犯した
ら罰せられるのだということが市民に繰り返し示されるため，結果として法が
より強いものになると広く信じられています。ここでもまた，遵法を道徳的義
務と見なしているからこそ法に従う市民の方が〔実務的理由で法に従う市民より
も〕明らかに望ましいといえるでしょう。実際，家庭でも親の定めた公正なルー
ルに子どもたちが従うことを望みつつも，多くの善良な親は子どもがルールを
破った場合にも子どもを罰しはしません。多くの家庭の場合，筋の通った説教
をしたり，がっかりしたことを伝えたりするだけで，十分に効果的なのです。
社会的なレベルでも，多くの人にとって犯罪をしない理由は，法的処罰への恐
れよりも，恥を掻くことへの恐れにあります。ほとんどの人が，同胞の市民か
らの承認を大切にしています。人々が法の遵守を道徳的責務と見なすことは，
健全なコミュニティを成り立たせる希望なのです。

　高校の段階では，校則の策定と維持の両方のプロセスに生徒たちが参画する
ようにすべきです。教師と生徒は，こうした学校のルールの分析や評価ととも
に取り組むとよいでしょう。生徒に授業への出席（原則として遅刻ではない出席）
を求めることは間違いなく正当です。しかし，実践レベルで考えてみれば，授
業を欠席したり頻繁に遅刻したりする生徒に対して停学措置を講じることに，
意味はあるでしょうか。学校や生徒によっては，停学処分は授業を完全に回避
する合法的な理由だと捉えかねませんが，他方で，停学になるかもしれないと

いう脅威は，多くの生徒にとっては時間通りに授業に出席する理由になっている可能性もあります。生徒たちは，どのようなルールを提案するでしょうか。

　生徒たちは，ゼロトレランス型のルールに対する批判的議論にも取り組むべきです。今や多くの学校が，この道徳的にも実践的にも問題含みのやり方に見切りをつけており，かつて一度でもこの考えを支持したことがあるという一点で，私たちの教育者としての信用は崩れています。結局のところ，人は時に意図せずにルールを破ってしまうこともあれば，一時的な感情の落ち込みによって破ってしまうこともあります。個別の状況を考慮することなく，標準的な処罰を適用することは，思いやりに欠けるだけでなく，多くの場合，不正義でさえあります。そうした処遇は，まさに不合理であると言わざるを得ません。

　最近でも，教師がローレンス・コールバーグの「ジャスト・コミュニティ〔正義に適ったコミュニティ〕としての学校」に関する著作（Kuhmerker, 1991）や道徳性発達に関する著作（Kohlberg, 1981〔一部を邦訳したものとして，永野編，1985〕）を読み直し，議論することは有益です。ただ，それはコールバーグのプログラムやその他のプログラムを，細部に渡って完璧に採り入れるためではありません。そのように導入しても滅多にうまくいかないし，〔うまくいかないがゆえに〕プログラムが廃止されると，それと一緒に多くの有益な考えも手放されてしまいがちだからです。私たちが本書を通して提案したいのは，情報を集め，分析し，議論し，実際に試し，評価するということです。民主主義的な方法で学校を確立し，維持するにはどうすればよいのかの検証に，教職員と生徒がともに責任をもって取り組むことが重要です。例えば，廊下での騒音や，意地悪な発言をする生徒，学校の設備や備品に損害を与えるような行為には，どのように対処すべきでしょうか。

　広く問題となっているカンニングについて考えてみましょう。多くの場合，違反の結果として，カンニングをした者の成績を厳しく減じることになります。それは公正なことかもしれません。カンニング行為が確認されると，当該のレポートや試験が0点とされるほどの厳しい処罰に値すると考えられます。しかし実際には，カンニングをした者に，その範囲の学習内容を習得してほしいと

も思っているはずです。考えてみれば，私たちは，カンニングをした者にもう一度試験を受けさせたり，レポートを書き直させたりするように主張すべきなのかもしれません。また，そのためには，正直に試験やレポートを提出して不合格となった生徒たちに向き合い，サポートするべきでしょう。つまり，大事なのは，道徳的な良心の発達を促し，教師として私たちは試験内容を生徒たちが学んでいるかどうかを心から気にかけているのだと示すことです。教師と生徒が共通して目指すべきは，価値ある教材をもとに教え，学ぶことであり，単に成績をつけたりつけられたりすることではありません。加えて，より深い目的は，より善い人々を，すなわち，参加民主主義の一員になるために適切に育成された市民を輩出することにあります。

自　由

　宗教を扱った第4章では，宗教的な考えや組織に献身することによって，世俗的な要望から解放される人々がいることを述べました。そうした人々は，多くの人が追い求めているような自由を諦め，その代わりに，神聖不可侵な自由，すなわち日常的な意思決定の多くから解放されるような献身すべき世界を見出します。

　ここで，人間の自由という世界におけるもう一つの例外について考える必要があります。すなわち，なかには自由を恐れる人もいる，という例外です。パウロ・フレイレは，「抑圧された人々を苦しめる「自由への恐怖」，つまり，彼らに抑圧者側になりたいと望ませるだけではなく，逆に，彼らを被抑圧者側にしばってしまいかねない「恐怖」についての検討がなされねばならない」と忠告します（Freire, 1970, p.31＝邦訳 p.21）。思慮深い教師であれば，フレイレの主張の要点を生徒に示すべきです。教師（あるいは学校システム全体）は，こうした恐れを維持し，強化さえしている可能性があるのではないでしょうか。フレイレは続けて，「抑圧者と被抑圧者のあいだをつないでいる基本要素のひとつが命令である」と言います（Freire, 1970, p.31＝邦訳 2018, p.21）。教育は，それ

自体の本質からして，少なくとも何らかの命令を発するものです。ですが，お
そらく過剰に命令的な教育が，まさに教育目的の一つであると本書で主張して
きた自律をむしばんでいるのです。

　A. S. ニールは，教育における権威的命令を徹底的に批判しました。彼の見
解は極端ですが，十分考慮するに値します。

　　私は，権威によって何かを強いることは間違っていると考える。子どもは，
　　何かをすべきだという意見を（自分自身の意見として）持つようになるまで，
　　何もすべきでない。人類の呪いは外部からの強制であり，それはローマ教
　　皇や国家，教師や親などから生じてくる。概していえば，ファシズムであ
　　る。　　　　　　　　　　　　　　　　　　　　　　　　（Neill, 1960, p.114）

　ニールの主張は，カリキュラムにある教材を使うべしという命令を排除する
ものではありません。代数にはいくつかのバリエーションがありますが，いず
れにしても数学という教科の中の一つの学習分野の一つであると規定されてい
ます。ニールが忠告するのは，代数学を学習するという意思決定が，生徒から
生じなければならないということです。教師と生徒は，何がどのように学習さ
れるべきかを決めるために，協働する（ともに話し合い，共通のプロジェクトに
取り組み，授業をともに運営する）必要があります。こうした忠告を公立学校に
取り入れることは可能でしょうか。完全には無理でも，そこに近づけることは
できるでしょうか。忘れないでほしいのは，人はあるプログラムや指摘を完璧
に採り入れなくても，それらから何か重要なことを学ぶことができるというこ
とです。

　教育において過度に命令的な方法を用いることの重大な危険の一つは，その
ことによって，〔生徒たちが〕抑圧を甘んじて受け入れるようになってしまうか
もしれないというところにあります。フレイレは，被抑圧者の教育学を記述す
る中で，そうした教育学は「人間性を取り戻すための絶え間ない闘いの中で，
被抑圧者（個々人であれ全民衆であれ）のために（for）ではなく，被抑圧者とと

に（with）鍛え上げられなければならない」のだと警告しています（Freire, 1970, p.33＝邦訳 p.24）。私たちは教育者として，〔生徒たちの人生の〕出だしからそうした人間性を支え，伸ばしていきたいのです。

　状況が誤った方向に展開していくプロセスを知るためには，政治的な解放運動を概観することが有効です。先に言及したシモン・ボリバルのように，抑圧された人々を解放したいという思いから純粋に動機づけられた解放者が被抑圧者とともに運動を始める時，その関係はしばしば共感と敵意の両方を曝け出します。マイケル・ウォルツァーは，この二つの態度〔共感と敵意〕について，次のように記述しています。

　　〔解放者と被抑圧者の関係に〕共感〔が含まれる〕のは，解放者たちは単に外国の支配者を憎むだけではないからである。(中略) 解放者たちは，自分の（their）〔仲間である〕人々の日常生活を実際に改善したいと思っている（この所有代名詞が重要である）。それと同時に，敵意〔が含まれる〕のは，解放者たちがこの同じ人々の後進性，無知，受動性，従順さと思われるものを嫌悪するからである。　　　　　　　（Walzer, 2015, p.68＝邦訳 2016, p.77）

　ジョージ・オーウェル（Orwell, 1958/1937＝邦訳 1996）もまた，この両面性について言及しています（オーウェルの階級差に関する論考については，本章の最終節で改めて取り上げます）。オーウェルは，自身や仲間の社会主義者たちが属する階級にある，紳士気取りの文化について言及しています。オーウェルと善意のある同僚たちは，〔下級階級のように〕語頭の H（「アイチ」と発音）を読み落としたり，音をたててスープを飲んだり，銀食器を乱暴に扱ったりすることはありませんでした。解放者は，貧しい人々への抑圧と，自身にこびりついた紳士気取りの文化の両方と闘っていたのです。

　こうした状況において被抑圧者は，解放プロジェクトにおけるパートナーとしてではなく，むしろ，観察・研究され矯正されるべき被験者として扱われます。要点は，エリザベス・アンダーソンによる批判についての議論の中で指摘

した通りです（第4章）。アンダーソンによる批判とはすなわち，なぜ私たちは
こんなにも頻繁に，自分たちが助けたいと望む相手の参加を促し損ねるのか，
という問題提起でした。相手とともに取り組んだり，語り合ったりする代わり
に，相手を観察・研究し，するべきことを命じてしまうのです。相手のコミュ
ニケーション能力を見くびり，自分自身の失敗をも認識できません。

> コミュニケーション能力とは，そのコミュニケーションに関わる人々に共
> 有される善である。特定の人はそれを所有しており，他の人はそれを欠い
> ているというような，私的に所有される財産ではない。もしAとBが文
> 化的な違いのせいでうまくコミュニケーションが取れないのだとしたら，
> AとBの両者がともに，互いを尊重するという文化資本を欠いていると
> いうことだ。(中略) 圧倒的に多くのエリートが他の階層から隔離された特
> 権的な集団から生まれている時，そのエリートたちは文化資本の損失を生
> み出しているといえる。　　　　　　　　　　　（Anderson, 2007, p.604）

　私たちは教師として，生徒が参加民主主義における自由の本質を理解できる
よう手助けするに当たって，もう一つ重要な問題に直面します。不利な状況に
あって，抑圧されているとさえいえるかもしれない立場の生徒と接するために，
まず私たち自身の解放者像を見直さなければなりません。また，それだけでな
く，人に自由を恐れさせしめるものは何かを理解できるよう，すべての生徒に
働きかけなければならないのです。自身への自信のなさは，何らかの大義に関
わり，その一部と化すことで，成功や受容を追い求めようという思考を働かせ
ることがあります。エリック・ホッファーは「自らが卓越した人物であると主
張する根拠がないと考えれば考えるほど，人は自分の国や宗教や人種や聖なる
大義が卓越したものであると主張するようになる」といいます（Hoffer, 1951, p.23
＝邦訳 2022, p.31）。すべての生徒が課題をこなせるように手助けする教師の努
力は，時として失敗に終わります。場合によっては，教師が提示した課題をこ
なすこと自体に，生徒が意味を見出せないこともあります。ホッファーは続け

て，「私たちの個人的な利害や展望が，人生の目的とするほどに価値があるものとは思えない場合，私たちは自分の他に何か生きるに値するものを絶望的なまでに求めるものである」と論じています（Hoffer, 1951, p.24＝邦訳 2022, p.34）。それゆえ，疑義のある，危険ですらあるような運動にも惹きつけられる若者が生じるのです。そうした運動は，若者たちを受け入れ，集団的な成功や興奮を与えてくれることを約束するのですから。民主主義社会は協同と競争の両方を促進しますが，そうした若者は民主主義社会の生活が約束する個人の自由を恐れるのです。自由への恐れと重要な大義に感じる魅力は両方とも非常に強力であるからこそ，責任ある宗教組織は，長期の修練期間が必要であると論じます。修練期間とは，その宗教に献身することを誓った人が，誓いを立てたところの〔信者として宗教的な〕生活〔を送ること〕の意義や，その生活に要される事柄について十分に理解していることを確かめるための時間です。

　もし生徒に民主主義的な自由の考え方を享受してほしいと望むなら，教師は生徒たちが責任ある選択を行える機会を多くつくるべきです。ただ一つの〔学術的な〕適性しか認めないような学校文化に囚われていては，誤った教育によって約束された「自由」に対して，生徒たちのうちに真の恐怖心を育んでしまうかもしれません。

▍ 平等の再定義

　先ほどの平等に関する議論の中で，私たちは生徒の帰属意識を高めるための提案をいくつか示しました。その一つは，生徒が話し，選択し，参加することを促すということです。ここで，この提案を再び検討してみたいと思います。社会階級間にまたがるコミュニケーションが減ってきていることを示すエビデンスは，日々蓄積されています。また実際に，社会的・文化的な階級間の溝は深まっているのです。教師は，この問題についても議論する術を見つけ出さねばなりません。

　最近では，ほぼすべての〔アメリカの〕高校生が，ジョージ・オーウェルの

何かしらの著作を読んでいます。ただ，多くの場合，読んでいるのは『動物農場』か『1984』で，古典的ジャーナリズムの作品である『ウィガン波止場への道』を読んで議論するように指導されることは滅多にありません。この作品の中でオーウェルは自身が若い頃にとっていた階級に基づく紳士気取りの態度について，開かれた，批判的な議論を展開しています。

> 階級間の断絶を克服するためには，ある階級が別の階級の目にどのように映るのかを理解することから始めなければならない。中産階級は「お高くとまっている」と批評するだけでは何の意味もない。
>
> （Orwell, 1958/1937, p.131＝邦訳 1996, p.176）

　20世紀半ばに，オーウェルは次のように述べています。階級に関する偏見はなくなってきてはいる「が，疑いもなく，基本的な悪い感情はまだ残っている」と。さらに，現代のアメリカであれば，新聞に載りそうな発言を付け加えています。「労働者たちが失業手当や老齢年金，無償の教育で呆れるほど甘やかされ，絶望的なまでにやる気をなくしてしまっているという考えは，今もなお広く行き渡っている。しかし最近，失業者は確かに存在しているということが認識されても，それはわずかな衝撃を与えたに過ぎない」（Orwell, pp.132-133＝邦訳 pp.177-178）。

　オーウェルは，自分自身の階級の気取り方や，経済的な意味での中間層に位置する人々が教養ある話し方に固執する様子を見つめ，さらにはそれをからかうことを勧めました。オーウェルの時代のイングランドでは，教育水準の高い労働者は，どんなに経済的に厳しい状況にあっても，〔下級階級が使う〕語頭の「H落とし」の話し方を取り入れようとは到底考えすらしませんでした。オーウェルは私たちに「中産階級が最悪の貧困にまで追い込まれても，なお心情的には労働者階級に激しく敵対し続けることは容易に想像できる。言うまでもなく，これが既成のファシスト党なのだ」と警告しています（Orwell, 1958/1937, p.226＝邦訳 1996, p.299）。現代のアメリカ社会において，似たような危険の兆

候は見られるでしょうか。こうした階級「意識」は根強く残り続けるだろうと信じているからこそ，私たちは，学校教育は普遍的な教育や標準英語の採用に本腰を入れるべきだと提言してきました。話し方の違いに伴って生じる階級意識を変えようとするよりも，既存の標準話法をすべての人に教える方が容易だということは，ほぼ確実です。

　たとえオーウェルの言葉が近年のアメリカにおける階級の違いを誇張していると考えるにしても，私たちはこの問題を生徒たちと共有し，ともに議論する時間をとるとよいでしょう。その目的は，参加民主主義を強化し，人々の間の違いを大切にしながらも，〔全員で共有できるような〕帰属の意識や感情を高めることにあるのです。

第11章
愛国心

　教室で愛国心について議論したとしたら，どのような論争が巻き起こるでしょうか。自国への献身は無条件に善であり，すべての市民が持つべき徳である，と論じる人もいるでしょう。こうした献身について考える時，海軍将校だったスティーヴン・ディケーターが発した乾杯の言葉がよく引用されます。「私たちの国よ。この国が外国と交わる際には常に正しくあらんことを。しかし，たとえ正しくても間違っていても，この国は私たちの国だ」。何が正しいかということに，どれほど気を留めるべきでしょうか。何が正しいかを判断するのに軍事力はどれほどの影響を持つでしょうか。軍事支配への熱狂を抑えるように促す思慮深い市民がいるのはなぜでしょう。これらはすべて，生徒とともに探究できる問いです。

　アメリカ人はよくアメリカの「偉大さ」について満足気に (時に自慢をしてまで) 語ります。ある国が偉大であるとは，どういう意味でしょうか。偉大さは力によって測ることができるのでしょうか。もしアメリカが偉大さを少し欠くようなことがあったら，アメリカ人の誇りと献身も減るのでしょうか。偉大さを追求することが，正しいことに責務を感じて取り組む姿勢を阻むことはあるでしょうか。グローバルな意識が高まり，即時的に人が繋がることができるようになった現代において，〔一国への〕愛国心を和らげ，地球への忠誠と献身について真剣に考え始めるべきでしょうか。グローバルな愛国心と，国家への愛国心は両立し得ないものでしょうか。本章では，こうした問いを取り上げます。

教師への但し書き

　本書で取り上げるさまざまなトピックの中でも，愛国心は批判的に取り上げるのが最も難しいテーマかもしれません。公立学校は，その始まり以来，未来の国民に愛国心を植え付けることを義務としてきました。実際，アメリカの建国者たちの時代から，教育の第一の目的は多様な人々を均質化することを通して愛国心を生み出すことにありました。多様な人々を結びつけることで，ナショナル・アイデンティティが生まれ，またそれを支えることができます。子どもたちはアメリカの英雄的な歴史に関する学びに浸され，深く影響を受け，アメリカへの揺るぎない責務の意識とそれゆえに献身する心を持つようになります。前述の通り多くの市民が似たような態度を宗教に向けてとってきました。そして今でもなお，神を再び学校や公的な生活の中に取り戻そうという一部の人々の試みは続いています。しかし，愛国心のための教育を求める主張についていえば，あまり効果のある批判が向けられることはありませんでした。批判はなされるべきでしょうか。これから論じていきますが，おそらくその答えは愛国心をどう定義するかにかかっています。

　しかし，こうした議論を始める前にまず教師は，アメリカが世界で行っていることを批判する教材を扱うことへの強い反対の声が国の至る所であげられていることを，知っておくべきです。この国が，人種，ジェンダー，階級といった観点でいかに国内政策を誤った道に進ませてきたかということを全面的に議論することに対してさえ，抵抗する人がいます。したがって，教師は自身が直面するかもしれない反対意見の表明に留意しておく必要があります。アメリカが間違った方向に進んでしまったことに関する批判的な議論には常に激しく抵抗する人々がいるので，こうした問題を扱う教科書も禁止されてしまいました (Evans, 2007)。

　「感傷的愛国心」と呼ばれるものは，常に強く支持されてきました (Galston, 1991)。これは，長らく学校でも促進されてきました。愛国心に関する学習の中で批判的な分析を行う姿勢を勧めるということは，「教育が生む絶望」に誘

い込むことを意味します。あまりにも多くのことが間違っていて，私たちが持っている信念のあまりに多くが裏切られ，侵害されているので，こうしたことを批判的に検証していくと不信感や疎外感を誘発してしまいかねません。したがって，昔ながらの感傷的な（感情上の）愛国心の話に留めることが力強く主張されることもあるでしょう。

　こうしたリスクがあってもなお批判的思考を政治生活に向けるような指導をしたいと思う教師には，エイモン・キャランの*Creating Citizens*（市民を育てる）をお薦めします。キャランは，批判的理性は「感情的寛容性」と「歴史的想像力」によって補完されなければならないと論じます（この議論は，現代になって差別主義者であったことが認知されるようになった歴史的人物たちの記念碑などについてどうするべきかを判断する際にも有効であることを付記します）。この国の道徳的，社会的な失敗に目を向けると，何が国民にそのように行動させ（どのような感情を抱いていたのか），代わりにとり得た行動はあるのかを問うてみようとする人もいるでしょう。欠陥のある政治的伝統について学ぶ過程では「この伝統の最もよいところは何だろうか」ということも問うべきです。また，その最もよいところが支配的になるように促すにはどうすればよいか，を問うてみましょう。キャランはこのように論じています。

> 感情的寛容性と想像力は，私が支持したい種類の歴史的感受性の中核を成す。なぜなら，これらがなければ人は「この伝統の最もよいところは何だろうか」という問いに適切に答えられないからだ。（中略）心地よい慰めや感傷なく過去を振り返るということは，悪が善より大きくそびえ立ち，知覚できる善が原初の輝きを放つような人や物の形で全く具現化されていないような物語に立ち向かうことを意味する。　　　　　（Callan, 1997, p.119）

　私たち筆者（とキャラン）が避けようとしているリスクは，国家の歴史や公的な生活に批判的思考を働かせることで，無気力や嫌悪感，あるいは疎外感を誘発してしまう可能性があるというリスクです。教師は，こうした可能性に自覚

的であるべきです。批判的思考に関する第3章に記した通り，また，道徳的責務に関する第12章で再び強調する通り，精神（minds）と心（hearts）の両方を育む必要があるのです。批判的な姿勢は私たちの行為を方向づけてくれますが，実際に行動するように動機づけてくれるのは責務の意識なのです。

　それでは，愛国感情の中で常に重要な位置を占めてきた愛国心というトピックを，批判的に検証していきましょう。

▌軍隊と愛国感情

　軍事の象徴は，長らくアメリカの愛国心の中心的位置を占めてきました。例えば，はためく国旗，制服を着た人々の行進，マーチングバンドの演奏，捧げられた草花のリース，建てられた像，讃えられる過去の戦いなど。アメリカの国歌「星条旗」は，砲弾が放つ赤い光や爆弾，そして危険な戦いについて歌っています。対照的に，もう一つの国歌とよく呼ばれる「アメリカ・ザ・ビューティフル」は，紫色の山々，穀物の琥珀色の波，そして果実の実った平原を歌っています。後者は，私たちに自己を抑制することを誓わせ，神に対して，私たちが善であろうとする分，海岸から海岸まで兄弟愛で溢れさせてくださいと願います。これらは，大きく異なる愛国心の象徴です。どちらか一方の愛国心のあり方を選ぶべきでしょうか。それとも，両者に敬意を示すことはできるのでしょうか。

　この問いは平和主義者にとってずっと重要な問題だとされてきましたし，今でも重要な問題となっています。戦争に対して絶対的に反対であるという姿勢をさほど持っていない人でも，国家の偉大さを軍事力で表現することには懸念を示します。学校は，軍事力を誇示することについて，賛成の方向にも反対の方向にも子どもたちを洗脳することなく，この重要な論争問題に対する両主張を提示するように細心の注意を払うべきです。

　ヴァージニア・ウルフは，戦争を防ぐために取り得る方法について力強く執筆しました。『三ギニー』の中では「どんな種類の教育なら，若者は戦争を憎

むようになるのでしょうか」と問います（Woolf, 1966/1938, p.22 ＝ 邦訳 2017,
p.45）。戦争と軍事に関して女性が取るべき姿勢について論じたうえで，以下
のように提言します。

> 愛国心の喧伝にはいっさい与しません，国家の自画自賛にはいかなる形で
> もいっさい手を貸しません，戦争の奨励者にも見物人にもなりません，「わ
> れわれの」文明ないし「われわれの」支配を他の人々に押しつけようとす
> る軍事教練，競技大会，野外行進，授賞式などの儀式にはいっさい参列し
> ません（中略）教養のある男性の娘なら，臆病の象徴としての白い羽根も，
> 勇敢さを示す赤い羽根も，兄弟たちに渡してはいけません。いっさいの羽
> 根をあげてはなりません。　　　　　　（Woolf, p.109 ＝ 邦訳 pp.199-200）

　ウルフは，第一次世界大戦がもたらした恐怖と破壊に愕然とし，女性たちに
対して戦争の功績を見せびらかしたり自慢したりする人々から目を逸らして，「男
らしい」技の世界全体に対して無関心を貫くように促しました。しかし，ウル
フの怒りの一部は，イングランドやアメリカの「偉大な」社会における女性の
待遇の問題にも向けられました。軍事力を誇示することへの無関心を，賢明な
女性はこのように表現することができると言います。

> われわれの国は，歴史の大半を通して，私を奴隷のように扱ってきました。
> 教育を受けさせず，財産のいかなる所有も否定した。それでも「われわれ」
> の国は，私が外国人と結婚したら私のものではなくなります。（中略）した
> がって，私を護るため，あるいは「われわれ」の国を護るためという理由
> で戦おうとするのなら，このことを理解しなさい。（中略）その戦いはむしろ，
> 私には理解できない男性本能を満たし，これからもこれからも私には関係
> のない利益を得るためなのです。　　　　（Woolf, p.108 ＝ 邦訳 p.198-199）

　ウルフはこの文章を第二次世界大戦が始まろうとしている頃に執筆しました。

女性が軍隊にも入隊することができる現代にウルフが生きていたら，何と言うでしょうか。女性が戦闘の役割を担うことが許されるようになったことを，喜ばしいことだと思うでしょうか。あるいは，遺憾に思うでしょうか。彼女の主張はどのように変わるでしょうか。生徒たちには，ウルフが経済的不平等と，戦争遂行において金銭的収益を得ることが中心的な関心ごとになっていることをも激しく批判していたことを伝えるとよいでしょう。今日でも，ウルフと似たような主張は成立するでしょうか。現代のアメリカが，世界中のアメリカ以外の国が軍事力に費やしている金額と同程度（あるいはそれ以上）の軍事予算をつけていることはよく知られています。それでもなお，より多く支出するべきだと強く訴えている政治家がいます。

　ウルフは辛辣な批判を通して，私たちにするべきでないことを教えてくれました。戦争への熱狂に流されないために，軍事に関わるすべてのものに無関心の目を向けるべきだというのです。まるで，幼い男の子が気にかけてほしくて暴れ回るのをあえて無視するようにです。無視された男の子は，暴れるのをやめて別のことをし始めるものだからです。しかし，ウルフはその一方で，私たちがするべきことについてはほとんど提案していません。女性が教育，政治，およびビジネスにおいて高い地位から排除されていることを激しく非難したものの，「教養のある男性の行進」に参加し，個人の成功と戦争の承認の両方をもたらす価値観を受け入れることしか，女性が包摂される道はないと考えていました。ただし，〔こうした女性の社会進出と軍事に関する〕会話のありようを変える必要があるという点において，私たちはウルフに賛同します。ウルフは「専門性の高い職に就いてもなお教養のある人間，すなわち，戦争を防ごうとする人であり続けるにはどうすればよいか」という問いを直球で私たちに投げかけます（Woolf, p.75＝邦訳 pp.139-140）。

　始めに，長年小学生に親しまれてきた，多くの人に愛されている国家的なヒーローに関する物語を一掃するのではなく，戦争の悪と平和主義について高校段階でより多くの時間をかけて考える方法を検討するとよいかもしれません。例えばジェーン・アダムズが，第一次世界大戦に対する反対の姿勢を勇敢に表明

して婦人国際平和自由連盟を立ち上げたということを，生徒たちは知っているべきです。アダムズは，ハル・ハウスで行った，慈悲深い教育活動について高く賞賛されていますが，一方で戦争反対を表明したことで激しい批判（もはや追放に近いもの）も受けました。私の自宅の本棚にある高校生向けの資料の中では，アダムズがハル・ハウスと婦人平和党を立ち上げたことは短い文章で何回か言及されているものの，こうしたアダムズの努力の記述が彼女の人生や活動に関するしっかりとした議論に繋げられていません。そのため，なぜアダムズが1931年にノーベル平和賞を受賞したのかということが理解しにくいのです。アダムズが戦争中も戦争後も，戦争に熱狂する人たちから公の場で酷く攻撃されたことでひどく苦しんだという事実は，全く記されていません。「ハル・ハウスでアダムズがしたことも，アメリカで最も偉大な女性として，そして抜きん出た公的な市民としてそれまで讃えられてきたことも，全くアダムズを攻撃からは守ってくれなかった」(Elshtain, 2002, p.217) と言います。死刑制度を支持することは戦争が象徴する美徳に類似しているとして，アダムズが死刑制度にも反対していたことも，生徒にとっては興味深い情報かもしれません（死刑制度はそれ自体として取り上げられる，重要な論争問題です）。

　アダムズの戦争反対の主張と，それを下支えする軍事的愛国心に対するウルフの嫌悪感に関する議論を通して，感傷的愛国心を批判的に見つめ，このトピックについて批判的に理性を働かせる必要性について対話を始める道が開かれます。しかし，おそらく第一にすべきことは，人と人を結びつけるうえで感情は批判的理性よりも強い力を持つという事実に向き合うことです (Callan, 1997)。理性ではなく，感情こそが人を行動へと動機づけるということは，先述の通りです。

　平和主義の歴史において重要なもう一人の人物であるドロシー・デイは，カトリック教会が発するメッセージの曖昧さについて指摘しました。デイが編集を手がけていた雑誌『カトリック・ウォーカー』は断固たる平和主義の姿勢を示していました。一方で，カトリックの教義やキリスト教全般は頻繁に戦争を支持しており，カトリック教会も時に元兵士を聖人として認めていました。デ

イは敬虔なカトリック信徒であり続けましたが，以下のことを嘆いていました。「カトリックに献身している人の多くが平和主義者でないことは，私にとってひどく悲しいことだ」(Day, 1952, p.272)。この例は，愛国心（あるいは，組織への忠誠）と兵士文化との繋がりに関する別の側面にも光を当ててくれます。デイは，『カトリック・ウォーカー』の読者たちが，感情の側面であまりに愛国的になり，戦時中に同雑誌が平和主義への支持を表明していることにすら気づいていなかったことを悲しみ，少し当惑していました。あまりに愛国的熱狂に掻き立てられてしまっていたため，戦争が終わるまで，読者たちには雑誌の平和主義の姿勢が「見えなかった」のです。

　学校教育において平和主義にほとんど触れられることがないという問題を取り上げるに当たっては，アメリカ史上初の女性の下院議員であるジャネット・ランキンの例を挙げます。1917年に，ランキンはドイツに対して宣戦布告する方針に反対する票を投じました。その結果，長年再選されることはなくなってしまったのです。ついにランキンが下院議員としての座に再びつけたのは1941年で，ちょうど日本との戦争を開始することに対する唯一の反対票を投じるタイミングでした。この票によって，以降，ランキンは二度と当選することはありませんでした。

　サラ・ルディックは，平和主義と平和構築とを区別します。平和を構築しようとする者は，暴力の完全撤廃を要求しませんが，平和主義者と同様に，暴力に関するすべての案件を検証し，分析することを主張します。ルディックは母性的な思考についての分析の中で，以下のように述べています。

　　日常的な母性的思考は全体として，軍事的思考とは対照的なものだと思う。正戦論は私たちの戦争への見方を操り，身体やそれぞれの人間の運命に向けていた視線を抽象的な目的やそれを達成するためのルールへと移させる。（中略）正当な戦争は存在するという理論はよく分析されたフィクションであり，殺人と，殺人が許容されるほど抽象化された「敵」をつくることを正当化するほど究極的なまでに，道徳的思考を閉ざすことを要する。（中略）

母性的な思いやりのある愛とは，控えめで目の前のものをはっきりと見よ
うとするものであり，他者の生活に押し入り，ましてや命を奪うような決
断をするにはそぐわない。(中略) 良心を働かせ，徳を適切に信じる訓練を
したというのなら，母親たちは慎重で誠実な非暴力を貫くための準備をし
てきたといえる。軍事的な冒険がその繁栄の土台とするような，服従や権
威への過剰な信頼は育んでいないのだ。　　　　　　(Ruddick, 1989, p.130)

　この例では，感情と批判的理性が両者の間で衝突していることが見て取れま
す。ルディックは正戦論者の批判的理性を，戦争行為を糾弾する母性愛に対置
させます。しかし，戦争や暴力を支持する側にとっても，感情は大きな役割を
果たしているのです。教育者として私たちがなすべきことは，人道的な感情と
道徳的に正当化される批判的思考の両者について効果的に説明することです。
　先述の権威と自由についての議論の中で，合理的かつ非暴力的に権威を問い
直す方法を生徒たちに身につけさせるべきだと述べました。また，時に自由へ
の恐怖心から，疑うことなく権威に服従するようになってしまうことがあると
も記しました。軍隊生活に愛着を持つことも，同じように恐怖心の産物である
場合があります。だとすれば，軍国主義について検討するうえで，軍国主義の
核となるものを問うことにも真っ当な理由があるといえるでしょう。どこから
話を始めましょうか。

▮ 私たちは何者なのか

　ハワード・ジンは，愛国心に向かう権威主義的なアプローチについて警告し
ました。「愛国心とは，真正で忠実であるという意味だ。でもそれは政府に対
してではない。民主主義の基盤である諸原理に対してである」と論じています
(Westheimer, 2007, p.176 より引用)。この考えに従えば，愛国心とは自国が象徴
する善への献身であると考えるのが妥当でしょう。すでに達成された善を認め
るだけではなく，自国がどこで間違いを犯してしまったのか，あるいはどこで

間違いを犯してしまう可能性があるのかについて考えながら注意深く観察することを意味します。この定義に従えば，愛国者とは「たとえ正しくても間違っていても」自国を擁護する人のことではありません。むしろ，誤りを正そうという目的を自ら持ちながら，自国の誤りを分析し，認め，批判する人を指します。

　こうした問題をどのようにして学校で取り上げるかを考えるに当たって，先の平等の議論に戻ってみるとよいかもしれません。トーマス・ジェファソンやその他のアメリカ建国の父たちが，すべての人が平等に造られているとは信じていなかったことはすでにわかっています。建国の父たちが信じていたのはむしろ，すべての人に個人としての才能を発達させ，それをもとに成功する機会を与えるべきであること，そして法律のもとではすべての人が平等に扱われるべきであることでした。法律のもとでの平等を達成するための建国の父たちの献身を理解したうえで，法律を歴史的に見つめ，なぜ現代においてブラック・ライブズ・マター運動がここまで活発化したのかを考えてみるように生徒たちを 誘 うべきなのは間違いありません。法律をいくつか変えることは必然だったのでしょうか。現在では，黒人は法律のもとで平等に扱われているでしょうか。アメリカは世界でも刑務所への収監率が最も高いことを生徒に知らせるべきです。本当の愛国心とは，解放や自由，すべての人の幸福の追求といった，この国が象徴するものを称賛することです。本当の愛国心があれば，約束されたはずの恩恵を剥奪されている市民の置かれた状況を理性的で民主主義的な方法を用いて改善しようとする動きに積極的に参加するようになるでしょう。

　とりわけ教師は，平等と愛国心との繋がりについても深く考えるべきだと思います。愛国心とは，すべての生徒に平等な教育を提供するべきだと主張することを求めるでしょうか。もちろん，「平等」という言葉をどのような意味で使うかによって答えは変わってくるでしょう。もし「同一」という意味で「平等」という言葉を用いるなら，ジェーン・アダムズが指摘したのと同じ過ちを繰り返すことになります。標準化が進む現代においては，特に留意しなければなりません。「標準化とは，アダムズによれば，軍国主義の遺物である」（Elshtain, 2002, p.203）。アダムズは，アメリカの移民や異教徒への態度が極めて非愛国的

であると考え，深く懸念していました。つまり，移民や異教徒が持つ個性豊かな才能や差異の価値が否定されていたのです。

> 軍国主義的な先祖還りに由来する擦り切れた古い絆を代替する形で，国際的な絆が結ばれることを願う。そう願う理由はいくらでもある。アダムズが思い描く近代都市の理想は，制裁や「均質性を求める意識」に頼らず「むしろ多様性への尊重に根ざしていて」，「過去の世代の記憶ではなく，訓練された想像力に根ざしている」連帯がある都市である。
>
> （Elshtain, 2002, p.203）

　本書の執筆を手がけているなか，この国はまたアダムズが警告したいくつかの問題に直面しています。イスラム教過激派のテロリストから自分たちを守らなければならないために，イスラム教徒がこの国に入れないようにする手段を導入しようとしている人たちがいます。アメリカはキリスト教国家であると言いたいために，学校教育や公的生活の中に「神を取り戻す」ことを主張する人たちもいます。第4章で私たちは，アメリカはキリスト教の教義に基づいて建国されてはいないし，建国の父たちも神やキリスト教という宗教について何ら記していないことを示しました。時代を経て，貨幣と「忠誠の誓い」に「神」の文字が書き足されました。国家の公文書や公式行事などにも「神を取り戻す」ように訴える動きが定期的に見られます。しかし今のところは，公文書の改訂は免れています。つまり，人口の過半数が（キリスト教徒もそうでないアメリカ国民も同様に）アメリカが「キリスト教国家」だと信じているという理由以外に，それを支える論拠はないのです。

　高校生は，政治と教会を結びつけようという動きも実に真剣に行われてきたことを知らされるべきです。1954年に，アメリカの上院議会は「この国は，救世主，そして国の統治者であり，全知全能の神のお恵みを届けてくれるイエスの権威と法を心から理解する」と宣言するようにアメリカ合衆国憲法を修正するよう迫られました（Kruse, 2015, p.95 より引用）。修正案は棄却されましたが，

「式典の〔場で〕理神論〔の考え方を明白に示す行為〕」は公的なイベントでひっそりと受け入れられるようになりました。政府関係者がスピーチの最後に「アメリカに神のお恵みを（God bless America）」と言うことはすっかり許容されるようになり，現在でもそのようなスピーチがなされています。あるいは，公的な会議の冒頭で神に触れることもあります。こうしたイベントを概観して，ケヴィン・クルーゼは「結局のところ，「書き足されなかった憲法」はアメリカの法律や生活に書き足されることになった」と言います（Kruse, 2015, p.105）。

しかし，公的な生活における神への言及が長らく許容されてきたのは，あくまで装飾的な意味しか持たないと一般的に考えられてきたからです。アメリカは公式にはキリスト教国家ではないのです。式典では「神」という言葉を用いるけれども，「イエス・キリスト」という言葉は滅多に使いません。この国が象徴する原理がキリスト教と相容れないからではありません。むしろ，教会と政治の分離を維持しようという原則を過去に誓ったからです。アメリカの憲法においては，すべての信仰が守られています。

それでは，私たちは何をもってこの国のアイデンティティと見なせばよいのでしょうか。私たちは何者なのでしょうか。ゴードン・ウッドは，比較的新しいヨーロッパ国家の多くはアメリカと異なり，「自国の独自性について古くから理解している人たちによって下支えされている」といいます（Wood, 2011, p.321）。しかし，アメリカの状況は異なります。

> 私たちが伝統的な意味で言うところの国家（nation）になり得たことがないというのは，重要だ。私たちを単一の国民であると認識させているのは，国（state）であり，憲法であり，自由，平等，そして自由な政府という原理である。アメリカ人であるとは誰かであることを意味するのではなく，何かを信じていることを意味する。　　　　　　　　（Wood, p.322）

民主主義国家を信じ，それを維持し，改善していくのに必要な知的かつ社会的な徳を行使することが，アメリカ人であるための必要条件です。この新しい

国が共和国（republic）であると定義されていたことを生徒たちと議論する価値
はあるでしょう。共和国とはすなわち，国民の中から選ばれた人が政治組織を
運営するという形態を指します。先述の通り，共和国とは定義上，最も徳の高
い国民が指導者となることを求めます。共和国が民主主義国家になると，すべ
ての国民に役割が与えられ，すべての国民が必要な徳を育まなければならなく
なります。生徒はこのことを考える中で，すべての国民が参加民主主義の社会
で生きるために適切に教育されることの重要性を認識するでしょう。

　よって，アメリカ人とは，人種や民族，宗教や先祖の国籍によって定義され
るものではありません。アメリカはキリスト教国家であるというような形でア
メリカ人の定義を変えようとする試みは，建国者たちがこの国家を作りあげる
際に根底にあった信念そのものを蝕むことでしょう。同様に，国民の間で必要
な徳が失われれば，建国者たちが築いた国家は破滅するかもしれません。ウッ
ドは，共和制ローマが滅びたのは市民の人格が堕落したからであることを示し
ています。「ローマは，他所から未開人が侵略してきて滅びたのではない。内
部の腐敗によって滅びたのだ」（Wood, 2011, p.325）。

　アメリカ人のアイデンティティを共和制の徳と繋げて理解する考え方は，「ア
メリカの例外主義」の側面としても語られます。国民の生きる権利，自由であ
る権利，そして幸福を追求する権利を尊重する，正義に適った政府に対して責
務の意識を抱きながら関与する形として，民主主義への献身と国への愛と誇り
を持つことが求められます。こうした献身が，全盛期のアメリカを世界の政治
的／民主主義的なリーダーたらしめたのであり，新しい国家を作ろうとしてい
る他の地域の人々の見本となりました。19世紀を通して，アメリカは実に一
貫してそうしたリーダーシップを担い，大抵の新しい革命政府をいち早く承認
しました。

　しかし，招かれざる政治指導部を受け入れることには否定的な側面もありま
す。アメリカの経済力や軍事力が増すのに伴って，その力を見境なく行使して
いるのではないかといった恐怖心も高まりました。すべての革命が後押しされ
るべきなのでしょうか。ウッドや他の歴史家たちが指摘しているように，1917

年にロシア革命をアメリカが否定したことを受けて，革命に対する全く新しい姿勢が国民の中に生まれました。アメリカは共産主義や共産主義的な革命に対してあまりに根本から反対する姿勢をとったことで，ベトナムなどの地域の既存の政権だけでなく，アフガニスタンのタリバンなどの非常に疑わしい組織をも，ただ共産主義に抵抗していたという理由だけで支持することになりました。こうした歴史を通して，すべての革命が，アメリカ人が自国に対して持っている信念と同じものによって突き動かされているわけではないことを痛感させられました。

　アメリカ人は，信じることのパラドックスともいえるような何かを抱えて生きています。生徒は，このことについても批判的に考えるように促されるとよいでしょう。アメリカという国家は，一方では民主主義的に生きるという国民の信念によって定義づけられます。他方では，この信念の基礎には宗教への献身があると信じている人もいます。ここで，信念／信じる (belief) という言葉を3回用いたことに留意してください。宗教の信仰 (belief) が真にアメリカをアメリカたらしめる国家としての信念 (belief) の土台となっているのだとすれば，このことを公文書で示すべきです。キリスト教福音派の人々は，度々そうするべきだと主張してきました。その主張に対して，アメリカの建国者たちは宗教の信仰を第一とすることを否定したことが論じられてきました。建国者たちは，いかなる政府組織によっても介入されることなく，個人がそれぞれの信仰を自由に持つことができる国家を作ろうとしたのです。信仰や，その信仰に基づく活動を政府が規制することが承認されたことがあることを示す論拠があるかどうか，生徒たちと探してみるのもよいでしょう。果たしてそのようなものは見つかるでしょうか。

　ウッドは，信じることのパラドックスが持つもう一つの側面を提示してくれています。生徒たちは以下のことについて，どう思うでしょうか。「アメリカ人というのは，零か百かで白黒つけたがる人々であるようだ。世界に対して現実的な政治姿勢（レアルポリティーク）を維持することは，私たちにとっては非常に難しい」(Wood, 2011, p.334)。内政的には，すべての国民の声に耳が傾け

られるべきである，すなわち，全員の熟議への参加を通して意思決定がなされるべきであるという民主主義の考え方を保持しています。しかし，外交面で，より広い世界について考える場面になると，アメリカは山頂にある都市で，世界を照らす光であると考えがちです。国際政治について話す際にも，アメリカの偉大さに関する話ばかりをしてしまいます。そもそも，「偉大さ」とはどう定義されるべきなのでしょうか。これが，次のトピックです。

■ アメリカは偉大でなければならないのか

　最初に，アメリカが偉大であるという考え方を構築している主な要因の一つとして，感傷的愛国心があるということを理解する必要があります。もしアメリカが行ってきた数々の過ちや，アメリカが掲げる原理への自らの裏切りについて国民が知らされたとしても，今と同じようにこの国に献身するでしょうか。あるいは，キャラン（Callan, 1997）が説明した，教育が生む絶望に陥るでしょうか。批判的理性を使いすぎることで不信に陥るだけでなく，アメリカはもはや偉大ではないのだと信じるようになったとしたら，国民としての行動にはどのような変化が生じるでしょうか。本書は，アメリカ大統領選挙が行われる年に執筆していますが，何人かの大統領候補者は「アメリカを再び偉大な国にする」と宣言することで選挙権を持つ人を熱狂させています[1]。こうした候補者は，何を達成しようとしているのでしょうか。

　国家の偉大さをどう捉えるかに関しては，建国者の間でも衝突がありました。例えばアレクザンダー・ハミルトンは，この新しい国においてもヨーロッパの君主制に基づく偉大さ，「気高く，壮大なもの」を再現しようとしました（Wood, 2011, p.257 より引用）。この偉大さは，強固な軍事力を要します。こうした高潔で著名な連邦主義者たちが持っていた偉大さについての考えは，参加民主主義

1　本書が執筆されてから，まさにこの言葉をスローガンに掲げたドナルド・トランプが第45代目の大統領に選ばれた。

が強調されるようになるのに伴って下火になっていったものの，新国家はハミルトンの軍事力に関する考えを退けることはしませんでした。ハミルトンの政治哲学の大部分が退けられたにもかかわらず，このようにして新しいアメリカの共和制は，過去のヨーロッパの帝国がそうであったように，軍事力と経済力によって特徴づけられるようになりました。

　教師が直面する多くの困難の中に，バランスの保ち方があります。アメリカによる世界の支配について議論する際に教師は，アメリカ人が成し遂げてきた世界中の通信，運送，食糧生産，家事の効率化や産業の成長への素晴らしい貢献についても示すとよいでしょう。これらの功績は，自国を誇りに思うことの正当な根拠だと考えられています。1870年から1970年にかけての一世紀はアメリカにとって特に重要な時代だったことも，生徒に知らせるべきです。「南北戦争以来，すべての先進国を先導する技術的なフロンティアを切り拓いた国家」となったのです (Gordon, 2016, p.3)。技術面でのリーダーシップにおいて，アメリカはまさに偉大でした。

　しかし，成功を収めた国家は，成功を収めた個人と同様に，その成功を過剰に強調して，他国を助けると言いながら実際には他国が正当に有する力を抑えつける形でその強い立場を利用することがあります。このことについても，生徒は知らされるべきでしょう。アメリカは，自分たちの生き方を模索している他国に対して，あまりにも頻繁に自分たちの生き方の「恩恵」を押し付けようとし過ぎています。一例として提示することと，そのやり方を受け入れるよう他者に強制することは，全く異なります。湾岸戦争中に，当時国務長官を務めたマデレーン・オルブライトが発した以下の言葉を見てみてください。「私たちが力を使わなければならないとすれば，それはアメリカだからだ。私たちは必要不可欠の国家なのである。堂々と背を伸ばして立とう。そうすれば，他国よりも遠くの未来を見据えることができる」(L. C. Gardner, 2008, p.111 より引用)。アメリカ人は，この考え方に則ってオルブライトとともに誇りを持って立つべきなのでしょうか。それとも，このような発言を恥ずかしく思うべきでしょうか。

　現在，軍事的，経済的な偉大さを強調することを良識的に否定している論者

が数名います。これらの論者は，代わりに民主主義の原理を取り戻し，より深い意味での偉大さを手に入れることを追求しています。オリバー・ストーンとピーター・カズニックは，軍事力に固執し続けることに伴う危険性について執筆した2012年の文章の中で以下のように主張しています。

> アメリカが民主主義と平等主義に則る革命的な魂を回復するようにこの国を変革するとすれば，真の希望となるのは，至るところで起きている大衆による反乱へのアメリカ国民の参入だということが明らかになった。ここでいう反乱とは，歴史，それも大衆の歴史であり，国民の歴史であるものからの学びを紡ぎ，それらの歴史が語られない状態を覆すものを指す。また，最も裕福で，最も欲深くて，最も力を持っている人々の利益ではなく，圧倒的多数の利益を代表する世界の創造を要求する反乱である。
>
> （Stone & Kuznick, 2012, p.615）

　この大きな問題に関する二つの立場に対して，生徒たちはどのような意見を持つでしょうか。世界における自国の立場（その偉大さ）について批判的に理性を働かせる力を育むためには，国内のシティズンシップに関しても同様に理性を働かせる必要があり，前者は後者の思考によって補完されます。私たちが育むべき善良な市民とは，既存の法律を遵守し，寄付をしたり地域組織に寄与したりするだけでは十分ではありません。善良な市民は，「時間をかけて不正義のパターンを再生産してしまっている中で，今ある制度や構造を問い直し，変革して」いかなければなりません（Westheimer, 2015, p.39）。批判的思考によって定義づけられるような愛国心のあり方を雄弁に支持する道は，存在しています。ここでも，バランスについて考えなければなりません。偉大な帝国と強者の功績ばかりが描かれている世界の歴史に対して批判的な目を向けながらも，そうした歴史の中にも伝え続けられるべき素晴らしい物語が含まれていることを認めなければなりません。生徒たちも，キャランが提示した問い，「この伝統の中の最もよいところは何か？」を気に留めながら，偉大な帝国の盛衰につ

いて調べるとよいでしょう。また，人類の最善の利益のためには，批判的思考は道徳的責務によって方向づけられなければならないということも，生徒に話しておくべきでしょう。

　このトピックの議論を終える前に，「偉大」という言葉の言語的価値を少し検討してみましょう。私たちの手元にある辞書には，20個の意味と9個の同義語が記されています。これだけでも，活発な会話を成立させるには十分です。大統領選に立候補しているような人気のある著名人が「アメリカを再び偉大にする」と誓う時，思慮深い国民であれば，彼または彼女に対してどのような意味で偉大という言葉を使っているのか明確に説明するように迫る必要があります。この言葉の多義性と，この言葉が使われる文脈の多様性を考えると，200近い国連の加盟国の全体を見渡しながら（その中の10個，20個の強国だけを見るのではなく）それぞれが示す偉大さについて検討するような課題を生徒に出してもよいでしょう。もしあなたがその国に住んでいて，それがあなたの国だったとしたら，自国の偉大さをどう表現するでしょうか。自国のどこに誇りを感じますか。自国の伝統の中で最もよいものは何ですか。そうした問いで探究してみてはいかがでしょうか。

■ グローバル愛国心という概念

　他国の偉大さ，あるいはそれぞれの国の国民に誇りを抱かせるものを味わいながら好意的に評価する行為は，グローバル愛国心とでも呼ぶべきものの探究とセットで展開されるとよいでしょう。世界全体を市民参加の場として捉える考え方は世界市民主義（コスモポリタニズム）と呼ばれてきました。世界市民主義には長い歴史があり，国家への愛国心とは全く別の形で人々を魅了してきました。人々は世界全体に属しているものとしての世界市民（コスモポリタン）に関する別の見方として，バックグラウンドや高度な知識ゆえに世界のどこをも居場所だと感じられるような人間のみを世界市民と呼ぶ人が多くいます。しかし，この意味で世界市民という言葉を用いると，一国から世界全体へと忠誠の

対象が移行していることが示唆されるため，そうした移行は自国に対して不実であるという批判が生じます。実際，トーマス・ペインが勇敢にも「私の国は，世界である。善行は，私の宗教に従うことである」と公言した際には，多方面からの批判を浴びました。一方でベンジャミン・バーバー（Barber, 1996）は，世界市民主義は国家への愛国心ほど人々の心を摑んでこなかったと論じています。その理由は，国家レベルで行われている国旗や国歌，制服や英雄への称賛といった要素が欠けているからかもしれません。

　しかし現在では，人々が献身すべき特別な関心事が発生しています。すなわち，エコロジカル愛国心とでも呼ぶべきものです。人々は，地球環境を保全するためには「人類のふるさととしての地球」をも積極的に守らなければならないということを理解するようになってきました。例えば，地球温暖化は人類の活動による部分が大きいので，活動を統制すべきであるとする，科学界においてほぼ統一された見解を拒絶する人もいます。こうした問題についても学校で議論すべきであることは間違いなく，もし炭素燃料の使用が著しく削減されたとしたら経済的に苦しむのは誰なのかといったことを生徒は考えてみるように促されるべきです。こうした損失を補償する方法はあるでしょうか。

　国家への忠誠とグローバルな忠誠との対立をめぐる論争に向き合う方法の一つに，国家としての自国への献身から，自国が位置する物理的（自然における）場所へと着目点を移す方法が挙げられます。どの歌を国歌とするかという判断を変えていく可能性について先述しましたが，「アメリカ・ザ・ビューティフル」なら，この国の自然環境と，いかにそれを守るべきかという点に焦点を向けてくれます。また，それぞれの国の安泰のためにはすべての国が共有するふるさとである地球が健康である必要があるので，こうした議論は地球を守るための方法についての学習をより深く，より幅広く実施することにも繋がり得ます。一方でこうした議論や学習は，世界を支配する力を根拠とした愛国心の議論と異なり，自国の掲げる原理，すなわち私たちが何者であるかということを手放すことには繋がらないことがわかります。

　1870 年から 1970 年にかけての一世紀の間にアメリカが成し遂げた素晴らし

い技術革新と経済成長に関してアメリカ国民が抱く誇りの意識は正当化される
ということも，先述しました（Gordon, 2016）。これらの成長によって，食品衛
生や公衆衛生の状況は劇的に改善しました。人類の活動が地球温暖化の要因に
なっているのかどうかという現代の論争と全く同じように，1800年代後半には，
不潔な環境が下痢性の疾患や腸チフス，結核やジフテリアの要因になっている
のかどうかという論争が起こっていました。ニューヨークの女性健康保護協会
（Ladies Protective Health Association, LPHA）を筆頭に清掃活動を推進すると，
こうした病気の発生が大幅に抑えられました。現代の知的で粘り強い社会活動
も，地球温暖化の軽減に寄与し得るでしょうか。カール・サフィナはこうした
活動を支持しながら，下記のように指摘しています。

　　正しいこと，必要なことは，必ずしも経済面の考察だけから判断され得る
　　わけではない。エネルギーが格安になった時代があったとすれば，それは
　　奴隷制があったからだ。奴隷制は，奴隷を拉致する仕事や，奴隷貿易を基
　　盤とした海運業の仕事，そしてただ奴隷労働のみによって利益を生むこと
　　を可能とするプランテーション経済における仕事を生み出した。奴隷制は，
　　南部のプランテーション経済の要だった。しかし現代においては，まとも
　　な人なら奴隷制は経済のためになるなどと主張することはない。私たちは
　　少なくともそれだけの進歩は遂げたのである。　　　　　（Safina, 2011, p.295）

　ゴードンと同様に，サフィナもアメリカが劇的な技術革新のリーダーシップ
を担ったことを認めています。しかし，それと同時に，アメリカが重要な点で
遅れをとっていることも指摘しています。

　　国民の平均余命を比較するとアメリカは40位以下であり，乳児の生存率で
　　は29位となっている。進化論を認める国民の割合については，34の西洋諸
　　国の中で33位である（アメリカより低いのはトルコだけだ）。（Safina, p.309）

本書の最終章では，批判的思考を方向づける道徳的責務の意識が必要不可欠であることを論じます。現代の気候危機について入念に調べてみると，生徒たちは，たとえ経済的損失を負う人たちがいたとしても，人類の活動を抑制し，統制する必要があるだろうという結論に辿り着くはずです。また別の著名な科学者，エドワード・O. ウィルソンは，地球を守るという最重要課題に向けて宗教と科学が力を合わせるように訴えます。なぜこのような提案をするのかを自問する中で，ウィルソンは以下のように述べています。

> 宗教と科学は現代の世界において，とりわけアメリカにおいて，最も強い力を持っている。生物保全という共通の目的のために宗教と科学が手を結ぶことができれば，課題は間もなく解決するだろう。あらゆる信仰を持つ人々が共有する道徳的教訓があるとすれば，自分たち自身と未来の世代に対して，美しく，豊かで，健康な環境を示す責任があるということだろう。
>
> (Wilson, 2006, p.5)

　第4章で行った宗教についての議論を振り返ってみると，このウィルソンの訴えが大きく異なる信仰同士を繋げようとする素晴らしい例であることに気づかされます。ウィルソンの本は，世俗的な人道主義者であるウィルソンが南部のバプティスト派の牧師に当てて書いた手紙という形態になっています。ウィルソンは自身と牧師との間の決定的な信仰の違いを認めつつ，「もし直接会って，それぞれの深い信仰や信念についてプライベートで話すことができれば，きっと相互尊重と善意の精神に基づいた会話になるはずだと信じている」と書いています (2006, p.1)。批判的思考を教育する中で私たちが育みたいと思っているのは，まさにこのような会話を成り立たせる姿勢であることは間違いありません。

第12章
道徳的責務

　批判的思考は今やほぼ世界的に教育目標として推進されていますが，それ自体は道徳的徳ではありません。知的な徳であることは明らかであるものの，「よりよい」市民を育てるという主な教育の目的に貢献するためには，道徳面でも物事を前進させる必要があります。教育水準の高い多くの市民が，自身が経済的，政治的に有利になるようにするために批判的思考能力を用いていて，入念に行っているこうした分析が道徳的にどのような意味を持つのかといったことをほとんど真剣に考えていないことを，残りの大勢の人々は懸念しています。

　本書は，批判的思考を要する論争問題を取り上げるように教育者を促そうとするものです。一方で，私たち筆者は本書の中でほとんど，こうした論争問題を解決しようとはしていません。むしろ，生徒たちが議論を行い，協同的に批判的思考を働かせることで問題分析することを促す方法を提案してきました。理解するために批判的思考を用いるのであって，ただ言い争いに勝つために用いるのは望ましくないからです。この最終章では全体を振り返りつつも，もっと重要なこととして，最善の批判的思考のためには道徳的責務による方向づけが必須であること，そして批判的な分析の結果を道徳的責務とそれに基づく行為を方向づけるものとして活用することも必要であることを示します。

　本書で扱った最初の大きなトピック，権威との向き合い方を子どもに教えることにまつわる論争問題を思い出してみましょう。現代の教師は，厳格な校則を敷いていたり絶対的な服従を求めたりするような既存の学校教育実践に対して批判的思考を働かせるべきです。こうした実践は，参加民主主義に必要な市民を育成し得るのでしょうか。私たちは，発達のすべての段階において子どもたちは理性的な選択をすることを促された方がよいと述べました。選択するだ

けでなく，他者の選択について問うこともまた，推奨されるべきです。参加民主主義において会話は必要不可欠ですので，日々の学校生活においても会話は必須であるべきです。参加民主主義は，統治する手順に関する単なる決まり事ではありません。むしろ，絶え間ない分析と改善のために批判的思考と道徳的責務の両方を要する，共同的な生活の様式なのです。

　本書では，市民的不服従についても多く議論しました。この概念はあまりに誤解されることが多い一方で，政府が正当性を有する状態を維持するためには市民的不服従の概念を理解していることが不可欠だからです。市民的不服従は批判的分析を経て取られる行為であり，公的に違法行為を取ることで，破られた法を否認すると思われる，より上位の「法」への献身を示す行為なのだということを生徒たちに説明することを勧めます。市民的不服従の道徳的な目的は，私たちの社会が受け入れる「法」の真意に適うものとなるよう，実践を修復することです。市民的不服従に参加する人々は，不服従の行為によって下される罰を受け入れます。こうした人々は，ただ自身の利益のために法に逆らうのではありません。公正性に欠いていると考える法律を変えるために行為しているのです。

　また，なぜ学校で子育てについてほとんど何も教えないのか，とも問いました。今日でも，これは未だに論争的な問題となっています。子育てが成人の人間が行うあらゆる仕事の中で最も重要なものであることは間違いないのに，何も教えないのはなぜなのでしょうか。「子育て」においては何世紀もの間，男性が稼ぎ手と一家の主人になり女性が家族の世話と家事の担い手となる役割分担が行われてきたことを社会史研究が示しています。教育も，歴史的には，男性が公的な世界に出ていくのを準備するためのものとして設計されてきました。女性は，主に家の中で，他の女性たちから子どもの世話の仕方や家事を教わるものだと考えられていました。もっといえば，昔の公教育は人々に私生活で何をすべきかといったことは教えてはならないとされていました。子育てや家庭の管理に関することを教育が扱おうとすれば，伝統的な父親の支配を脅かし，さらには宗教の教義をも部分的に揺るがしてしまいかねないからです。学校教

育は，人々が公的生活を送る準備をするためのものであり，市民の私生活には介入しない，というのが昔の一般的な理解でした。したがって，子育てについての教育は論争的な問題であったし，今なおそうなっています。

　子育てについて議論する際，いくつかの大きなトピックを取り上げました。秩序の意味と必要性，会話の重要性（そしてその意味），賢明な選択をするために共有することと学ぶことの重要性といったトピックです。これらの肝心な分野のすべてにおいて学校が果たすべき役割は，親がするべきことを具体的に指示することではなく，生徒たちを探究に誘い，子育てについての知識を獲得することで将来親になった時に担う役割について批判的に考察できるようになることを促すことです。お勧めしたいのは，地域コミュニティのことやふるさととしての地球そのもののことにまで議論を広げることです。地球は愛情を込めて世話すべき貴重な場所であり，愛情溢れたケアをもって保護されるべき場所であるということを話せるとよいでしょう。

　公立学校における宗教教育（第4章）も，常に論争問題を引き起こしてきました。学校教育においてどのような儀式を認めるかということの決定権は，アメリカの歴史を通して，キリスト教プロテスタントが有してきましたが，徐々にそうした儀式への参加は任意とされる方向に変わってきています。現代の公立学校では，一つの宗教について教えたり説教をしたりすることはなく，世界のさまざまな宗教や宗教に関する歴史を教える科目を設定している学校も多くあります。

　そのように考えると，このような新しい宗教的解放の時代において，無神論，不可知論や理神論がほとんど教育において扱われていないことは奇妙だといえます。おそらく，多くの高校生がこれらの言葉の意味を説明することもできないでしょう。さらには，どんなに教育水準が高くて，道徳的に真っ当で，政治的に明敏であっても，無神論者であることを公言している人がアメリカの大統領に選ばれることは（そもそも，候補者になること自体が）ほぼ不可能です。宗教についての学習内容に，広く認められている世界のさまざま宗教を扱うのと同様に，無神論も含めるべきでしょうか。この提案が論争的であるのは何故で

しょうか。無神論や理神論について教えるべきかどうかという論争は、子育てについて教育するべきかどうかという論争に関わっているのかもしれません。公立学校は市民の私生活には介入するべきではないと多くの人が信じていますが、こうした人々は、子育てを含め、宗教に関する事柄も個人や家庭に任されるべきだと信じています。しかし、もし教育の第一の目的がよりよい人を育てることだと信じるのならば、人生のあらゆる重要な側面について構築されてきた胸躍らされるような考えに若者たちの心を向けさせなければなりません。

　生徒たちに知らせるべきこととして、アメリカの建国者たちに従えば、この国家はキリスト教を土台とはして・お・ら・ず、建国者たちや初期の大統領の多くは理神論者であり、おそらく無神論者さえもいたということが挙げられます。だからといって、この国の建国時の公文書の内容がキリスト教と両立し得ないものであるというわけではありません。ただ、キリスト教の原理や指針に基づいて作成されたわけではないのです。実際、アメリカが独立した際に作成された公文書では宗教の自由が保障されていることが挙げられます。さらに、この国の宗教の歴史を探究する際には、キリスト教が必ずしも常に道徳的善を推進してきたわけではないということも生徒たちに知らせるべきです。そのことは、奴隷制の擁護や女性の政治的権利の否定といった例に表れています。

　生徒たちは語彙や歴史に関する基礎的な学びを促されるだけでなく、多くの神を信じる思想家と信じない思想家が共有してきた道徳的、社会的、そして知的な責務についても学ぶべきです。とても興味深いテーマであると同時に、市民として私たちを一つにまとまらせてくれる学習テーマです。神を信じる人も信じない人も、多くが進化論を受け入れているのだということも、議論するとよいでしょう。宗教を信じる人々と無神論者では、神の存在については根本的に異なる考えを持っていますが、それでもなお共通して持っている道徳的責務の意識も多くあるのです。

　第4章では、第10章「平等、正義、自由」でも扱った自由というトピックについての導入的なコメントを記しました。宗教的であれ道徳的であれ、責務というものは人々が影響され得る多種多様な誘惑から解放してくれる可能性が

272

あります。責務の意識があってこそ，多くの選択肢が与えられた際に道徳的に正当化し得るものを選ぶことができます。すなわち，自由をより賢明に行使できるようになるのです。

　最後に，学校において宗教について学ぶことに関する議論の中で，教科横断的な課題の重要性を論じました。どの教科も宗教についての会話に貢献し得るし，貢献するべきです。永遠や人類の起源，人生の意味，あるいは道徳，美，そして自由の本質などについての考え方の違いは，あらゆる教科の学びの中にも表れてくるといえます。

　第5章で行った人種に関する議論では，三つの主な論争を取り上げました。一つ目は，過去のアメリカの黒人の言語道断な待遇について，どこまで詳しく話し，分析するべきなのかという論争です。この酷い歴史に正面から向き合わなければならないことを否定する人はほとんどいませんし，私たちは向き合うべきです。しかし，自国の過去の犯罪を知ることで生徒たちの間に絶望や不信感が生じる可能性も踏まえ，教師はそれに備えたり防いだりする必要もあります。宗教にも，奴隷制を支持する側面もあれば糾弾する側面もあり，対立する考え方があったこと，奴隷を所有した過去の著名人たちの社会的，政治的な功績を認めることも，生徒たちの絶望や不信を軽減させるには重要です。とはいえ，そうした著名人たちが奴隷制に加担していたことは非難するべきですが。こうしたアプローチは，現代の大きな論争問題へと話を繋ぎます。すなわち，現代の私たちが忌み嫌う奴隷制に加担していた歴史的人物を称える像や記念碑をどうするべきか，という問題です。この問題も，深く議論するように生徒たちを促すとよいでしょう。

　二つ目の肝心な問題は，集団の連帯や誇りを基盤とした豊かさを失うことなく多様性と包摂性を高めていくにはどうすればよいのか，というものです。人々は，私たちが「多様性の中のまとまり（unity in diversity）」と呼ぶようなものを欲しているのです。しかし，黒人の子どもたちが学ぶために白人とともにいる必要はあるのでしょうか。人種が混ざった学校に通わなければ，自動的に遅れをとっていることになるのでしょうか。ここで直面するのは，深くて繊細な，

まさにジレンマといえるようなジレンマです。歴史的に黒人が多く通うカレッジや大学 (HBCUs) の歴史を学ぶと，知的活力と経済的気概の両方が見えてきます。より広い視点で見ると，間違いなく〔黒人に対する〕経済的剥奪は起こっているし，適切に尊厳が守られているともいえません。しかし，素晴らしい成功の物語もあり，また，失われたら悲しむべき知的かつ道徳的な深みのある伝統もあります。オプラ・ウィンフリー，マーティン・ルーサー・キング・ジュニア，サーグッド・マーシャル，トニ・モリスン，マリアン・ライト・エデルマン，W. E. B. デュボイス，アリス・ウォーカーやジョージ・ワシントン・カーヴァーは皆，HBCU で学んだか，HBCU で教えていました。この問題への向き合い方について，生徒はどう考えるでしょうか。

　人種に関する議論の最後には，現代の公教育の問題を取り上げました。人種の問題をどこで取り上げるべきでしょうか。人種について扱うための科目を独自に設計するべきでしょうか。黒人英語についてはどのような立場を取るべきでしょうか。この問題については，本書の二人の筆者の間にもある程度の意見の不一致があります。他国の母国語に敬意を払うのと同様に，社会全体として黒人英語により敬意を払うべきだという考えは二人とも持っています。しかし，一人はより広く社会を変革するべきだと考えているのに対して，もう一人はすべての生徒が標準英語を習得できるようにすべきだと考えています。現代の社会において求められる言語力をすべての生徒に習得させないとすれば，そこで示している敬意というものはいくらか空っぽなものに聞こえてしまいます。この両者の立場からこの問題にうまく向き合うことは可能でしょうか。

　第6章では，ジェンダーに関する三つの大きな懸念点について論じました。一つ目は公的世界における女性の待遇の平等性についてで，平等を達成しようとする目標やそれを正当化する原理についてあまり反対意見はありませんでした。この問題で最も難しいのは，いかに平等を達成するか，そして何が障害になっているのかという議論です。この議論を進めるに当たって，またなぜ議論が進みづらいのかを理解するに当たっても，女性の権利の歴史を学ぶことが有効であるため，そうした学びのアプローチをいくつか提案しました。

二つ目の懸念点である，女性の考えや経験を用いて男性の考えや公的生活を変革することに関しては，フェミニストのグループの中でさえもまさに論争が起きていることを示しました。男性によって支配されている現代の公的な世界における女性の平等性を実現したいと願うがゆえに，男性の考えや公的生活を変革しようといった努力をすること自体に反対するフェミニストもいます。そしてそうした人々は，女性の伝統的な考え方であるとされるようなものを社会に当てはめようとするような試みはすべて，男性社会における女性の対等な地位の獲得という重要な目的を阻む可能性があると警戒します。この恐怖心は，女性の選挙権獲得のための運動を展開していた時にエリザベス・キャディ・スタントンが聖書と宗教思想に著しい変更を加えるように訴えた際に，スタントンの同僚が抱いた恐怖心に似ています。同僚たちは，スタントンの聖書に関する発言が本来の目的である女性の選挙権の獲得から周囲の目を逸らさせてしまうことを懸念しました。しかし，女性の伝統的な考えの中に有力なものがあるのであれば，すなわち，平和研究や公的な生活，そして家庭生活にも大きく貢献し得るような考えがあるのだとすれば，私たちは最低でもそれを検討するくらいのことはするべきです。この重大なトピックについては，愛国心について扱う第11章において，ヴァージニア・ウルフの作品を参照しながら再度論じました。

　三つ目に懸念されていたのは，現代のティーンエイジャーの多くが悩んでいるジェンダーに関する混乱です。若者はニュースからもソーシャル・メディアからも，レズビアン，ゲイ，バイセクシュアル，クィア，そしてトランスジェンダーの人々の生活や経験についてのコメントや物語が流れ溢れてくる状況に置かれており，若者が抱いているこれらに関する問いに対して，教師は必ずしも応える準備ができているとはいえません。若者の中には時にむしろ，疑問を問いの形に組み立てて，それを尋ねる適切な方法を探すことを手伝ってほしいと思う人もいるでしょう。教師は自由な会話を促したいと思いつつ，生徒が後で悔やむような打ち明け話をすることがないように生徒を守りたいとも考えます。

第8章では，資本主義と社会主義について取り上げました。社会主義につい
て学校でまともに扱うことが不可能とされていたのは，さほど遠い昔ではあり
ません。冷戦の最中とその後の時代には，社会主義は共産主義と同義であると
考えられ，広く非難されていました。上院議員のバーニー・サンダースの政治
的人気のおかげもあって，現在では「社会主義」という言葉は新たな評価を獲
得しています。一つの知識として，生徒たちは過去にはアメリカにも積極的な
社会主義政党があったけれども，第二次世界大戦の最中に消滅し，続く冷戦に
おいては圧倒的な敵として見なされるようになったということを知っておくべ
きです。そうしたことを学ぶと，アメリカにおける社会主義の歴史について，
とりわけ，他の先進国が社会主義を受け入れていたにもかかわらずなぜアメリ
カ人はそれを無視し，時には糾弾したのか，ということを最初の大きな論争問
題として扱うことになるでしょう。

　第8章の大部分では，資本主義に集中したことがこの国の学校にいかなる影
響を及ぼしたか，ということを考えました。例えば，学問的ではないことにば
かり関心が向いている子どもたちに対して高品質な教育プログラムを用意する
ことを拒んでいるにもかかわらず，こんなにも教育の平等を強調しているのは
なぜなのでしょうか。平等という言葉は同一であることという意味で使われな
ければならないのでしょうか。この重要な問いには第10章でも立ち戻ります。
資本主義を前提としながら，この国の公教育制度は「最善の」（同一の）教育を
すべての生徒に提供することを目指してきました。ここで言う最善の教育とは
すなわち，将来生徒たちが経済界に出て競争に参加することになった際に，そ
の競争に伴う困難に立ち向かえるようにする教育です。子どもたちは，苦労は
身を結ぶという助言を聞かされます。社会主義的な観点から見れば，経済的な
側面やビジネスに関わる部分だけでなく，人生のあらゆる側面における協同，
選択，満足の方により大きな重きが置かれるべきなのです。

　同章の最後では，資本主義か社会主義か，零か百かの二項対立的なアプロー
チを学校教育はとるべきではないと述べました。両方の最善の要素を分析し，
評価し，維持することも可能であるはずだからです。資本主義を特徴づける活

力，創作力，産業やエネルギーを維持しながらも，人間の多様な才能に敬意を持とうという考え方，所属する集団による自治に個人が参加するべきだという考え方，そうした集団が互いに民主的に交流できるようにしようという考え方や，すべての個人の幸福を追求しようという考え方を取り入れていくことを望むべきでしょう。本当にそのようなことが実現可能なのか，そして可能だとしたらどうすれば実現できるのか，といった問いは，より一層批判的思考を働かせて考えなければならない重要なトピックです。

　第9章「お金，階級，貧困」でも，いくつかの重要な論争を取り上げました。高校の数学の授業でより実践的な数学（お金や財産，財務管理に関する数学）を教えないのはなぜなのでしょうか。代数は本当にすべての人が学ばなければならないものなのでしょうか。また，アメリカにおける階級の意味と，広がる階級格差についても議論することを勧めました。生徒たちが誇りを持って選択できるような，社会的な地位のある真っ当な職業教育の形態を再建するべきだという議論があります。若者は，個人としての満足感と満足できる程度の報酬を得られる職業を選択するように促されるべきです。

　第10章「平等，正義，自由」では，それまでの章で挙がっていたいくつかのトピックに立ち戻りました。ほとんどの論争問題が平等というトピックから生じていることは，奇妙に感じられるかもしれません。アメリカは資本主義社会であるため，アメリカ人は機会の均等に非常に重きを置いてきました。この観点からいえば，すべての人は経済的に成功する機会を与えられるべきだ，という考えになります。こうして，教育においてもすべての生徒が大学に入学できるようにすることにますます重きが置かれていくようになりました。私たち筆者も，すべての子どもが素晴らしい教育にアクセスできるべきだと考えます。しかし，果たしてこの責務の考え方は，すべての子どもが大学進学を前提とする同一の教育を受けるべきだという主張に繋がらざるを得ないのでしょうか。平等性は同一性を含むのでしょうか。よく育まれた正義感覚を有していれば，さまざまな才能や関心に適した多様な教育プログラムを設計しようという考えに辿り着くのではないでしょうか。

この方向に動くとすれば，あらゆる教育プログラムで学んでいる生徒が集まって差し迫った社会問題について話し合い，議論する場を提供することが賢明でしょう。参加民主主義を担う市民は，他者に向かって一方的に話すのではなく，互いに話し合う能力を有しているべきであり，そのような話し合いは傾聴を要します。数々の思慮深い社会科学者や政治批評家が，アメリカの社会階級間のコミュニケーション・ギャップが増大していることを指摘しています。このことが，私たちのもう一つの提案に繋がります。その提案とはすなわち，社会・政治問題を取り上げる，コース混合型の４年間の生徒主導のセミナーを開設し，教科横断型の課題を著しく増やすことです。教育において平等が何を意味するのかについての論争問題は，そうしたプログラムでも中心的に取り上げられるべきでしょう。

　正義は，平等という概念に適用されるだけでなく，歴史的側面からも現代の問題における側面からも検討されるべきです。とりわけ生徒たちに対しては，校則を作り，それを施行するプロセスに参加するように促すとよいでしょう。校則に関する仕事に生徒たちが積極的かつ批判的に参加することによって，ゼロトレランスの規則や，過剰な停学処分，その他の規律を守るためのトップ・ダウン型の対応をなくしていくことができると考えられます。

　自由は，第４章「宗教」においても重要なトピックでしたが，第10章ではパウロ・フレイレが指摘した，社会における被抑圧者たちが実は「自由への恐怖」に苦しんでいるという可能性について丁寧に検討しました。こうした恐怖心は，善意を持って「解放者たち」が貧しく虐げられた者たちに対して，自身の権利のために立ち上がり，自分が正当に有しているはずのものを要求するようにけしかけたことで生じるといえます。こうした運動を担うには力不足だと感じて，人々は恐怖に閉じこもってしまうのです。しかし，恐怖心を作り出す要素の中でも最も強大なものは，解放者たちによる支配だといえます。解放者たちが全くの善意から被抑圧者たちの状況改善のために何がなされなければならないかを判断してしまうことは，あまりにもよくあることです。助けようとしている相手と協働的に動くということをしないのです。この問題は，本書の

中でも複数回に渡って記しました。もし人間の道徳的責務が人を助けるために
あるのだとすれば，私たちはまず相手の人間としてのあり方を受け入れ，その
相手とともに行動する必要があります。

　第11章では愛国心にまつわるいくつかの問題を提示し，それまでの章で取
り上げた問題もいくつか掘り下げて論じました。一つ目の問いは，自国に対し
て完全なる忠誠を示すべきか（「たとえ正しくても間違っていても，この国は私た
ちの国だ」），あるいは自国が掲げる最善の理念への変わらない忠誠を育むべきか，
というものでした。後者を選んだとすれば，明らかに私たちは「最善」の意味
するものは何か，そしてそれをいかに維持するのかといったことに批判的思考
を働かせ続けなければなりません。伝統的に，愛国心は国旗や軍事力の誇示，
戦闘の再現や戦争を礼讃する音楽などの象徴を通して表現されることがあまり
にも多かったといえます。その偏りを是正するために，本書では，女性たちに
こうした形態の愛国心に一切関わらないようにすることを唱えたヴァージニア・
ウルフの力強い作品をもとに議論することを勧めました。軍事力を誇示するこ
とを否定すると，かなりの怒りを見せる生徒もいることが予測されます。女性
も軍隊に入ることが許可されるようになった現代においては，軍事力や象徴に
偏った愛国心の持ち方についても考え方を和らげてもよいのではないか，とい
う問いもあるでしょう。これまでの愛国心を捨て，この国が掲げることに焦点
を当てた愛国心を持とうと呼びかけることのもう一つの懸念は，自国の過去の
過ちを新たに知った生徒たちが「教育が生む絶望」に陥るリスクです。この問
題を扱う際には，教師は非常に注意深くあらねばなりません。

　自国を，保護され大切にするべき場所として捉えようという本書の提案に対
しては，生徒もあまり動揺しないものと思われます。例えば，軍事力を根拠に
した愛国心の持ち方を象徴する〔アメリカ国歌の〕「星条旗」と，この国の土地
が示す物理的な美しさや大事にされている兄弟愛を強調する「アメリカ・ザ・
ビューティフル」の二曲を比較してみることを提案しました。「アメリカ・ザ・
ビューティフル」の方が国歌に適していると考える国民も少なくありません。
国歌を変えるという可能性について，生徒はどのように反応するでしょうか。

同じように，もし私たちがアメリカをふるさととして見なすとすれば，それは「ふるさととしての地球」という考えにも広げることができ，世界中のふるさとや母国を守ろうとする環境保護に関する感受性を高める可能性があります。環境保護に関する感受性を高めることは現代の切迫した課題であり，この視点を取り入れることで愛国心についての議論がより偏りの少ないものになることが期待されます。記念祝典や軍楽隊，国旗への敬礼などをなくす必要はないにしても，深く考えたうえで，自国が掲げる偉大な理想や自分たちが住む場所の自然を守ろうという責務の意識を新たにすることを強調することで，よりバランスのよい愛国心が実現すると考えられます。

　本書の大きな目的は，批判的思考能力に長けていて，その能力を道徳的に正当な目的のために使う人々を育てることにあります。そして私たち筆者が強調してきたのは，ただ言い争いに勝つためではなく，理解するために批判的思考を用いるということです。キケロからジョン・スチュアート・ミルまで，哲学者たちは自身の立場と自身と反対の立場の両方の考えを理解することの重要性を説いてきました。ミルは，以下のように真っ当な指摘をしています。

> 法廷弁論で成功をおさめるためにキケロが実行したことは，どんな研究テーマであれ，真理探究に携わるすべての人が見習うべきである。ある問題について，自分の側の見方しか知らない人は，その問題をほとんど理解していない。(中略) 自分の教師から論敵の議論を聞かされ，論敵の議論に対する教師の反論も合わせて聞かされる，というのでは不十分である。(中略) 論敵の議論は，その主張を本気で信じている人から聞くことができなければならない。
> (Mill, 1993/1859, p.43＝邦訳 2020, pp.84-85)

　ミルはこの後，正直さ，経緯，および「乱暴な議論」の拒絶の必要性を強調して述べています。「乱暴な議論」とは，皮肉，悪口雑言，人格否定，頑なな偏見や不寛容のことを指します。ミルはこの思考と議論に関する章を以下のように締め括ります。

これが公的な議論における真の道徳性である。たとえ，守られていないこ
　　とが多いとしてもである。それでもやはり，この道徳を大いに守って論争
　　に加わっている人々もたくさんいるし，守る方向で良心的に努力している
　　人々は，さらにたくさんいる。私としては，そのことを考えると喜ばしい
　　想いがする。　　　　　　　　　　　　　　　（Mill, p.63＝邦訳 2020, p.124）

　しかしながら，本書には目的がもう一つあります。すなわち，真実を追求す
る会話を生むという目的です。本書を通して人々を結びつけたい，人々が互い
に人間としてのあり方全体を理解することができるようになる手伝いをしたい，
と考えています。公的な議論に「真の道徳性」が必要であることは否定できま
せん。だからこそ，本書の初めの部分で，道徳的な生き方や行動を可能とする
道徳性の根源に関する研究を概観したのです。一つ目の根源である理性は，長
らく教育における中心的な課題とされてきました。批判的思考を教えようとす
る教育的努力のほとんどは理性の効果的な用い方に注目しており，本書もその
ような努力を支持しています。近年までは，幾何学を教える主な理由も，理性
の用い方を学ぶためだとされてきました。例えばユークリッドの研究は，誰も
が理解しやすい，抽象的な論理的思考と演繹的思考の入門として学校教育に広
められました。現代の幾何学教育にはもうこのような考え方はさほど残ってい
ませんが，理性を用いた論理的思考を批判的思考だと捉える考え方は，教科や
学問分野を超えて広く理解されるようになりました。理性が道徳的な思考や行
動を取るために必要であることは明らかです。

　とはいえ，道徳的な生き方のために必要な要素は理性だけではありません。
ヒュームやその他の哲学者たちが論じてきたように，理性は人の行為を方向づ
けるけれども，人を行為するように動機づけることはないからです。一方で感
情は，「私は〜をしなければならない」という思いを生み出すことで，人が行
為をするように後押しし，動機づけます。そこから理性が働いて，動機づけら
れた行為を方向づけ，最適化します。学校はこのような働きを理解したうえで，
心の教育や，共感や思いやり，仲間意識の発達にもっと注意を払うべきです。

人格の形成にも，注意は注がれるべきでしょう。道徳教育における別個の科目として人格教育プログラムを実施することは勧めませんが，そうした活動を無視するわけでもありません。〔なぜなら〕いくつかの章の中で提案したように，人格が強固であれば，いかがわしい誘惑からのがれられるからです。それは，望ましい自由・解放です。そして，意義深い目的を積極的に追求できるようにもなると考えられるのです。

　理性，感情，および人格を発達させることに真剣であるなら，カリキュラムに次のことを扱う機会を増やすべきです。すなわち，読者を奮起させるようなフィクション，自伝，今日的な意味を帯びているような詩やアート，自国が社会生活や道徳的生活において犯してきた過ちを率直に記述した文章，および社会的，政治的で道徳的な生き方に関する批判的な議論などです。こうした〔カリキュラム改訂の〕考え方や計画はあらゆる教科に向けられるべきであり，それぞれの教科同士の繋がりについても慎重に検討されなければなりません。

監訳者あとがき

　本書は，ケアの倫理を取り入れた教育を提唱した代表的な論者であるネル・ノディングスが，娘のローリー・ブルックスとともにアメリカの主に高校の先生たち宛に著した書籍，*Teaching Controversial Issues: The case for critical thinking and moral commitment in the classroom.* (Teachers College Press, 2017) を日本語に訳したものです。明確に教師に宛てた文章になっていることが特徴で，現代社会におけるリアルな論争問題を深く倫理的に探究する教育の必要性を，時には力強い表現を用いながら訴えると同時に，授業で使える具体的な教材例を数多く提示しています。

　筆者らが論じているように，教科教育が重要であることは間違いないにしても，時には教科ごとに体系化された教科書やカリキュラムをしまい，教科の学習を社会のリアルに繋げるような授業を行わなければ，子どもたちは勉強を生きた学びへと転換することができなくなってしまう可能性があります。多くの先生が自身の担当教科の中で教科学習を生きた学びに繋げようと創意工夫を重ねていますが，教科の壁がある限り，あるいは先生自身の専門分野の範囲に限界がある限り，一人の先生，一つの教科の授業の中だけで，複雑な問題を真に深掘りするのは極めて難しいことです。また，子どもたちとしては，それぞれの教科が現代社会の問題を見つめるうえで役に立つという実感を持てたとしても，それぞれの教科での学びをどのように持ち寄ればより深く探究することができるのかを理解することはできません。だからこそ，理科や実技系科目の先生とも協働しながら，思い切って大規模な教科横断学習に挑戦してみませんか，と元数学教師のノディングスらは提案しているのでしょう。

　なお，論争問題を扱う際には，ディベート（討論）のように立場の違いを明確化したり，あえて勝ち負けをつけたりする方法もありますが，本書ではそのような教育方法は推奨されていません。これは，論争問題を議論する目的を批判的思考能力の育成だけに置くわけではないからです。参加民主主義に必要な

相互理解や，自分とは異なる他者とともに協働して探究する姿勢，そして本書のキーワードの一つである道徳的責務の意識と道徳的関与の姿勢（モラル・コミットメント）を育むことの方にこそ，重きが置かれています。これはまさに，ケアという概念を重視してきたノディングスらしい論争問題へのアプローチだといえます。

　本書のタイトルの副題には，原著のタイトルにはない，「対話」という言葉を入れました。筆者らは conversation という言葉を多く用いており，本文ではそれを「会話」と訳しましたが，本書で「会話」という言葉が指しているのはただの話し合いや意見交換ではなく，哲学的な「対話」であると解釈できるからです。対話については多くの哲学者が論じてきましたが，一般的に，顔の見える特定の相手と同一の主題について言語を用いながら互いの考えを交わし，それぞれが当初持っていた考えを変容させ，真理へと近づけようとする営みだと考えられています。その中では，相手の考えを承認する言葉も発せられれば，揺るがすような問いも投げかけられます。対話に参加する以上，もともと持っていた自分の考えにしがみついていることは許されず，常にいくらかの更新を求められます。これは人を非常に傷つけられやすい，ヴァルネラブルな立場に追いやりますので，適切な指導のもとで何回も練習しなければ習得しづらい，高度な会話様式であるといえます。さまざまなソーシャル・メディアが普及し，直感的で多くの言葉を使わないようなコミュニケーションが増えている現代においては特に，日本においてもアメリカと同様に，対話する能力や姿勢を意識的に育むことが目指されるべきなのではないでしょうか。

　アメリカの文脈に沿って，アメリカの高校の先生に向けて執筆された本書を，ぜひ日本の先生にも届けたいという思いから，本書には各訳者の短いコラムを掲載しました。参考にしていただけたら幸いです。また，コラムでは扱えなかったものの，2016年の相模原障害者施設殺傷事件に表されるような障害者差別の問題や，大坂なおみ選手へのバッシングに見られるような外国にルーツがあったり外国で育ったりした日本人への差別の問題，コロナ禍において露呈した社会の分断の問題，旧統一教会などの宗教組織と政治の接続の問題なども，日本における重大な論争問題として取り上げ得るでしょう。そして，ロシアによるウクライナ侵攻もまた，議論されるべきトピックです。

論争は，決して心地のよいものではありません。考え方は人格やアイデンティティにまで繋がっているように感じられるため，時に自分の考え方を揺さぶるような批判が，自分の人格を否定する発言に思えてしまうこともあるかもしれません。しかし，本書の第12章で引用されていたミルが論じるように，人は自分とは異なる考えを持っている相手と実際に対話してみなければわからないことがたくさんあります。相手の気持ちを想像して察することには限界があるのです。とりわけ，自分自身が教師，大人，マジョリティなど，強い立場にある時は，そうでない立場の声をあえて意識的に聴こうとしなければ，容易にそれらを無視できてしまいます。これがまさに特権です。ただ，特権は自分が有していることに気づきづらい場合も多いため，聴かない行為は常態化し，社会の改善を起こしづらい状態が保たれがちです。ならば，察する力以上に，自分とは異なる他者と対話し，さまざまな視点や考えを理解する力やそうしようとする姿勢を育むことが，教育に求められるのではないでしょうか。また，同質性の高い家族集団や，同質性の高い者同士だけで集まれるソーシャル・メディアよりも，こうした力や姿勢を育む場として学校に期待できることは大きいのかもしれません。

　筆者らがアメリカの学校に期待したように，私たち訳者は日本の学校でも，心地の悪さゆえに論争を避けることなく，子どもたちが生きる社会にある，目を背け続けてはいられない重大で切迫した論争問題を対話する教室が増えることを願っています。

　最後に，本書の出版を実現させてくれた訳者の木下慎さん（第8, 9章担当），田中智揮さん（第1, 2, 5章担当），村松灯さん（第3, 6, 10章担当），そして編集者の落合絵理さんに深謝申し上げます。また，本書の出版は，都留文科大学出版助成によるものです。

　　2022年8月25日に逝去されたネル・ノディングスへの追悼の意をこめて

2023年1月

山辺恵理子

引用・参考文献

Adler, M. J. (1982). *The paideia proposal.* New York: Macmillan.

Allman, T. D. (2013). *Finding Florida: The true history of the sunshine state.* New York: Atlantic Monthly Press.

American high school students are reading books at 5th-grade-appropriate levels: Report. (2012, March 22). *Huffington Post.* Retrieved from https://www.huffpost.com/entry/top-reading_n_1373680?ref=education

Anderson, E. (2007). Fair opportunity in education: A democratic equality perspective. *Ethics,* 117(4), 595–622.

Anderson, E. (2015). Moral bias and corrective practices: A pragmatist perspective. *Proceedings & Addresses of the American Philosophical Association,* 21–47.

Asafu-Adjaye, J., Blomquist, L., Brand, S., Brook, B., Defries, R., Ellis, E., ... Teague, P. (2015). *An ecomodernist manifesto.* Retrieved from www.ecomodernism.org

Bachelard, G. (1964). *The poetics of space* (Maria Jolas, Trans.). New York: Orion Press.（邦訳は岩村行雄訳『空間の詩学』ちくま学芸文庫，2002年）

Baptist, E. E. (2014). *The half has never been told.* New York: Basic Books.

Barber, B. (1996). Constitutional faith. In J. Cohen (Ed.), *For love of country? Martha C. Nussbaum* (pp. 30–37). Boston, MA: Beacon Press.

Bayh, B. (1972). Comments on Title IX from the Senate floor. 118 Congressional Record, 5804–5808.

Beardmore, M. (2013). Is it safe to worship athletes? *Psychology Today: Time Out!* Retrieved from www.psychologytoday.com/blog/time-out/201310/is-it-safe-worship-athletes

Bell, E. T. (1965/1937). *Men of mathematics.* New York: Simon & Schuster.（邦訳は田中勇・銀林浩訳『数学をつくった人々（1～3）』東京図書，1962，1963年）

Berlin, I. (1969). Two concepts of liberty. In *Four essays on liberty* (pp. 118–172). Oxford, England: Oxford University Press.（邦訳は小川晃一・小池銈・福田歓一・生松敬三訳『自由論』新装版，みすず書房，2018年）

Blum, L. (2012). *High schools, race, and America's future.* Cambridge, MA: Harvard Education Press.

Bok, S. (1979). *Lying: Moral choice in public and private life*. New York: Vintage.

Braybrooke, D. (1987). *Meeting needs*. Princeton, NJ: Princeton University Press.

Brooks, D. (2016). Inside student radicalism. *New York Times*. Retrieved from mobile.nytimes.com/2016/05/27/opinion/inside-student-radicalism.html

Brooks, G. (2006). *March*. New York: Viking Press. (邦訳は高山真由美訳『マーチ 家の父：もうひとつの若草物語』武田ランダムハウスジャパン, 2012年)

Brown, P. M., Corrigan, M. W., & Higgins-D'Alessandro, A. (Eds.). (2012). *Handbook of prosocial education*, 2 vols. Lanham, MD: Rowman & Littlefield.

Buchholz, T. (1989/2007). *New ideas from dead economists: An introduction to modern economic thought*. New York: Plume. (邦訳は上原一男・若田部昌澄訳『テラスで読む経済学物語』日本経済新聞社, 1991年)

Buck, P. S. (1936). *The exile*. New York: Triangle. (邦訳は村岡花子訳『母の肖像』新潮社, 1993年)

Burch, K. T. (2012). *Democratic transformations: Eight conflicts in the negotiation of American identity*. New York: Continuum.

Caldwell, E. (1932/1995). *Tobacco road*. Athens: The University of Georgia Press. (邦訳は杉木喬訳『タバコ・ロード』岩波書店, 1958年)

Callan, E. (1997). *Creating citizens: Political education and liberal democracy*. Oxford, England: Oxford University Press.

Carlson, S. (2016, May 6). Should everyone go to college? *The Chronicle of Higher Education*, A22–A25.

Cheng, E. (2015). *How to bake π*. New York: Basic. (邦訳は上原ゆうこ訳『数学教室 πの焼き方―日常生活の数学的思考』原書房, 2016年 (ただし, 邦訳は改題前の Cakes, Custard, and Category Theory (2015) を参照している))

Coates, T-N. (2014, June). The case for reparations. *Atlantic*, 54–71.

Coates,T-N. (2015, October). The black family in the age of mass incarceration. *The Atlantic Monthly*.

Cobb, J. (2016, March 14). The matter of black lives. *New Yorker*, 34–40.

Cohen, P. (2014). Fueled by recession, U.S. wealth gap is widest in decades, study finds. *New York Times*. Retrieved from www.nytimes.com/2014/12/18/business/economy/us-wealth-gap-widest-in-at-least-30-years-pew-study-says.html?_r=0

Comer, J. P. (2004). *Leave no child behind*. New Haven, CT: Yale University Press.

Common application to change gender-identity options. (2016, May 6). *The Chronicle of Higher Education*, A20.

Cravens, G. (2007). *Power to save the world: The truth about nuclear energy*. New

York: Vintage.

Crawford, M. (2009). *Shop class as soulcraft*. New York: Penguin Press.

Daly, M. (1974). *Beyond God the father*. Boston, MA: Beacon Press.

Davidson, M., Lickona, T, & Khmelkov, V. (2008). Smart & good schools: A new paradigm for high school character education. In L. Nucci & D. Narvaez (Eds.), *Handbook of moral and character education*. New York: Routledge.

Dawkins, R. (2006). *The God delusion*. Boston, MA: Houghton Mifflin.

Day, D. (1952). *The long loneliness*. San Francisco, CA: Harper & Row.

Deaver, J. (2005). *The twelfth card*. New York: Pocket. (邦訳は池田真紀子訳『12番目のカード（上・下）』文藝春秋，2009年)

DeParle, J. (2012, January 5). Harder for Americans to rise from lower rungs. *New York Times*. Retrieved from www.nytimes.com/2012/01/05/us/harder-for-americans-to-rise-from-lower-rungs.html

Desmond, M. (2016). *Evicted: Poverty and profit in the American city*. New York: Crown.

Dewey, J. (1916). *Democracy and education*. New York: Macmillan. (邦訳は松野安男訳『民主主義と教育（上・下）』岩波出版，1975年)

Dewey, J. (1927). *The public and its problems*. New York: Henry Holt and Company. (邦訳は阿部齊訳『公衆とその諸問題』筑摩書房，2014年)

Dewey, J. (1989/1934). A common faith. In *Later Works* (vol. 9). Carbondale: Southern Illinois University Press.

Dewey, J. (1939). "I believe." In *Later Works* (vol. 14). Carbondale: Southern Illinois University Press.

Dockterman, E. (2015, November 2). Women flip the script. *Time*, 44-47.

Dowd, M. (2015, November 22). Waiting for the green light. *New York Times Magazine*, 40-47, 60-61.

Dreifus, C. (2016, March 11). A plea, while there's still time. *New York Times*, D5.

Earle, S. (1995). *Sea change*. New York: Random House.

Elshtain, J. B. (2002). *Jane Addams and the dream of American democracy*. New York: Basic.

Engster, D. (2007). *The heart of justice: Care ethics and political theory*. Oxford, England: Oxford University Press.

Ennis, R. (1962). A concept of critical thinking. *Harvard Educational Review*, 32 (1), 83-111.

Evans, R. W. (2007). This happened in America: *Harold Rugg and the censure of social studies*. Charlotte, NC: Information Age.

Fest, J. (2013). *Not I: Memoirs of a German childhood* (M. Chalmers, Trans.).

New York: Other Press.

Fielding, M., & Moss, P. (2011). *Radical education and the common school: A democratic alternative*. London, England: Routledge.

Fisher, G. (2015, September 20). Working moms have more successful daughters and more caring sons, Harvard Business School study says. *Quartz*. Retrieved from qz.com/434056/working-moms-have-more-successful-daughters-and-more-caring-sons-harvard-business-school-study-says/

Foner, E. (2015). *Gateway to freedom: The hidden history of the Underground Railroad*. New York: Norton.

Frank, T. (2004). *What's the matter with Kansas?* New York: Henry Holt.

Frank, T. (2016). *Listen, liberal*. New York: Metropolitan.

Freire, P. (1970). *Pedagogy of the oppressed* (M. B. Ramos, Trans.). New York: Herder & Herder. (邦訳は小沢有作・楠原彰・柿沼秀雄・伊藤周『被抑圧者の教育学』亜紀書房, 1979年)

Friedman, B. (2009). *The will of the people*. New York: Farrar, Straus and Giroux.

Friedman, H. L. (2013). When did competitive sports take over American childhood? *The Atlantic*. Retrieved from www.theatlantic.com/education/archive/2013/09/when-did-competitive-sports-take-over-american-childhood/279868/

Galston, W. (1991). *Liberal purposes: Goods, virtues and diversity in the liberal state*. Cambridge, MA: Cambridge University Press.

Galuszka, P. A. (2016, March 18). Shadows of the past, convergence: Diversity and inclusion. *Chronicle of Higher Education*, 10–15.

Gardner, J. W. (1984). *Excellence*. New York: Norton.

Gardner, L. C. (2008). *The long road to Baghdad: A history of U.S. foreign policy from the 1970s to the present*. New York: New Press.

Gardner, M. (1963). *The annotated Alice*. New York: World. (最新の邦訳は高山宏訳『詳注アリス 完全決定版』亜紀書房, 2019年)

Gardner, M. (1983). *The whys of a philosophical scrivener*. New York: Quill.

Geiger, R. L. (2015). *The history of American higher education*. Princeton, NJ: Princeton University Press.

Gilligan, C. J. (1982). *In a different voice*. Cambridge, MA: Harvard University Press. (邦訳は川本隆史・山辺恵理子・米典子訳『もうひとつの声で―心理学の理論とケアの倫理』風行社, 2022年)

Glaude, E. S., Jr. (2016). *Democracy in black: How race still enslaves the American soul*. New York: Crown.

Gordon, R. J. (2016). *The rise and fall of American growth*. Princeton, NJ: Princeton University Press.

Gregory, M. R. (2014). The procedurally directive approach to teaching controversial issues. *Educational Theory, 64*(6), 627-648.

Groenhout, R. E. (2004). *Connected lives: Human nature and an ethics of care.* Lanham, MD: Rowman & Littlefield.

Grubb, W. N. (Ed.). (1995). *Education through occupations in American high schools* (vols. 1 & 2). New York: Teachers College Press.

Gutmann, A. (1987). *Democratic education.* Princeton, NJ: Princeton University Press. (邦訳は神山正弘訳『民主教育論―民主主義社会における教育と政治』同時代社, 2004年)

Hacker, A. (2016, February 2). The wrong way to teach math. *New York Times Sunday Review*, 2.

Hadamard, J. (1954). *The psychology of invention in the mathematical field.* New York: Dover.

Hartshorne, H., & May, M. (1928-1930). *Studies in the nature of character: Studies in deceit; Studies in the organization of character.* New York: Macmillan.

Hax, C. (2016, May 1). Tell me about it. *Asbury Park Press*, 11E.

Heath, S. B. (1983). *Ways with words.* New York: Cambridge University Press.

Held, V. (2006). *The ethics of care: Personal, political, and global.* Oxford, England: Oxford University Press.

Heller, N. (2016). The big uneasy: What's roiling the liberal-arts campus? *New Yorker.* Retrieved from www.newyorker.com/magazine/2016/05/30/the-new-activism-of-liberal-arts-colleges

Hirsch, E. D. (1967). *Cultural literacy: What every American needs to know.* Boston, MA: Houghton Mifflin.

Hirsch, E. D. (1996). *The schools we need: Why we don't have them.* New York: Doubleday.

Hixon, R. (2015, January). Henry and George Jacobsen. *Keys Life Magazine, 14*, 34.

Hoffer, E. (1951). *The true believer.* New York: Harper & Row. (邦訳は中山元訳『大衆運動 新訳版』紀伊国屋書店, 2022年)

Hoffman, M. (2000). *Empathy and moral development: Implications for caring and justice.* New York: Cambridge University Press. (邦訳は菊池章夫・二宮克美訳『共感と道徳性の発達心理学―思いやりと正義とのかかわりで』川島書店, 2001年)

Hume, D. (1983/1751). *An enquiry concerning the principles of morals.* Indianapolis, IN: Hackett. (邦訳は渡部峻明訳『道徳原理の研究』1993年, 哲書房)

Jacoby, S. (2004). *Free thinkers.* New York: Metropolitan.

Jaschik, S. (2005, February 18). What Larry Summers said. *Inside Higher Ed.*

Retrieved from www.insidehighered.com/news/2005/02/18/what-larry-summers-said

Kant, I. (1966/1781). *Critique of pure reason* (F. M. Muller, Trans.). Garden City, NY: Doubleday Anchor. (邦訳は中山元訳『純粋理性批判 (1)〜(3)』光文社, 2010年)

King, J. E. (2016). We may well become accomplices: To rear a generation of spectators is not to educate at all. *Educational Researcher, 45*(2), 159-172.

King, M. L., Jr. (1969). Letter from Birmingham city jail. In H. A. Bedau (Ed.), *Civil disobedience* (pp. 27-48). New York: Pegasus.

Kingsolver, B. (1989). *Homeland and other stories.* New York: Harper Perennial.

Kingsolver, B. (2012). *Flight behavior.* New York: Harper Collins.

Kish-Gephart, J. J., & Campbell, J. T. (2015). You don't forget your roots: The influence of CEO social class background on strategic risk taking. *Academy of Management journal, 58*(6), 1614-1636. Retrieved from https://journals.aom.org/doi/10.5465/amj.2013.1204

Kliebard, H. (1999). *Schooled to work: Vocationalism and the American curriculum 1876-1946.* New York: Teachers College Press.

Kohlberg, L. (1981). *The philosophy of moral development,* Vol. 1. San Francisco, CA: Harper & Row. (一部を邦訳したものとして, 永野重史編『道徳性の発達と教育—コールバーグ理論の展開』新曜社, 1985年／第1章が Kohlberg (1981) に採録された論文 "From Is to Ought: How to Commit the Naturalistic Fallacy and Get Away with It in the Study of Moral Development" の邦訳)

Kohn, A. (1999). *The schools our children deserve.* Boston, MA: Houghton Mifflin.

Krugman, P. (2015, November 9). Despair, American style. *New York Times,* A23.

Kruse, K. M. (2015). *One nation under God.* New York: Basic Books.

Kuhmerker, L. (1991). *The Kohlberg legacy for the helping professions.* Birmingham, AL: R. E. P.

Kurlansky, M. (1997). *Cod.* New York: Penguin.

Lehane, D. (2008). *The given day.* New York: Harper Collins.

Leonhardt, D. (2014, January 23). Upward mobility has not declined, study says. *New York Times.* Retrieved from www.nytimes.com/2014/01/23/business/upward-mobility-has-not-declined-study-says.html

Levi, P. (1988). *The drowned and the saved* (R. Rosenthal, Trans.). New York: Vintage. (邦訳は竹山博英訳『溺れるものと救われるもの』朝日新聞出版, 2019年)

Litsky, F. (2002, September 11). Johnny Unitas, NFL's genius of the huddle, dies at 69. *New York Times.* Retrieved from www.nytimes.com/2002/09/12/

sports/johnny-unitas-nfl-s-genius-of-the-huddle-dies-at-69.html

Mann, T., & Ornstein, N. (2012). *It's even worse than it looks: How the American constitutional system collided with the new politics of extremism.* New York: Basic.

Manning, K. R. (1983). *Black Apollo of science: The life of Ernest Everett Just.* New York: Oxford University Press.

Martin, J. R. (1992). Critical thinking for a humane world. In Stephen P. Norris (Ed.), *The generalizability of critical thinking* (pp. 163-180). New York: Teachers College Press.

Matthews, C. (2014, October 31). Wealth inequality in America: It's worse than you think. *Fortune.* Retrieved from fortune.com/2014/10/31/inequality-wealth-income-us/

McCrum, R. (2011, March 27). EF Schumacher: Cameron's choice. *The Guardian.* Retrieved from www.theguardian.com/politics/2011/mar/27/schumacher-david-cameron-small-beautiful

McLuhan, M. (1967). *The medium is the massage.* Berkeley, CA: Gingko Press. (邦訳は門林岳史訳『メディアはマッサージである：影響の目録』河出書房新社, 2015年)

Mill, J. S. (1993/1859). *On liberty and utilitarianism.* New York: Bantam. (邦訳は関口正司訳『自由論』岩波書店, 2020年, および関口正司訳『功利主義』岩波書店, 2021年)

Mill, J. S. (2007). Moral influences in early youth: My father's character and opinions. In C. Hitchens (Ed.), *The portable atheist.* Philadelphia, PA: Da Capo Press.

Milner, H. R., IV, Delale-O'Connor, L. A., Murray, I. E., & Farinde, A. A. (2016). Reflections on *Brown* to understand *Milliken v. Bradley*: What if we are focusing on the wrong policy questions? *Teachers College Record, 118*(3).

MIT Admissions Blog. (2015, September 3). Picture yourself as a stereotypical male. Retrieved from mitadmissions.org/blogs/entry/Picture-yourself-as-a-stereotypical-male/

Monbiot, G. (2015, September 24). Meet the ecomodernists: Ignorant of history and paradoxically old-fashioned. *The Guardian.* Retrieved from https://www.theguardian.com/environment/georgemonbiot/2015/sep/24/meet-the-ecomodernists-ignorant-of-history-and-paradoxically-old-fashioned

Monroe, G. (2001). *The highwaymen: Florida's African-American landscape painters.* Gainesville: University Press of Florida.

Morris, S. C. (2003). *Life's Solution: Inevitable Humans in a Lonely Universe.*

Cambridge, U.K.: Cambridge University Press.（邦訳は遠藤一佳・更科功訳『進化の運命―孤独な宇宙の必然としての人間』講談社, 2010 年）

Morrison, Toni. (1987). *Beloved*. New York: Plume.（邦訳は吉田廸子訳『ビラヴド』早川書房, 2009 年）

National Governors Association Center for Best Practices & Council of Chief State School Officers. (2010). *Common Core State Standards for English language arts & literacy in history/social studies, science, and technical subjects*. Washington, DC: National Governors Association Center for Best Practices, Council of Chief State School Officers.

National Science Board. (2016). *Science and engineering indicators 2016*. Arlington, VA: National Science Foundation.

Nearing, S., & Nearing H. K. (1970). *Living the good life*. New York: Schocken.

Nearing, S., & Nearing, H. (1979). *Continuing the good life*. New York: Schocken.

Nearing, S. (2000). *The making of a radical: A political autobiography*. White River Junction. VT: Chelsea Green.

Neill, A. S. (1960). *Summerhill*. New York: Hart.

New, J. (2014). Spelman College builds up student health initiative in years after leaving NCAA. *Inside Higher Ed*. Retrieved from https://www.insidehighered. com/news/2014/10/15/spelman-college-builds-student-health-initiative-years-after-leaving-ncaa

Niederle, M., & Vestlund, L. (2010, Spring). Explaining the gender gap in math test scores: The role of competition. *Journal of Economic Perspectives, 24*(2), 129-144.

Noddings, N. (1989). *Women and evil*. Berkeley: University of California Press.

Noddings, N. (1992). *The challenge to care in schools*. New York: Teachers College Press.（邦訳は佐藤学監訳『学校におけるケアの挑戦：もう一つの教育を求めて』ゆみる出版, 2007 年）

Noddings, N. (1993). *Educating for intelligent belief or unbelief*. New York: Teachers College Press.（邦訳は井藤元・小木曽由佳訳『人生の意味を問う教室：知性的な信仰あるいは不信仰のための教育』春風社, 2020 年）

Noddings, N. (2002a). *Starting at home: Caring and social policy*. Berkeley: University of California Press.

Noddings, N. (2002b). *Educating moral people*. New York: Teachers College Press.

Noddings, N. (2006). *Critical lessons: What our schools should teach*. Cambridge : Cambridge University Press.

Noddings, N. (2012). *Peace education: How we come to love and hate war*. Cambridge: Cambridge University Press.

Noddings, N.（2013/1984）. *Caring: A relational approach to ethics and moral education.* Berkeley: University of California Press.（邦訳は立山善康・清水重樹・新茂之・林泰成・宮崎宏志訳『ケアリング—倫理と道徳の教育 女性の観点から』晃洋書房，1997 年）

Noddings, N.（2013）. *Education and democracy in the 21st century.* New York: Teachers College Press.

Noddings, N.（2015a）. *A richer, brighter vision for American high schools.* Cambridge: Cambridge University Press.

Noddings, N.（2015b）. *Philosophy of education*（3rd ed.）. Boulder, CO: Westview Press.（邦訳は宮寺晃夫訳『教育の哲学：ソクラテスから"ケアリング"まで』世界思想社，2006 年）

Nucci, L., & Narvaez, D.（Eds.）.（2008）. *Handbook of moral and character education.* New York: Routledge.

Oakes, J.（2005）. *Keeping track: How schools structure inequality*（2nd ed.）. New Haven, CT: Yale University Press.

Oakes, J., & Rogers, J.（2006）. *Learning power: Organizing for education and justice.* New York: Teachers College Press.

Oakley, M. A. B.（1972）. *Elizabeth Cady Stanton.* Brooklyn, NY: Feminist Press.

Onuf, P. S., & Gordon-Reed, A.（2016）. *"Most blessed of the patriarchs": Thomas Jefferson and the empire of the imagination.* New York: Liveright.

Orwell, G.（1958/1937）. *The road to Wigan pier.* San Diego, CA: Harcourt.（邦訳は土屋宏之・上野勇訳『ウィガン波止場への道』ちくま学芸文庫，1996 年）

Paley, V. G.（2004）. *A child's work.* Chicago, IL: University of Chicago Press.

Parker-Pope, T.（2010）. As Girls Become Women, Sports Pay Dividends. *New York Times.* Refriered from www.nytimes.com/2010/02/16/health/16well.html

Payne, R. K.（2005/1996）. *A framework for understanding poverty.* Highlands, TX: aha! Process.

Pew Research Center for the People & The Press.（2012, September 27）. *Trends in news consumption: 1991-2012: In changing news landscape, even television is vulnerable.* Retrieved from www.people-press.org/2012/09/27/in-changing-news-landscape-even-television-is-vulnerable/

Piaget, J.（1954）. *The construction of reality in the child.* New York: Basic.

Piaget, J.（1970）. *Genetic epistemology.* New York: Norton.（邦訳は滝沢武久訳『発生的認識論』白水社，1972 年）

Pinckney, D.（2016, February 11）. The anger of Ta-Nehisi Coates. *New York Review of Books,* 28-30.

Pinker, S., & Spelke, E. (2005). *The science of gender and science*. An Edge special event. Retrieved from www.edge.org/3rd_culture/debate05/debate05_index. html

Plato. (1987). *Republic* (D. Lee, Trans.). Harmondsworth, England: Penguin. （邦訳は藤沢令夫訳『国家（上・下）』岩波書店，1979 年）

Putnam, R. D. (2015). *Our kids: The American dream in crisis*. New York: Simon & Schuster.

Rankin, J. (2015, January 21). Davos—A complete guide to the World Economic Forum. *The Guardian*. Retrieved from www.theguardian.com/business/ 2015/jan/21/-sp-davos-guide-world-economic-forum

Rappaport, A. (2015, November 11). Philosophers (and welders) react to Marco Rubio's debate comments. *New York Times*. Retrieved from www.nytimes. com/politics/first-draft/2015/11/11/philosophers-and-welders-react-to-marco-rubios-debate-comments/

Ravitch, D. (2010). *The death and life of the great American school system*. New York: Perseus.

Rawls, J. (1971). *A theory of justice*. Cambridge, MA: Harvard University Press. （邦訳は川本隆史・福間聡・神島裕子訳『正義論』紀伊國屋書店，2010 年）

Rawls, J. (1993). *Political liberalism*. New York: Columbia University Press. （邦訳は神島裕子・福間聡訳『政治的リベラリズム　増補版』筑摩書房，2022 年）

Reiss, T. (2012). *The black count: Glory, revolution, betrayal, and the real count of Monte Cristo*. New York: Crown. （邦訳は高里ひろ訳『ナポレオンに背いた「黒い将軍」：忘れられた英雄アレックス・デュマ』白水社，2015 年）

Remarque, E. M. (1982/1929). *All quiet on the western front*. (A. W. Wheen, Trans.). New York: Fawcett. （邦訳は秦豊吉訳『西部戦線異状なし』新潮社，1955 年）

Rhoden, W. (2012, October 22). Seeing through the illusions of the sports hero. *New York Times*. Retrieved from https://www.nytimes.com/2012/10/22/ sports/seeing-through-the-illusions-of-the-sports-hero.html?_r=0

Richmond, E. (2015, November). The reality of the philosophers vs. welders debate. *The Atlantic*. Retrieved from www.theatlantic.com/education/archive/2015/ 11/philospher-vs-welders/415890/

Ricoeur, P. (1969). *The symbolism of evil* (E. Buchanan, Trans.). Boston, MA: Beacon Press. （邦訳は植島啓司，佐々木陽太郎訳『悪のシンボリズム』溪声社，1977 年）

Ripley, A. (2013, September). The case against high-school sports. *The Atlantic*. Retrieved from https://www.theatlantic.com/magazine/archive/2013/10/thecase-against-high-school-sports/309447/

Rivoli, P.（2009/2015）. *The travels of a t-shirt in the global economy: An economist examines the markets, power, and politics of world trade*. Hoboken, NJ: Wiley.（邦訳は雨宮寛・今井章子訳『あなたのTシャツはどこから来たのか？：誰も書かなかったグローバリゼーションの真実』東洋経済新報社，2006年（ただし，邦訳は原著の2005年版を底本にしている））

Roberts, D.（2015, December 31）. Here's how the NFL might combat concussions. *Fortune*. Retrieved from http://fortune.com/2015/12/31/nfl-concussion-technology/

Ruddick, S.（1989）. *Maternal thinking: Toward a politics of peace*. Boston, MA: Beacon Press.

Russell, B.（1963）. What is an agnostic? In L. Rosten（Ed.）, *Religion in America*. New York: Simon & Schuster.

Rybczynski, W.（1986）. *Home: A short history of an idea*. New York: Viking.

Sacks, P.（2007）. *Tearing down the gates: Confronting the class divide in American education*. Berkeley: University of California Press.

Safina, C.（2011）. *The view from Lazy Point*. New York: Holt.

Scarry, E.（2014）. *Thermonuclear monarchy*. New York: Norton.

Schumacher, E. F.（1973/1989）. *Small is beautiful: Economics as if people mattered*. New York: HarperPerennial.（邦訳は小島慶三・酒井懋訳『スモール イズ ビューティフル：人間中心の経済学』講談社，1986年）

Shipler, D. K.（2004）. *The working poor: Invisible in America*. New York: Knopf.（邦訳は森岡孝二・川人博・肥田美佐子訳『ワーキング・プアーアメリカの下層社会』岩波書店，2007年）

Siddle Walker, V., & Snarey, J. R.（Eds.）.（2004）. *Race-ing moral formation: African American perspectives on care and justice*. New York: Teachers College Press.

Simmons, A.（2016, April）. Literature's emotional lessons. *The Atlantic*. Retrieved from www.theatlantic.com/education/archive/2016/04/educating-teenagers-emotions-through-literature/476790/

Slote, M.（2007）. *The ethics of care and empathy*. New York: Routledge.（邦訳は早川正祐・松田一郎訳『ケアの倫理と共感』勁草書房，2021年）

Sola, K.（2015, November 11）. Sorry, Rubio, but philosophers make 78% more than welders. *Forbes*. Retrieved from http://www.forbes.com/sites/katiesola/2015/11/11/rubio-welders-philosophers/

Spock, B.（2001/1988）. *On parenting*. New York: Pocket Books.（邦訳は中村妙子訳『スポック博士 親ってなんだろう』新潮文庫，1990年）

Stanton, E. C.（1993/1895）. *The woman's Bible*. Boston: Northeastern University

Press.

Stewart, A. (2013). *The drunken botanist: The plants that create the world's drinks.* Chapel Hill, NC: Algonquin.

Stone, O., & Kuznick, P. (2012). *The untold history of the United States.* New York: Simon & Schuster.

Teachout, Z. (2014). *Corruption in America.* Cambridge, MA: Harvard University Press.

Thoreau, H. D. (1969/1849). On the duty of civil disobedience. In H. A. Bedau (Ed.), *Civil disobedience* (pp. 27-48). New York: Pegasus. (邦訳は佐藤雅彦訳『ソローの市民的不服従―悪しき「市民政府」に抵抗せよ』論創社, 2011 年)

Tillich, P. (1952). *The courage to be.* New Haven, CT: Yale University Press.

Toffler, A. (1970). *Future shock.* New York: Bantam. (邦訳は徳山二郎訳『未来の衝撃―激変する社会にどう対応するか』実業之日本社, 1971 年)

Trethewey, N. (2012). *Thrall: Poems.* New York: Houghton Mifflin Harcourt.

Tronto, J. (1993). *Moral boundaries: A political argument for an ethic of care.* New York: Routledge.

True, M. (1995). *An energy field more intense than war.* Syracuse, NY: Syracuse University Press.

Turner, J. (1985). *Without God, without creed.* Baltimore, MD: Johns Hopkins University Press.

Vincent, P., & Grove, D. (2012). Character education: A primer on history, research, and effective practices. In P. M. Brown, M. W. Corrigan, & A. Higgins-D'Alessandro (Eds.), *Handbook of prosocial education.* Lanham, MD: Rowman & Littlefield.

Voosen, P. (2016, April 22). "If America wants to kill science, it's on its way": Hope Jahren on women, research, and life in the lab. *Chronicle of Higher Education,* B14.

Walzer, M. (2015). *The paradox of liberation: Secular revolutions and religious counterrevolutions.* New Haven, CT: Yale University Press. (邦訳は萩原能久監訳『解放のパラドックス―世俗革命と宗教的反革命』風行社, 2016 年)

Ward, G. C., & Burns, K. (1999). *Not for ourselves alone: The story of Elizabeth Cady Stanton and Susan B. Anthony.* New York: Knopf.

Watson, M. (2003). *Learning to trust.* San Francisco, CA: Jossey-Bass.

Watson, P. (2010). *The German genius.* New York: HarperCollins.

Weisberg, J. (2016, February 25). We are hopelessly hooked. *New York Review of Books, 63*(3), 6-9.

Westheimer, J. (Ed.). (2007). *Pledging allegiance: The politics of patriotism in*

America's schools. New York: Teachers College Press.

Westheimer, J. (2015). *What kind of citizen?* New York: Teachers College Press.

Wheatley, P. (1773). *Poems on various subjects, religious and moral*. Project Gutenberg EBook retrieved from https://www.gutenberg.org/cache/epub/409/pg409-images.html

White, J. T. (1909). *Character lessons in American biography*. New York: The Character Development League.

Wilson, E. O. (2006). *The creation: An appeal to save life on earth*. New York: Norton. (邦訳は岸由二訳『創造―生物多様性を守るためのアピール』紀伊國屋書店，2010年)

Wilson, E. O. (2016). *Half-earth: Our planet's fight for life*. New York: Liveright.

Winslow, B. (2010, Spring). The impact of Title IX. *History Now 23*. Retrieved from www.gilderlehrman.org/history-now/

Wood, G. S. (2011). *The idea of America*. New York: Penguin Press.

Woolf, V. (1966/1938). *Three guineas*. New York: Harcourt Brace. (邦訳は片山亜紀訳『三ギニー：戦争を阻止するために』平凡社，2017年)

Wrinkle, M. (2013). *Wash*. New York: Grove Press.

Wulf, A. (2015). *The invention of nature: Alexander von Humboldt's new world*. New York: Knopf.

Yourgrau, P. (2005). *A world without time*. New York: Basic.

Zeisler, A. (2016). *We were feminists once: From Riot Grrrl to CoverGirl®, the buying and selling of a political movement*. New York: PublicAffairs.

Zezima, K. (2014, May 29). How Teddy Roosevelt helped save football. *Washington Post*. Retrieved from www.washingtonpost.com/news/the-fix/wp/2014/05/29/teddy-roosevelt-helped-save-football-with-a-white-house-meeting-in-1905/

Zinn, H. (1968). *Disobedience and democracy*. New York: Random House.

高木八尺・末延三次・宮沢俊義編『人権宣言集』岩波文庫，1957年

事項索引

人名索引

【訳者紹介】

山辺恵理子（やまべ・えりこ）（監訳，はじめに，第4, 7, 11, 12章訳，コラム②執筆）
東京大学大学院教育学研究科博士課程修了。博士（教育学）。都留文科大学国際教育学科准教授。著書に『リフレクション入門』（共著，学文社，2019年），『ひとはもともとアクティブ・ラーナー！』（編著，北大路書房，2017年），訳書にC. ギリガン『もうひとつの声で』（共訳，風行社，2022年），M. ルーネンベルクら『専門職としての教師教育者』（監訳，玉川大学出版部，2017年），F. コルトハーヘンら『教師教育学』（共訳，学文社，2010年）など。

木下　慎（きのした・しん）（第8, 9章訳，コラム④執筆）
東京大学大学院教育学研究科博士課程単位取得退学。都留文科大学国際教育学科講師。論文に「篠原助市の自由教育学」（『大正新教育の実践』所収，東信堂，2021年），「デューイにおける「経験の分有」の思考」（『教育哲学のデューイ』所収，東信堂，2019年），訳書にG. ビースタ『学習を超えて』（共訳，東京大学出版会，2021年），H. C. コラー「変容的な人間形成過程におけるモノの意味」（『モノの経験の教育学』所収，東京大学出版会，2021年）など。

田中智輝（たなか・ともき）（第1, 2, 5章訳，コラム①執筆）
東京大学大学院教育学研究科博士課程修了。博士（教育学）。山口大学教育学部講師。著書に『学校が「とまった」日：ウィズ・コロナの学びを支える人々の挑戦』（編著，東洋館出版社，2021年），論文に「教育における「権威」の位置：H. アレントの暴力論をてがかりに」（単著，2016年），「政治的リテラシーの重層性：J. ランシエールからH. アレントへ」（共著，2022年）など。

村松　灯（むらまつ・とも）（第3, 6, 10章訳，コラム③執筆）
東京大学大学院教育学研究科博士課程修了。博士（教育学）。帝京大学宇都宮キャンパスリベラルアーツセンター講師。著書に『「未来を語る高校」が生き残る』（編著，学事出版，2019年），論文に「ラディカル・デモクラシーからみた論争問題学習の意義：J. ランシエールにおけるディセンサスの政治性に着目して」（共著，2017年），「非政治的思考の政治教育論的含意：H. アレントの後期思考論に着目して」（単著，2013年）など。

【著者紹介】

● **ネル・ノディングス**（Nel Noddings）

スタンフォード大学名誉教授（教育学）。主著に *Education and Democracy in the 21st Century*, *When School Reform Goes Wrong*, *The Challenge to Care in Schools*（邦訳は佐藤学監訳『学校におけるケアの挑戦―もう一つの教育を求めて』ゆみる出版，2007 年），*Educating Citizens for Global Awareness*, *Educating for Intelligent Belief or Unbelief*（邦訳は井藤元・小木曽由佳訳『人生の意味を問う教室―知性的な信仰あるいは不信仰のための教育』春風社，2020 年），*Educating Moral People* など。

● **ローリー・ブルックス**（Laurie Brooks）

ノース・カロライナ州立大学プロヴィデント・ファイナンシャル・サービス理事。同大学の事業リスク・マネージメント・プログラム，およびラトガース大学の量的ファイナンス・プログラムの諮問委員も務める。石油工学，財務リスク管理の分野での30年以上の実務経験をもとに，さまざまな学年の子どもたちを教えている。

批判的思考と道徳性を育む教室
―「論争問題」がひらく共生への対話―

2023年2月28日　第一版第一刷発行

著　者　　ネル・ノディングス
　　　　　ローリー・ブルックス

監訳者　　山　辺　恵理子

発行者　　田　中　千津子　　〒153-0064　東京都目黒区下目黒3-6-1
　　　　　　　　　　　　　　電話　03（3715）1501 ㈹
発行所　㈱学文社　　　　　FAX　03（3715）2012
　　　　　　　　　　　　　　https://www.gakubunsha.com

ISBN978-4-7620-3213-4